組込み1年生
のための
プログラミングの
教科書

千田陽介 著

JN189911

森北出版

まえがき

　この本のターゲットは，一度何かプログラミングを学んだあとに，業務や卒業研究などで小さな組込み向けコンピュータ用プログラミングをせざるを得なくなった方である．組込み向けコンピュータ（マイコン）は非力である．そのため，普通のPC向けプログラミングとはまた別の気配りが必要となる．

　本書はC言語について扱っている．21世紀も4分の1が過ぎて，いまさらC言語かと思うかもしれない．C言語は1970年代に誕生した．当時の最新鋭コンピュータは，いまなら数百円で買えるマイコン程度の性能しかない．そのため，C言語はできるだけコンピュータに負担をかけない設計思想になっている．そのぶん人間側に負担を強いる．C言語誕生後，コンピュータはどんどん高性能になってきた．そして現代主流の言語は人間に優しく，逆をいえばコンピュータにとって回りくどくなった．回りくどいためプログラムの実行速度は多少遅くなるが，それを凌駕する速度でコンピュータの性能は上がるので問題ない．生産性やメンテナンス性に優れた言語を使ったほうが，長い目で見れば有利である．

　しかし，コンピュータは必ずしも演算能力を上げることだけを目指して進歩しているわけではない．安さや小ささ，軽さ，そして低消費電力という方向も目指されている．マイクロコンピュータとか，それを略したマイコンとよばれるコンピュータの世界がある（図0-1）．「とても小さなコンピュータ」とでも直訳できるだろう

図 0-1　さまざまなマイコンチップ

か．現代社会においてマイコンは，スマートフォンや家電，自動車はもちろん，100円ショップで売られているような電子ガジェットなど，いたるところで使われている．マイコンを搭載した機器を組込みシステム（embedded system），そしてそこに搭載するマイコンプログラムのことを，ファームウェア（firmware）とよぶことがある．こういった用途では，速度やメモリ量など計算機としての性能を上げるより，小型で低消費電力，そして安価にしてほしいという要望が強い．メーカもそれに対応した製品を販売している．ソフトウェアを作る立場からすると，コンピュータの性能はここ数十年横ばいが続いている（**図 0-2**）．そして，それは今後も変わらないだろう．そのような立場では，相変わらず人間がコンピュータに寄り添った形で開発しなければならない．そして，それには C 言語はうってつけである．多少使われ方は変わっていくかもしれないが，まだまだ C 言語は現役なのである．

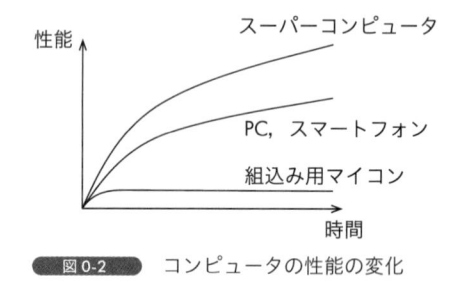

図 0-2 コンピュータの性能の変化

　工学的，科学的な技術や知識は連綿とつながっている（**図 0-3**）．プログラムならば，a=8 と書くと a という名前の変数に 8 という値が入ります，if で条件分岐できます，for で繰り返し処理ができます，といった知識が起点となるだろう．そこから片方（ここでは上流とよぼう）は複雑なプログラムをどう作るかとか，アプリケーションソフトをどう操作するかとか，それによって世の中をどうよくするかといった話が続く．もう片方（下流）は，そもそも a=8 と書くとなぜ 8 という情報を

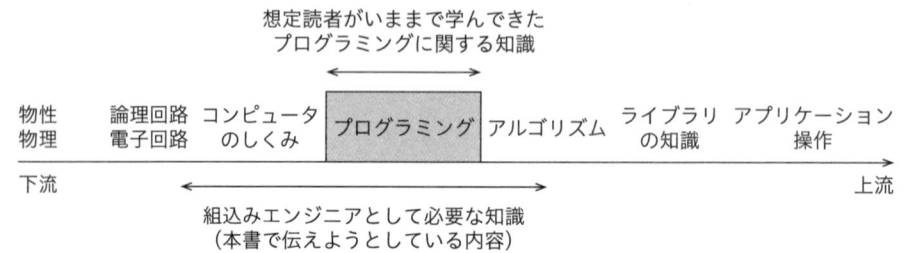

図 0-3 コンピュータやプログラミングに関する技術や知識のつながり

記憶できるのか, b という名の変数とどう区別をしているのかという話から始まり, 電子回路や物理の話が続く. 残念ながら人間の能力は有限であり, こういった技術や知識のすべてを詳細に把握し理解できるわけがない. 各自適当なところで線引きし, そこから先はとにかくそんなものだとブラックボックスとして扱うしかない. ウェブやスマートフォンのアプリケーションを作るソフトウェアエンジニアを目指すなら, 下限はプログラミングのあたりで十分であろう. しかし, 組込みエンジニアの場合はそうはいかず, もう少しだけ, コンピュータのしくみとか回路の話まで理解しないといけない. 本書では, C言語を通してそういった技術の案内をしていきたい.

さて, あくまで筆者の私見だが, 人は物事を学ぶにあたって言葉から入る者と, 感覚から入る者の2種類に分けられる. 前者は言葉の定義に非常に気を配る. おそらく一つ一つ積み上げて理解していくのであろう. 筆者は後者のタイプである. 理解とは, ターゲットを表すシンプルなモデルを頭の中で作り上げることである. そこでは, 個々の細かいことはノイズ (例外) であり, 名前は単に他人と情報共有するために必要な識別子で本質とは関係ない. コンピュータを生業としている方には, 言葉の定義に慎重な方が多い. 彼らは言い間違いや誤用を許さない. 齟齬のないコミュニケーションを目指しているためである. そして, 微妙なニュアンスを区別するため多くの単語を発明する. 情報系界隈で次々新しいカタカナ用語が出てくる理由はここにある. 本書は, どちらかといえば筆者と同じタイプを想定読者とした. そして, コンピュータの中でどのようにコードが動くのかというモデルを作る段階だと仮定した. そこでは, 正確な用語使いを覚えるよりも先にモデルを作ることが優先される. そういう信念のもと, 本書はできるだけ平易な言葉を使った. 将来, 読者のみなさんがさらに深い知識を得ようとした際,「自分が頭の中でもっていたあの感覚にはこういう名前がついているんだ」と知識を更新してもらえたらと思う.

C言語を学ぶにあたって, ぜひ実際にコードをコンピュータに打ち込み, コンパイルして走らせてみてほしい. はじめはつまらないミスで, コンパイルがうまくいかなかったり想定外の動きをしたりするだろう. それらを解決するため試行錯誤を繰り返し, どういったミスをしたらどういった反応をコンピュータがしたのか体験してほしい. なぜそれが起こったのか, どうやったら直ったのかという知見の積み重ねは, 貴重な糧となるはずである. 本書を足掛かりに, プログラミングをはじめとする組込み技術のより高みに上がっていただければ幸いである.

Contents

Contents

Contents

Chapter 8

組込みプログラムの基本 158

本書を読み始める前に

この章では，以後の章を読み進めるために押さえておくべきものごとについて解説する．ある程度コンピュータやプログラムを学んできた方には当たり前の話になっているかもしれない．それでも，本書だけに通じるローカルな前提なども書いているので，ざっとでも目を通してもらえたらと思う．

1-1　C言語とさまざまなプログラミング言語

1-1-1　プログラミング言語の役割

コンピュータとは，あらかじめ与えられた手順に基づいて愚直に動く機械である．手順の実体は，マシンコードとよばれる数値データである．要は数字（整数）の羅列であり，人間がそれを紡ぎ出すことも，誰かが作った羅列から意味をくみ取ることも難しい．そこで，もう少し人間にとってわかりやすい形態で記述するようになった．それがプログラミング言語である．

プログラミング言語は大きく，マシンコードに一括変換するものと，記述された文言をその場で少しずつ解釈して実行するものとに分けられる．前者をコンパイラ，後者をインタプリタとよぶ．これらは，よく外国人とのコミュニケーションにたとえられる．図1-1のように，われわれ（日本人）が日本語で記述した手順書を英語話者に実行してもらうことを考えよう．コンパイラは，手順書を英語に書き換えるようなものである．翻訳するという手間はあるが，一度翻訳が済んでしまえば，実行者は英語で書かれた手順を読んで実行できるのでスムーズに事が進む．一方，インタプリタは，日本語の手順書を1行ずつ通訳して実行してもらうようなものである．翻訳という前準備は必要ないが，作業を行うたびに日本語の手順書を読み，いまの状況にあわせて英語に変換する仲介者（通訳）が必要である．この本で扱うC言語は前者，コンパイラのタイプである．すなわち，C言語で記述されたプログラムを実行するためには，コンパイラを使ってマシンコードに変換しなくてはならない．この変換作業のことをコンパイルとよぶが，メイク（make）とかビルド（build）とよぶときもある．

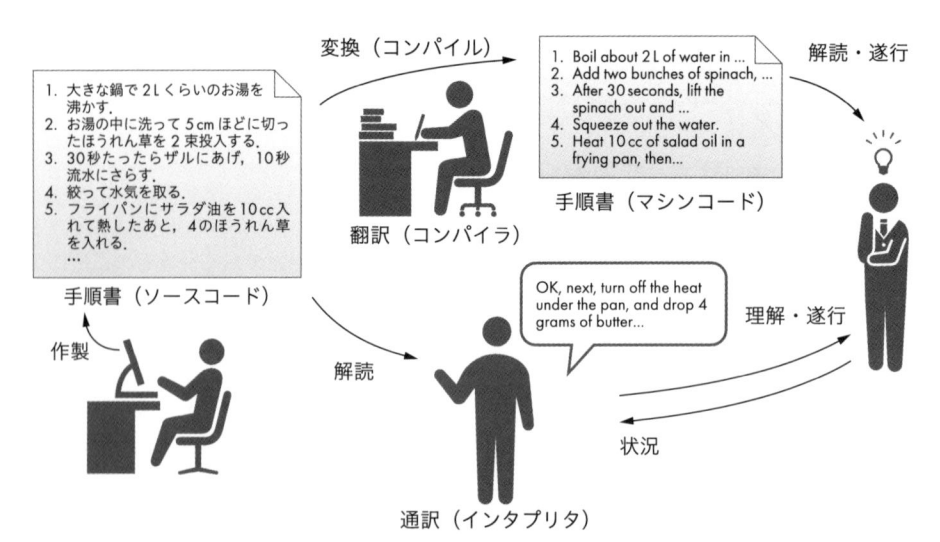

図 1-1 翻訳（コンパイラ）と通訳（インタプリタ）

　翻訳というたとえ話に戻ろう．ここでは英語を例にしたが，実際に外国の方が使う言語はさまざまである．しかし，日本語で手順書を書いてそれを翻訳もしくは通訳して使えば，さまざまな言語を使う方に同じ作業をしてもらうことができる．C言語も同じである．C言語で書いたコードは，コンパイラを介しさまざまなマシンコードを解するコンピュータで走らせることができる．

1-1-2　C言語の子孫たち

　C言語は半世紀ほど前に生まれた古い言語である．そのため C++ や Java, C#, Processing, Perl, PHP, Python といったさまざまな派生言語をもつ．現在のソフト開発の主流は C言語でなく，これら新世代の言語である．こういった言語は，同じ祖をもつだけあって根底は同じである．**図 1-2** は，30個目までのフィボナッチ数列（$p_n = p_{n-1} + p_{n-2}$，ただし $p_0 = 1$, $p_1 = 1$）を実際に計算して出力するプログラムをそれぞれの言語で書いたものである．多少作為的だが，網掛けの部分はほとんど同じだと気づいてほしい．これらのうちどれか一つの言語さえ習得すれば，同じ系列のほかの言語のコードも，読んだりちょっと改造を加えたりできるようになるだろう．

　もちろん，このようにたくさんの言語が生まれたのには理由がある．コンピュータ言語はトレードオフの世界である．C言語が誕生した 1970年代はコンピュータの性能が低く，コンピュータの性能を引き出せるように，コンピュータにとってわ

```
#include <stdio.h>

int main(void){
    int a = 1;
    int b = 1;
    int c;

    printf("%d\n", a);
    for (int i=0;i<30;i++){
        c = a + b;
        printf("%d\n", b);
        a=b;
        b=c;
    }
    return 0;
}
```

C/C++

```
import java.util.*;

public class Main {
    public static void main(String[] args){
        int a = 1;
        int b = 1;
        int c;

        System.out.println(a);
        for (int i=0;i<30;i++){
            c = a + b;
            System.out.println(b);
            a=b;
            b=c;
        }
    }
}
```

Java

```
int a = 1;
int b = 1;
int c;

println(a);
for (int i=0;i<30;i++){
    c = a + b;
    println(b);
    a=b;
    b=c;
}
```

Processing

```
$a = 1;
$b = 1;

printf("%d\n", $a);
for ($i=0;$i<30;$i++){
    $c = $a + $b;
    printf("%d\n", $b);
    $a=$b;
    $b=$c;
}
```

Perl

```
<?php
declare(strict_types=1);
    $a = 1;
    $b = 1;

    echo $a.PHP_EOL;
    for ($i=0;$i<30;$i++){
        $c = $a + $b;
        echo $b.PHP_EOL;

        $a=$b;
        $b=$c;
    }
?>
```

PHP

```
a = 1
b = 1

print(a)
for i in range(0,30):
    c = a + b
    print(b)
    a=b
    b=c
```

Python

図 1-2 さまざまな言語によるフィボナッチ数列の計算プログラム

かりやすいコードを書かなくてはならなかった．現在のコンピュータは十分な性能があるため，そこまで気を配らなくてよい．派生したさまざまな言語は，よりアプリケーションを作りやすいように，よりバグが出にくいようにと，それぞれ考えがあって人間側の都合にあわせているのである．

1-2　開発環境を準備しよう

1-2-1　コンピュータのさまざまな入出力

　コンピュータは何か入力に基づいて判断し，その結果を外部に出力する装置である．この判断を記述する手段がプログラムである．つまり，プログラムには入力と出力がなければならない．たとえばシューティングゲームプログラムなら，入力はコントローラの操作である．プログラムはその入力に応じて自機の位置を変え，着

弾を判定し，ディスプレイやスピーカから絵や音を出力をする．

　プログラムの入出力先は，必ずしも人間向けとは限らない．**図 1-3** は，ウェブブラウザの動きである．プログラムはキーボードから文字を取得し，適当に加工してネットワークの向こうにある検索サーバに出力する．そして，検索サーバの応答を入力として，表示する画面を整形しディスプレイに出力する．この考えを延長すれば，プログラムにとって USB メモリも入出力先である．プログラムは USB メモリに保存された情報を入力として読み取ることができるし，USB メモリを出力先として情報を書き込むことができるためである．

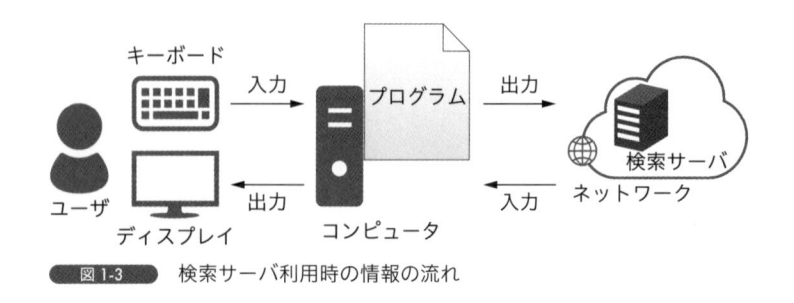

図 1-3　　検索サーバ利用時の情報の流れ

　もちろん例外もある．たとえば，素数や円周率を計算するプログラムは入力を必要としない．与えられた手順に基づいて，粛々と計算を進めるだけである．先ほどのフィボナッチ数を求めるプログラムもその一種である．しかし，出力のないプログラムは存在しない．結果を観察しないのであれば，そもそもプログラムは動いていないのと同じためである．

　組込みプログラムにも入出力がある．**図 1-4** は電気炊飯器の例で，入力には操作ボタンや温度センサ，経過時刻を測るタイマ，出力には釜を温めるヒータや，時刻や現在の炊飯モードを表示するパネルや LED，そして炊き上がりなどを知らせ

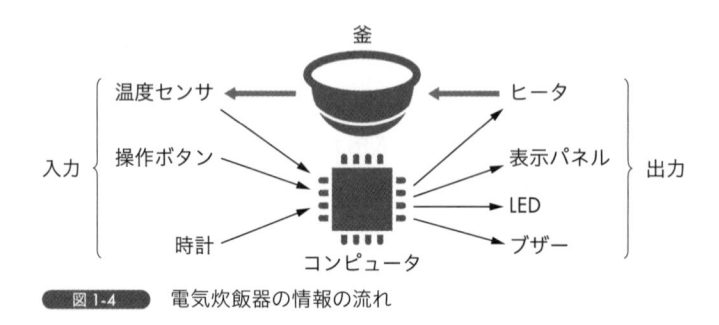

図 1-4　　電気炊飯器の情報の流れ

るブザーがある．このように，組込みプログラムの入出力は用途によってさまざまな形がある．

1-2-2 コマンドプロンプトで操作しよう

しかし，組込みプログラムをはじめて学ぶときには，モータや LED，ボタンやセンサの代わりとなる，PC 単体で動かせる手軽な環境のほうが便利である．グラフィカルな画面出力やマウスやタッチ操作による入力（Graphical User Interface：GUI）は，準備や設定に多くの労力を費やしてしまう．そこで，本書では**図 1-5**のようなコマンドプロンプトを使う．コマンドプロンプトは Windows 用語で，一般にはコンソールとかターミナル，またはシェルなどとよばれる．何とよぶかはさておき，この環境では入力はキーボードから打った文字，出力はディスプレイ上の文字となる．

図 1-5 コマンドプロンプト

✓ プロンプト

コマンドプロンプトの操作体系（GUI の対義語として Command Line Interface：CLI とよばれる）は，コンピュータがマウス入力やグラフィカルな表示を扱える能力をもっていなかったころに使われていたユーザインタフェイスである．GUI 世代にはとっつきにくいかもしれないが，組込みの現場で使うことも多いので，慣れておいたほうがよい．CLI は，プロンプトとよばれる入力を促す記号が出る．Windows の場合は，> という文字である．普通はそこに，現在のディレクトリ（フォルダ）位置を示す E:¥work などという文字が追加され，E:¥work> と表示される．Unix 系の場合は，プロンプトは $ または # である（この二者の意味は異なるのだが，ここでは言及しない）．これも現在のディレクトリ位置やユーザ名，マシン名が追

加されて，user@machine:/home $ などと表示される．本書では通常は > のみ，Unix 環境に限定する場合は $ のみの表記とする．

⊘ 命令の指定

コマンドプロンプトでは，コンピュータへの命令を名前で指定する．何かパラメータを添えたいときは，空白で区切って与える．たとえば

```
> mkdir work
```

と命令した場合，mkdir が命令，work が mkdir に与えるパラメータである．mkdir はディレクトリを作れという命令なので，この命令を実行すると，直下に work というディレクトリが作られる．命令は，mkdir のほかにもさまざまある．たとえば，calc は電卓を起動する命令である．電卓のプログラム自体は，C:¥Windows¥System32 ¥calc.exe にある．コマンドプロンプトは命令が打ち込まれると，それと同じスペルをもつ実行可能なファイル（拡張子が exe とか bat とか）があるかどうかを探し，見つけたらそれを実行する．おそらく読者のコマンドプロンプトで sunnyday とか rainyday とかと入力しても，「内部コマンドまたは外部コマンド、操作可能なプログラムまたはバッチファイルとして認識されていません。」とエラーになるはずである．コマンドプロンプトがファイルを探す先に，sunnyday.exe とか rainyday.bat とかいう名前のファイルが存在しないためである．探す先にそういった名前のファイルをおけば，上記のエラーはなくなる．このファイルを探す先のことを，パス（path）とよぶ．パスは，ディレクトリ名の羅列である．コマンドプロンプト（Windows）なら，echo %path% と打てば確認できる．Unix では，echo $PATH もしくは env | grep PATH という命令で確認できることが多い．

⊘ プログラムの実行

C言語のプログラムをコンパイルすると，実行可能なファイルができる．Windows（コマンドプロンプト）の場合，いまいるディレクトリがパスの中に含まれる．コンパイルして sunnyday.exe を作り，そこで次のように打つと，作ったプログラムを実行できる．

```
> sunnyday
```

一方 Unix 環境では，セキュリティの観点から，いまいるディレクトリにパスを通さないのが普通である．そのため実行可能なファイル rainyday を作ったとして（Unix では拡張子とは異なる概念で実行可能かどうかを判定する），そこで rainyday と入力しても実行できない．明示的に「ここの」という意味を表す ./ を頭につけて，次のように打たないといけない．

コマンド

```
$ ./rainyday
```

1-2-3 コンパイラを用意しよう

コンパイラは，C 言語で記述したソースコードをマシンコードに変えるものである．一言に C 言語用コンパイラといっても，統合開発環境（p. 9 のコラムを参照）も含めるとさまざまな種類がある．どれか一つターゲットを絞ってインストール方法から使い方まで紹介するやり方もあるが，時間とともに情報が風化する．本書ではあまりそういう手段はとりたくない．しかし，「C 言語開発環境は各自用意してください」とだけ書くのは不親切である．そこで，比較的導入の簡単な gcc を紹介する．

✓ gcc のインストール

おそらく，gcc は世界で一番有名な C 言語コンパイラであろう．Unix 環境の一つである Linux では，ほとんどのディストリビューションに標準で入っているはずである．ターミナルを開いて gcc と入力し，"no input files" と出れば入っている．一方，Windows では入っていない．そのため，コマンドプロンプトから gcc と入力しても「内部コマンドまたは〜として認識されていません．」といったエラーになる．Windows に gcc を入れる手頃な方法の一つに，mingw がある．mingw は https://www.mingw-w64.org/ からたどることでダウンロード，インストールできる．念のため本書執筆時点での手順を以下に述べるが，時間の経過とともに変わる可能性がある．

❶ https://www.mingw-w64.org/ にアクセスし，Downloads のページに行く．
❷ MinGW-W64-builds という項にある GitHub のリンクに飛ぶ．
❸ "Release of *xx.x.x-...*" といった記事（*xx.x.x* は適当な数）があるので，"x86_64-*xx.x.x*-release-win32-seh-msvcrt-rt....7z" というファイルをダウンロードする．

❹ ダウンロードした 7z ファイルを，たとえば C:¥mingw64 に展開する．展開方
法は，7-Zip のウェブページからコンソール版（7zr.exe）をダウンロードし，
コマンドプロンプトから

```
コマンド
> c:
> cd ¥
> 7zr.exe x x86_64-{xx.xx...}
```

と打つのが簡単ではないかと思う（7zr.exe も ❸で得た 7z ファイルも C:¥ 直
下にコピーしておく必要がある）．

❺ ❸で得た 7z ファイルは不要なので消去してもかまわない．

この手順でインストールすると，gcc 本体がある C:¥mingw64¥bin にパスが通っ
ていないままである．そのため，コマンドプロンプトから gcc と入力しても，相変
わらず「内部コマンドまたは〜として認識されていません。」というエラーになる．
これは，コマンドプロンプトを立ち上げた直後に次のように打てば解決する．

```
コマンド
> set path=%path%;C:¥mingw64¥bin
```

その後 gcc と入力すれば，Linux と同様に，"no input files" といった類のエラーに
変わるだろう．

✅ 簡単なプログラムのコンパイルと実行

"no input files" とは，「入力ファイル」がないという意味である．gcc はどのファ
イルを読み込んで実行ファイルに変換すればよいのかわからないのである．次に進
むには，gcc に読み込ませる適当な C 言語のソースファイルが必要である．とりあ
えずそれを作ってみよう．Windows では，次のように入力すると「メモ帳」が立
ち上がり，start.c というファイルを操作できるようになる．

```
コマンド
> notepad start.c
```

そこでコード 1-1 を入力し保存してほしい（左端の薄い字の数字は説明のために入
れてある行番号なので，これは入れなくてよい）．メモ帳は，テキストエディタと
よばれるアプリケーションの一つである．

```
1:  #include <stdio.h>
2:
3:  int main(void){
4:    printf("Hello\n");
5:    return 0;
6:  }
```

その後，

コマンド

```
> gcc start.c
```

と入力ファイルを指定して gcc を起動すると，"no input files" とは違う挙動を示す
はずである．入力ミスがあれば別のエラーが出るであろうし，問題なければ何も表
示されない．この例では生成ファイルの名前を指示していないので，規定値である
a.exe が作られる．このファイルを動かしてみるには，次のように命令すればよい．

コマンド

```
> a.exe
```

コマンドプロンプト画面に "Hello" という文字が現れるはずである．

　なお，この説明は Windows に特化している．Linux では notepad の代わりに
nano，生成されるファイルは a.exe でなく a.out，そしてそれを実行するコマンド
は ./a.out と読み替えてほしい．

Column

統合開発環境とエディタ

　本文では，とりあえずできる手段を示そうという意図から，コマンドプロンプト
から gcc を実行するやり方を示したが，はっきりいってこれは原始的で使いにくい．
また，プログラムが意図したとおり動かなかったとき，どのようなことが起こって
いるか観察もしにくい．さらに，いくつものソースファイルで構成される巨大なプ
ログラムになると，ファイル管理も面倒になる．そこでほとんどの開発は，**図 1-6**
のような，コードの編集やコンパイラ，実行といったすべての機能を一つにまとめ
た統合開発環境もしくは IDE（Integrated Development Environment）とよばれるア
プリケーションを使う．

　IDE にはさまざまな種類がある．残念ながら，そして喜ばしいことに，近年 IDE
はどんどん高機能化され肥大化している．インストールに時間がかかったり，コン

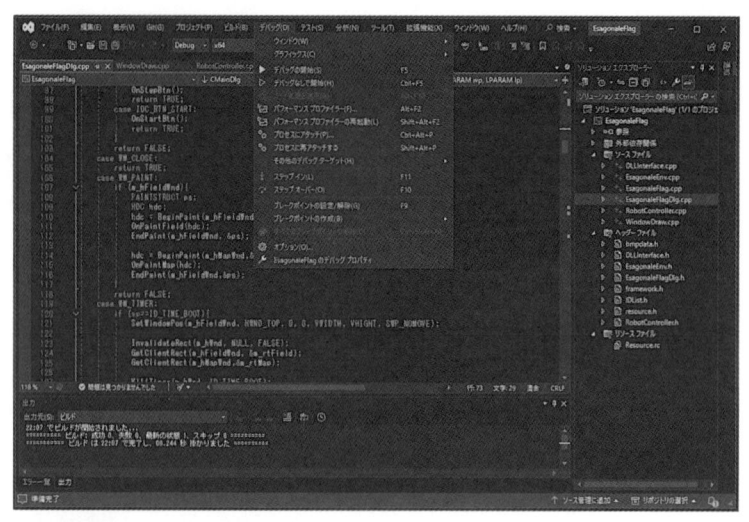

図 1-6 統合開発環境（IDE）

イルすべきソースファイルの指定といった準備（これを「プロジェクトの作成」と
よぶ IDE が多い）にノウハウがいるとか，入門向けではなくなってきている．筆者
が知る有名な一般向け IDE として，

- Visual Studio
- Eclipse
- Code::Blocks
- VSCode（正確には IDE ではないのだが，ここではそういうことにしておく）

などがある．本書ではこれらの名前を紹介し，かつ IDE を使ったほうが開発効率が
よいと伝えるに留める．どの IDE を使うかは読者に任せるが，近くに使っている知
人がいるものを選ぶのがよいと思う．

　テキストエディタも同様である．最低限できる手段を示すため Windows に標準
で入っている「メモ帳」で例示したが，そもそもこのアプリケーションはプログラ
ミング用途ではない．「テキストエディタ　おすすめ」といったキーワードで検索
すると，プログラムの開発に適したテキストエディタの候補がいろいろ出てくる．
その中からピンときたもの，または近くの知人が使ってるものを選んで使うのがよい．

1-3 本書を読むときに注意してほしいこと

1-3-1 本書のプログラムについて

本書は，組込み技術者として踏み出そうとしている読者に，C言語とその背景を伝える意図で執筆した．紙面の都合もあり，記載する情報を取捨選択しなければならない．プログラミングを学ぶうえでは重要ではあるが，本書で伝えたいことではないと捨てた情報もある．以下に簡潔にそれらを記述する．

⊘ コメントがない

ソースコードには，コンピュータ（コンパイラ）宛に書いた部分と，後日そのソースコードを読むかもしれない人間宛に書いた部分の二つがある．後者はコメントとよばれるもので，C言語の場合は /* */ でくくった間，もしくは // から行末までで表現する．コメントには，そのコードが大局的に何をするものか，何のためそうしているのか，使ううえでの注意点といった情報を書く．コメントのないプログラムはそれだけで欠陥だと論じる者もいる．本書のサンプルコードにはほとんどコメントがない．書かなくても理解できるコードの長さだと判断し省略したのである．

⊘ 変数名や関数名への配慮が少ない

コメントと同じく，変数や関数を適切に命名すると，人間があとで読みやすくなる．近年は関数や変数の機能や役割を具体的に表すため，maximum_allowable_error，sensorCalibrationCoefficientsWithUncertaintyBounds など長い名前が好まれている．メンテナンス性という観点では正しい傾向だと思うが，程度問題である．変数が活用される範囲が20〜30行程度の場合，a，b，x などの無機質な名前でも支障ないと考える．紙面の都合もあり，本書ではこういった無機質な名前をつけたり，counter，buffer，receive，previous といった英単語を cnt，buf，recv，prev などと略して使ったりしている．

⊘ マジックナンバを多用している

マジックナンバとは，コード中に直接書かれた数値のことである．マジックナンバを含むコードは，読むときにその値が何の意味をもつのか判断しづらい．ソースコードにマジックナンバを入れることを一切禁じている現場もある．しかし，これも紙面の都合もあり，本書ではマジックナンバを多用している．

✓ いささか古い記述を扱っている

C言語が作られて50年以上たっている．その間，C++言語が派生している．C言語およびC++言語は，それぞれ少しずつ言語仕様を変えている．そのため，最新のC言語の仕様を存分に使ったコードは，初期のものと比べ見た目がずいぶん変わっている．組込み系のコンパイラはマイコンのメーカが開発，提供したものもあり，あまり最新の言語仕様を取り込んでいない古いままのものもある．また，C言語といいつつC++コンパイラが動いているものもある．そういった理由もあり，本書ではC言語でもC++言語でも通じる多少古典的な仕様を扱った（図1-7）．

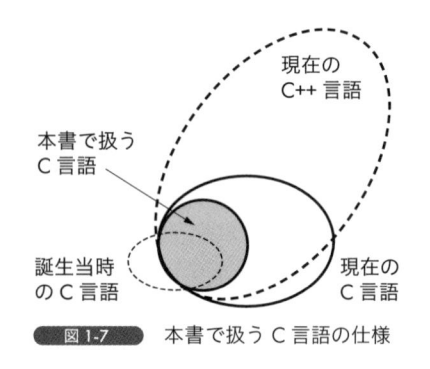

図1-7　本書で扱うC言語の仕様

1-3-2　本書での説明の仕方と記号の使い方

まえがきで述べたように，本書は用語の正確性にあまり重きをおいていない．正確な技術用語を覚えるよりも，まずはイメージをもつのが大事と考えたためである．厳密な専門用語でなく，平易でいささか不正確な言葉を用いた．また，例外事は無視した．たとえば，「コンピュータは内部のonとoffを抽象化した2進法で動いている」という話をしたいとする．しかし，世の中にはオペアンプを使ったアナログコンピュータや3進法コンピュータというのもある．それらを全部網羅することは難しいので，つい「一般に」とか「ほとんどの」「たいていの」「など」「ものが多い」といったあいまいな表現をしたくなる．しかし，本書では冗長になると考えて言い切ることにした．

続いて，本書を読むうえでのルールをいくつか挙げておく．

✓ 数値の表現

本書では数値を10進法のほかに2進法，16進法で記述することがある．数値は$15a0_{(16)}$などと右下に括弧付きでその進法を表すが，10進法に限り5536などと添

え字をつけないときがある．一方で，2進法は4桁ごとに 0001-0101-1010-0000$_{(2)}$ とハイフンをつけることがある．われわれが金額などの数値を表すとき，"2,097,152" などと3桁ごとにカンマ (,) を入れるときがあるが，それと同じようなものである．

⊘ 文字 ¥ と \ 記号

コンピュータの世界では，歴史的な経緯で ¥（円記号）と \（バックスラッシュ）の文字は区別できない（3-5-1 項参照）．実際みなさんも，同じファイル（データ）を異なるコンピュータやソフトウェアで開くと，¥ と表示されたり \ と表示されたりした経験があるだろう．本書では，¥ でなければ伝わりにくいと思ったところは ¥ にしているが，通常は \ を使っている．各自の環境に応じて読み替えてほしい．

⊘ 記号の読み方

たとえば本文で「波括弧でくくる」と書きたいとき，波括弧とはどういう記号なのか言葉で伝えにくいので "({ })" と括弧付きで補足するやり方もできるが，逆に視覚的にわかりにくく感じた．そこで，とくに工夫せず呼称を使うことにした．**図 1-8** に，本書での各記号の呼称を示す．

記号	本書での呼び方	記号	本書での呼び方
[]	角括弧	"	ダブルコーテーション
{}	波括弧	'	シングルコーテーション
()	丸括弧もしくは括弧	\, ¥	バックスラッシュ，円記号

図 1-8 説明しにくい記号の本書での呼び方

Chapter 2

C 言語プログラムの基本

この本の読者は，ひととおりなんらかのプログラミングを学んだことがある方を想定している．ここでは，みなさんがいままで学んできたであろう言語に対し，C 言語固有と思われる特徴を説明したり，以後の章を読み解くうえで必要な内容を再認識していく．もしプログラミング言語そのものについて理解があいまいな場合，別途初歩的な書籍を手にとってほしい．

2-1　C 言語のポイントを押さえよう

2-1-1　プログラムの雛型とおまじない

コード 2-1 に，簡単な C 言語のプログラムを示す．

コード 2-1　one two three と表示するプログラム

```
1:  #include <stdio.h>
2:
3:  int main(void){
4:    printf("one\n");
5:    printf("two\n");
6:    printf("three\n");
7:
8:    return 0;
9:  }
```

コード 1-1 と比べて，4〜7 行目だけが書き換わっている．プログラムの本質は 4〜7 行目だけで，それ以外は C 言語固有のしきたり，おまじないと割り切ってほしい．IDE で新規にプロジェクトを作ると，プログラムの原型（雛型）を作ってくれるときがある．そのコードの 1 行目は #include "stdafx.h" や #include "pch.h" などになっていたり，3 行目が void main(void) や int main(int argc, char *argv[]) になっているなど，微妙に異なるかもしれないが気にしなくてよい．

C 言語のコードでは，空白や改行は意味をもたない．これらは単に，人間が読みやすくするために存在する．そのため極論すれば，コード 2-1 はコード 2-2 のように書いてもかまわない．命令は，セミコロン (;) で区切られているのである．

```
1:    #include <stdio.h>
2:    int main(void){printf("one\n");printf("two\n");printf("three\n");return 0;}
```

　コード 2-1 に話を戻すと，おまじないや空行を除去したプログラムの本質は 4〜6 行目だけである．そのため本書では，焦点をはっきりさせたいときは本質だけを抜粋し，コード 2-3 のように書くこともある．

コード 2-3　コード 2-1 の略記

```
1:    printf("one\n");
2:    printf("two\n");
3:    printf("three\n");
```

2-1-2　printf()：結果の出力

　プログラムが何か計算したとして，その結果をコンピュータの外に出さなければわれわれは知りようがない．組込みプログラムの出力は，たとえば LED の明滅やヒータのオンオフ，モータの回転とかであろうが，本書では当分，printf() で代替する．そこで，まずは printf() の解説から始めたい．

　おそらく読者は，いままでの経験からコード 2-3 を見ただけで

画面表示

```
one
two
three
```

という文字が画面に表示されるプログラムだと推測できるだろう．実際そのとおりで，printf() は引数（括弧内）の文字列を画面に出力する．たとえば 1 行目だと，"one\n" を引数にして printf() を呼び出したから "one" という文字列が画面に出たのである．ところで，この引数の末尾にある \n は何であろうか．実は，これは行を変えるという意味をもっている．"one\n" は，"one" という文字列を画面に表示する命令ではなく，「"one" ＋改行」を表示する命令だったのである．試しに，各 1〜3 行目すべての \n を抜いて実行してみてほしい．改行のない

画面表示

```
onetwothree
```

といった出力となるはずである．改行しろという指示は，コード 2-4 のように文字列の途中に何個もあってもよい．このコードの出力は，コード 2-3 と同じである．

コード 2-4　one two three の表示を 1 行にまとめたコード

```
1:    printf("one\ntwo\nthree\n");
```

　C言語では，文字列内の \ （環境によっては ￥ と表示される）に特殊な意味を意味をもたせている．その次に続く文字で，ソースコードの中に直接書けない文字を指定するのである．今回のように n を添えて \n にすると，改行しろという指示，すなわち改行文字になる．

　似たような特殊な文字に，% がある．こちらは printf() 系の命令のみに通じるローカルルールであり，続く文字とあわせて，どのように置換してほしいかを指定する．具体例を図 2-1 に示す．この printf() の第 1 引数には %d, %s, %f という三つの「％＋文字」が存在する．これはそれぞれ 10 進法整数，文字列，実数を意味しており，第 2 引数以降が出た順に対応される．この対応が一致していないと，printf() は期待した動作をせず，おかしな表示をする．

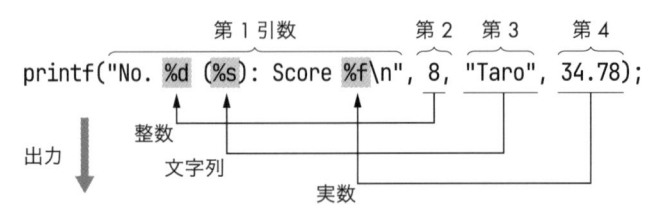

図 2-1　第 1 引数内の % を使った表示指定と第 2 以降の引数との対応

2-1-3　変数と代入

　ほかのプログラミング言語と同様に，C言語にも変数はある．変数は「情報（値）を格納する箱」という比喩がよく用いられる．変数宣言によって，裏方（ここではそれをシステムとよぼう）がどこからか箱をもってきて使えるイメージといえばよいだろうか．その箱がそれまで何に使われていたかは不明であり，箱の中に何が入っているかわからないが，どうせ上書きすれば消えるので問題ない．逆にいえば，変数は必ず既知の値で上書きしてから使う．

　C言語で変数を使うためには，事前に「こういった種類（タイプ）の情報をこういった名前で使う」と宣言しなければならない．変数の宣言と代入の例を，コード 2-5 に示す．

コード 2-5　変数の演算と代入

```
1:    int a, b;
2:    a = 3;
3:    b = a + 2;
4:    printf("%d, %d\n", a, b);
5:    b = a + b * 5;
6:    a = 9;
7:    printf("%d, %d\n", a, b);
```

1行目で変数 a, b を宣言している．その前の int は，その変数が格納する情報の種類を指定している部分で，これを変数の型とよぶ．int は 0 や 8，1365 や −4096 などの整数を格納する型である．3.14 とか 2.71 などの小数点以下が含まれる数値（実数）は格納できない．2, 3行目によって a に 3 が，b に 3 + 2 = 5 が代入される．4行目はそれを確認するための命令で，プログラムがここを通ると "3, 5" と表示される．5行目で b は 3 + 5 × 5 = 28 に，続く 6行目で a は 9 に上書きされるため，7行目では4行目と同じフレーズにもかかわらず "9, 28" と表示される．

Column

計算の優先順位

コード 2-5 の 5行目で b が 28 になったのは，まず b*5 が計算され，それに a を足したためである．人類の慣習では，掛け算や割り算は足し算や引き算より演算の優先度が高い．C言語でもそれに則り，とくに指定されなければ掛け算や割り算を先に行う．もしそれを覆して a+b を先に行いたければ，これまた慣習どおり (a+b)*5 と丸括弧で囲んで指示すればよい．

C言語には四則演算（+, -, *, /）のほかにもさまざまな演算があり，その演算を示す記号がある．どのような演算（記号）があるかはおいおい紹介していくとして，それらにも優先順位がある．優先順位は明確に仕様として決まっているが，万人が覚えているものではない．誤解を与えそうな計算式では，冗長でも丸括弧をつけて優先順位を明示することを勧める．

以下のコードを読んでみよう．

```
a=a+7;
```

解読するときのポイントは，次の3点である．

❶ 結果をどこに格納するか（a である）

❷ 何から足すか（これも a である）

❸ いくつ足すか（7 である）

C 言語では，この処理を次のように簡素化できる．

```
a+=7;
```

この表現は，先に挙げたポイントの❶と❷が一つになるので，気を配るポイントが減り，速くコードを読める．実際のプログラムでは，1 を足すことが圧倒的に多い．そこで，1 を足すときだけは特別に a++ と簡略化できるようになっている．同様に，1 を引く a-- という表現もある．a++, a-- はそれぞれ ++a とか --a と書いてもよい（この違いは，次のコラムにて説明する）．この 1 を足す，1 を引く操作のことを，コンピュータの世界ではインクリメント，デクリメントとよぶ．

Column

命令の区切りと空命令

　C 言語のソースでは，空白や改行が意味をもたない．さらに，内容が存在しない「空」命令も認めている．その例をコード 2-6 に示す．

コード 2-6　さまざまな装飾をつけたコード

```
1:    ;;int a;;a = 7;
2:    13;a;;
3:    printf("%d\n", a);
```

1 行目は，次のような意味である．

```
(空); (空); int a; (空); a = 7;
```

空命令は何も実行しないので，このコードは実質的に "int a; a=7;" と同じ意味である．同様に，2 行目は次のように分割される．

```
13; a; (空);
```

すなわち，13 や a 単体も命令になったのである．空ではないが何もしない．エラーでもない．13 や 7 という数値をもつだけである．実は，C 言語の大半の命令は数値をもつ．たとえば 3 行目は，次のように書いてもエラーにならない．

```
int b=printf("%d\n", a);
```

printf() は数値を返すためである．通常その値は活用しないが，必要ならこのよ

うに別の変数に代入することができる．また，次のような表現も許容される．

```
c = a = 7;
```

a に 7 を代入する命令 "a=7" 自体も代入した値という数値をもっており，ここでは
それを c に代入したのである．この例では，a にも c にも 7 が入る．
　a++ と ++a という命令は，ともに a に 1 を足すという処理を行う．異なるのは，
命令自体がもっている値である．前者は 1 を足す前の値，後者は足したあとの値
をもつ．たとえば a の値が 10 の場合，b=a++; と b=++a; という命令はどちらも a
を 11 にするが，b に関しては前者は 10，後者は 11 となる．

　C 言語は，int 型のほかにさまざまな変数の型をもっている．一例を挙げると，
同じ整数を扱うものの消費メモリが少ない char 型（3-5-2 項），実数を扱う double
型（4-3-3 項）などがある．異なる型の変数に値を代入するなど，プログラム内で
型を変えなくてはならないときがある．C 言語ではそれをある程度自動で行うが，
明示的に型を指定したい場合もある．そのときは，変換したい値の前に丸括弧で型
名をくくる．この操作をキャストとよぶ．次のコードは，double 型の変数 f を int
型に変換して n に代入する例である．

```
double f=12340.;
int n=(int)f;
```

2-1-4　if 文：条件分岐

　C 言語の if 文は，次のような書き方をする．

```
if（条件式）
    命令A；
else
    命令B；
```

もし命令 B として書くことがなければ，else 以下を省略して次のように書くこと
もできる．

```
if（条件式）
    命令A；
```

さて，C 言語では空白や改行は意味をもたないと述べた．すなわち，このフレーズ
は

```
if（条件式）
    命令A；
```

とか

```
if（条件式）命令A；
```

と書いてもかまわない．しかし最初の例のように，条件が成り立てば，または成り立たなければ遂行される命令を一段右にインデントしておくと，見通しがよくなる．Python のように強制力はないが，インデントをしておくことを強く勧める（最後の例は，一画面に収めるコード量を増やすという別の理由でたまに見かける）．

> **Column**
>
> ### 不要なセミコロン
>
> 以下は，初学者がよくやる間違いである．
>
> ```
> if（条件式）；
>     命令；
> ```
>
> おそらくこれは作者の意図どおりの動きをしない．p. 18 のコラムで述べたように，C 言語では空命令の存在を許し，かつ空白や改行は意味をもたない．そして，if 文の分岐対象はその次の一命令だけである．そのため，このコードでは**図 2-2** のように，条件式が成り立つ成り立たないにかかわらず命令は実行される．同様の間違いは for 文や while 文でも起こりうるが，こちらは後述するコード 8-9 や 8-10 のように意図して書くこともある．
>
>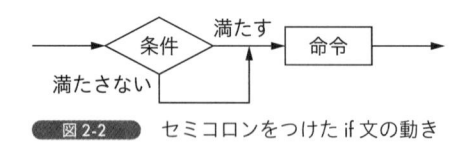
>
> **図 2-2** セミコロンをつけた if 文の動き

✓ ブロック文

さて，**図 2-3** のように，条件式が成り立つと複数の命令を行わせたいとする．散々 C 言語では空白や改行は意味をもたないと述べてきたので，次のように書いても駄目だとわかるだろう．

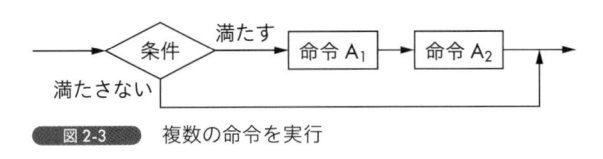

図 2-3 複数の命令を実行

```
if（条件式）
    命令A₁;
    命令A₂;
```

if 文が制御する命令は A_1 のみで，A_2 は条件式にかかわらずつねに実行される．if 文が成立したときに実行したいまとまりはここからここまでだと，改行や空行以外の方法で表現しなくてはならない．これには波括弧を使って次のように書く．

```
if（条件式）{
    命令A₁;
    命令A₂;
}
```

　波括弧は，複数の命令を一つのまとまり（ブロック）にする．命令が一つしかないときは使わなくてもよい．本書では命令が一つのときは波括弧を入れないスタイルをとっているが，このスタイルだとプログラムの修正や仕様変更で命令が複数に増えたとき，波括弧を入れ忘れることもある．そのため，命令が一つでもつねに波括弧を入れる流儀もある．

✓ 疑似命令 else-if

　if-else 文の命令 A や命令 B は何でもよい．代入文でもよいし，波括弧でくくって複数の命令を列挙してもよい．新しい if-else 文にしてもよい．そして，その else 時の命令を別の if-else 文にしてもよい．インデントの原則に従うと，次のようになる．

```
if（条件式a）
    命令A;
else
    if（条件式b）
        命令C;
    else
        if（条件式c）
            命令D;
        else
            命令E;
```

このように if-else 文を積み重ねると，インデントがどんどん深くなってしまう．プログラムの構造を視覚的に示すためのインデントによって，逆にわかりにくくなっている．そこでインデントの原則を曲げ，次のように書くことが多い．

```
if (条件式a)
    命令A;
else if (条件式b)
    命令C;
else if (条件式c)
    命令D;
else
    命令E;
```

あたかも else if という命令が存在するように見える．実際その認識でも問題ない．

2-1-5　for 文：ループ処理

if 文はプログラムの後方に分岐するものだった．それに対し，ループ文は前方に分岐する．C言語のループ文にはいくつか種類があるが，紙面の都合上ここでは for 文のみ紹介する．for 文の書式は以下のとおりである．

```
for (命令X; 条件式; 命令Y)
    命令Z;
```

このフレーズは，**図 2-4** のような動きをする．

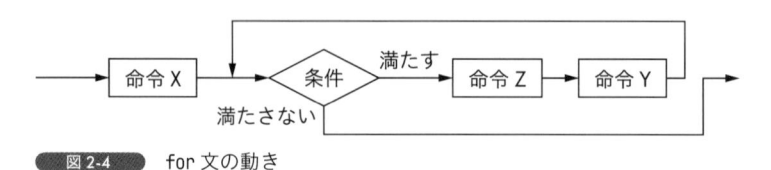

図 2-4 for 文の動き

コード 2-7 は，for 文を使った九九の表を作るプログラムである．1行目の for 文の命令 Z は 2〜4 行目すべて，2行目の for 文の命令 Z は 3 行目の記述である．このように，for 文の中に別の for 文を入れることもできる．これを多重ループとよぶ．

コード 2-7　九九の表を作るプログラム

```
1:    for (int i=1;i<10;i++){
2:      for (int j=1;j<10;j++)
3:        printf("%2d ", i*j);
4:      printf("\n");
5:    }
```

✓ 無限ループ

コード 2-7 の 2 行目で j<10 と書いているところを，i<10 と書き間違えてしまったとしよう．プログラム開始後まず 1 行目で i を 1 にして，それが 10 未満なので 2 行目に入る．2 行目では j が 1 でスタートし，その後 2，3，4，…と上がっていくが，それは j であり i ではない．i は 1 のままである．そのため書き間違えた i<10 を満たす機会は永遠になく，2，3 行目のループが終わることはない．

このように抜けることのないループを，無限ループとよぶ．一般的な視点だと，無限ループはバグである．しかし組込みプログラムでは，プログラムを終えることこそ避けるべきときもあり，意図して無限ループを作ることもある．無限ループを作る際は，あとからこの無限ループは意図したものだとわかるよう，一般的な記法で示すのがよい．その表現には次の二つの流儀がある．一つは for 文を使うもので，

```
for(;;)
    無限ループ処理
```

と書く．for 文の命令 X，条件式，命令 Y は省略可能であり，省略した条件式は「成り立つ」と判断されるので，これで無限ループになる．もう一つの記法は while 文を使うもので，

```
while(-1)
    無限ループ処理
```

などと書く．while 文は条件式を省略できないので，何か書かないといけない．1==1 と自明なことを書いてもよいが，このように −1 などの 0 でない適当な数値を使うことが多い．これでよい理由は次項で述べる．

2-1-6 条件式の値

if 文などで用いる条件式は，成り立つか成り立たないかの二値である．条件式が成り立つことを真<ruby>真<rt>しん</rt></ruby>，成り立たないことを偽<ruby>偽<rt>ぎ</rt></ruby>とよぶ．true, false とよぶこともある．コード 2-8 は，変数 a が 8 より大きければ hoge と，8 ぴったりなら fuga と，そして 8 未満なら piyo と表示するプログラムである．3 行目の == は誤植ではない．C 言語では = は代入操作，== は右側と左側の値が等しいかを調べる操作と，別の意味なのである．

コード 2-8 if, else if, else のサンプル

```
1:    if (a>8)
2:      printf("hoge\n");
```

```
3:    else if (a==8)
4:      printf("fuga\n");
5:    else
6:      printf("piyo\n");
```

　C言語では，真や偽は数値として扱っている．それを実証するコードを，コード2-9に示す．この動きはコード2-8と同じであるが，3行目や4行目のif文の条件式は，比較も何もない一つの変数になっている．

コード 2-9　条件式の数値化
```
1:    int x= a>8;
2:    int y= a==8;
3:    if (x)
4:      printf("hoge\n");
5:    else if (y)
6:      printf("fuga\n");
7:    else
8:      printf("piyo\n");
```

　このコードの1行目の

```
x = a > 8;
```

というフレーズの形は，よく見る

```
z = a + 8;
```

というフレーズとなんら変わりはない．＋の代わりに＞という記号が使われただけである．＋という記号がその右側と左側の数値を足す演算を行うように，＞という記号は左側の数値が大きければ真の値，小さければ偽の値とする演算を行う．1行目ではそれを変数xに入れている．C言語では偽は零，真は零以外の数値（非零）という取り決めがある．すなわち，xにはaが9以上なら0が，8以下なら0でない何か適当な数が入る．

　条件式は零か否かで判断するため，たとえばif (n!=0)というフレーズはif (n)と書いてもよい．同様にif (m==0)もif (!m)と書いてもよい．通常は前者の!=0，==0と陽に零か否か示す書き方が読みやすいが，後者の書き方が読みやすくなる場面もあり，実際，さまざまなプログラムでこのフレーズは見かける（本書でも多用している）．

2-1-7　goto 文：好きなところへのジャンプ

if 文や for 文，while 文はプログラムの流れを制御するものであった．そして C 言語には，もっと原始的に流れを制御する goto という命令がある．goto を使うと，ある程度好きなところにジャンプできる．

ループ文はすべて goto 文と if 文の組み合わせで代用することができる．コード 2-10 は，コード 2-7 と同じはたらきを goto 文で実装してみたコードである．

コード 2-10 コード 2-7 の処理を goto で実装したプログラム

```
 1:   i=1;
 2:  skip1:
 3:   if (i>=10)
 4:     goto skip4;
 5:   j=1;
 6:  skip2:
 7:   if (j>=10)
 8:     goto skip3;
 9:   printf("%2d ", i*j);
10:   j++;
11:   goto skip2;
12:  skip3:
13:   printf("\n");
14:   i++;
15:   goto skip1;
16:  skip4:
```

2，6，12，16 行目で goto の移動先として名前がつけられ，それぞれ 15，11，8，4 行目で指定されている．このコードは第 9 章の布石なので，どうやってコード 2-7 と同じ動きをしているのか，ぜひ一度は解読してほしい．

goto 文を使ったコード 2-10 は，コード 2-7 と比べ読みにくい．読みにくいコードは，バグが出やすいコードと等価である．そのため goto 文は極力使うなといわれており，使用自体を禁止している現場もある．しかし，多重ループの深部から抜け出したいときや（break だと一番内側のループしか抜けられない），いくつものエラーチェックのどれかにひっかかると特定の終了処理を行いたいときは，goto を使うとプログラムがシンプルに書ける．逆にいうと，そういう用途以外で goto は使うべきではない．また，そういった用途では goto の移動先は現時点より必ず後ろになるはずである．コード 2-10 の 11 行目や 15 行目のような，前に移動する使い方をしてはならない．

関数の作り方

　他言語と同様に，C言語にも関数はある．2-1-2項の printf() はC言語に備わっている誰かが作った関数で，それを活用したのである．関数は誰かが作ったものを単に利用するだけでなく，自作して活用することもできる．コード 2-11 にそのサンプルを示す．

コード 2-11 簡単な自作関数とその呼び出し

```
 1:   #include <stdio.h>
 2:
 3:   int func(int a, int b){
 4:     return 2*a + b;
 5:   }
 6:
 7:   int main(void){
 8:     int x=func(4, 7);
 9:     printf("%d\n", x);
10:     return 0;
11:   }
```

　3～5行目で関数 func() を作り，8行目でそれを呼び出している．2-1-1項で，C言語の本質は main(){ と } の間に書くものであとはおまじないと言い切ったが，その舌の根も乾かぬうちに，波括弧の外側の3～5行目に新たなコードを書いている．

　3行目の "int func(int a, int b)" という記述を見てほしい．これは，次のような意味である．

- 戻り値は int 型
- 関数名は "func"
- 第1引数の型は int 型，この関数内での名前は a
- 第2引数の型も int 型，この関数内での名前は b

実体は，そのあとにある波括弧の中である．続いて7行目を見てほしい．3行目とかなり似た記述になっていることに気づくだろう．同じような読み方をすると，次の意味にとれる．

- 戻り値は int 型
- 関数名は "main"
- 引数はない（void）

7～11行目は，main() という関数を表していたのである．

　C言語で書かれたプログラムは，"main" という名の関数が呼ばれて始まる約束

になっている．そのため，このプログラムの起点は8行目である．ここで func() が呼ばれて3〜5行目に行く．4行目の時点で a に4，b に7が入っているので，return の右にある式の値は15となる．これがそのまま8行目の func() の値となり，x に代入される．そのため，そのあとに続く9行目では15が表示される．

さて，コード2-11を読み解くコンパイラの身になってみよう．コンパイラはソースコードを1行目から順に読み解いていく．3行目に至った時点で「func() という関数があるのだな」と覚えておき，10行目に至った時点で「func() という関数を呼び出すのか，これはさっきのアレだな」と対応付ける．つまり，関数を呼び出す記述に遭遇する時点で，コンパイラはその関数の存在を知っていないといけない．main() はすべての関数の起点である．そのため，コード2-11のように main() は最後に書いておくのが無難である．

ただし，無難ではあるが絶対ではない．main() のあとに関数を書くこともできる．コード2-12にその例を示す．

コード 2-12　関数をあとで書くプログラムの例

```
 1:    #include <stdio.h>
 2:
 3:    int func(int, int);
 4:
 5:    int main(void){
 6:      printf("%d\n", func(4, 7));
 7:      return 0;
 8:    }
 9:
10:    int func(int a, int b){
11:      return 2*a + b;
12:    }
```

func() の本体は10〜12行目にある．このコードがうまくコンパイルできるためには，コンパイラが6行目に差し掛かった時点で func() という関数の存在を知っていないといけない．それを示しているのが3行目で，「内容はさておき，こんな形でこんな名前の関数がある」と伝えている．

2-2　コンパイルの流れを理解しよう

2-2-1　「おまじない」で何が起こっているのか

本書ではここまで，ソースファイルを実行ファイルに変換すること全体をコンパ

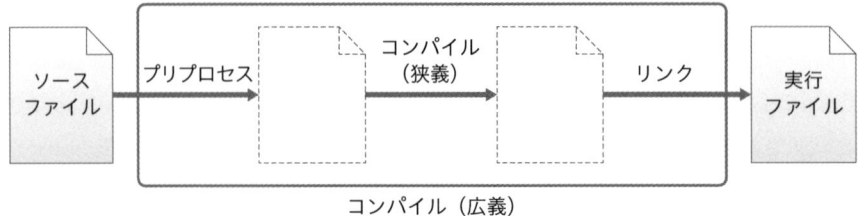

図 2-5　コンパイル操作の動き

イルとよんでいたが，実はこの過程は**図 2-5** のように次の三つの段階を踏む．

❶ プリプロセス
❷ コンパイル
❸ リンク

今後も上記❶〜❸の一連の作業をコンパイルとよび続けるが，❷だけを指したいときもあるので，そのときはこれを真のコンパイルとよぶことにする．

❶のプリプロセスとは，コードの中にときどき存在する # で始まる命令を処理するものである．厳密には，# で始まる命令（ディレクティブ）の中にはプリプロセスで処理しないものもあるが，本書ではそれを無視し，すべてプリプロセスで処理する命令（プリプロセッサ命令）として話をする．プリプロセッサ命令の一つに，#include がある．#include は，その部分にファイルを挿入するものである．たとえば，コード 2-11 の 3〜5 行目部分のみ funcsample.c というファイルで同じディレクトリに保存し，コード 2-11 自体も 3〜5 行目を次のように書き換えたとする．

```
#include "funcsample.c"
```

その新しいコードは，プリプロセスの段階でコード 2-11 と同じ状態に戻り，真のコンパイルに渡る．当然，生成される実行ファイルに変わりはない．

いま示した命令は，よく見かける #include <stdio.h> といった表記に対し二つ違いがある．一つめは，ファイル名を <…> でなく "…" で囲っていたところである．通常の <…> は，あらかじめ定めたディレクトリの中にあるファイルを指定するときに使う．それに対し，ソースファイルと同じディレクトリのファイルを指定するときは "〜" で囲む．二つめは，ファイル名の拡張子を h でなく c にしていたところである．単なる名前だといえばそれまでだが，慣習的に拡張子 c をもつファイルはソース（手順）であり，拡張子 h をもつファイル（ヘッダファイルとよぶ）に

は手順とは異なることを書く．具体的には，コード 2-12 の 3 行目のような，どんな関数があるかを書く．もちろん，10〜12 行目相当の関数の実体をどこかで書かないといけないが，それは main() の後ろでなく，別のファイルで書いてもよい．

✅ 分割コンパイルとライブラリ

図 2-6 は，関数の実体を別のファイルにしたときの実行ファイル生成に至る流れを示したものである．コード 2-12 の 3 行目部分を func.h，10〜12 行目を func.c，残る部分を main.c というファイルに分割している．main.c はコード 2-12 の 3 行目と異なり #include "func.h" となっているが，プリプロセスで挿入されるので実質的に同じである．プリプロセス後の main.c と func.c がそれぞれコンパイルされて中間ファイルとなり，それらをリンクして実行ファイルになる．

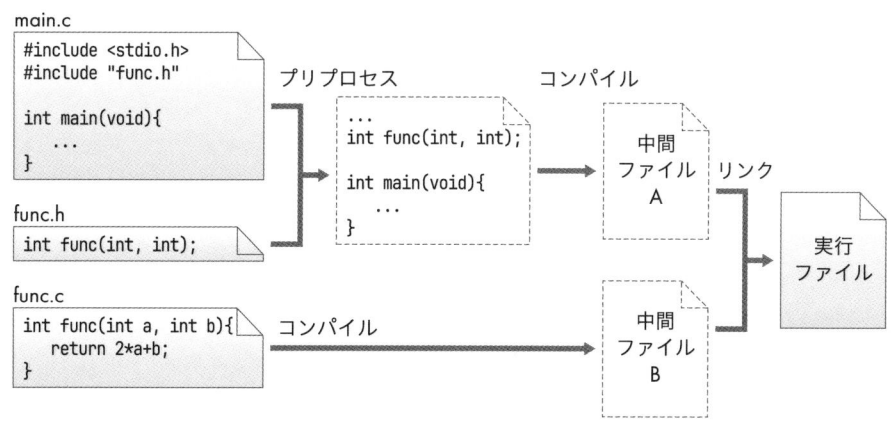

図 2-6 ヘッダファイルとリンク

個別に中間ファイルを作って，最後にリンクする方法はさまざまなメリットを生む．たとえばソースを少し書き換えたとき，書き換えたソースだけ新しい中間ファイルを作ってリンクすれば，コンパイル時間は短くなる．また，ソースを隠蔽することもできる．func.c 内に企業秘密があり，ソースは見せたくないが機能は売りたいとき，中間ファイル B と func.h だけ渡せば，相手はソースを閲覧できないものの，関数自体は使うことができる．ヘッダファイルは，中間ファイルにある関数一覧を示す目録なのである．

この考えを突き詰めたのがライブラリである．ライブラリは，先人が作ったヘッダファイルと中間ファイル（ライブラリファイル）のセットである．#include で適切なヘッダファイルを指定し，適切なライブラリファイルをリンクすれば，そこ

に記された関数を使用することができる.

2-2-2　makefile：コンパイルのルールを決める

　図 2-6 では，実行ファイルを得るまで，プリプロセスを含むコンパイルが 2 回と，リンクが 1 回いる．gcc では，それぞれ次のようなコマンドになる.

コマンド

```
> gcc -c -o main.o main.c
> gcc -c -o func.o func.c
> gcc -o main.exe main.o func.o
```

最初の二つのコマンドは中間ファイルを作成するもので，オプション -c でそれを指定している．オプション -o は出力するファイル名を指定するもので，それぞれ main.o, func.o にしている．最後のコマンドは二つの中間ファイルをリンクするもので，main.exe という名前の実行ファイルを作っている.

　ここで，main.c を書き換えたとする．func.c は変わっていないので，二つめのコマンドを行う必要はなく，一つめのコマンドと三つめのコマンドだけ実行すればよい．同様に，func.c を書き換えた場合は二つめと三つめだけ実行すればよい．func.h を書き換えた場合は，これは main.c でインクルードされているだけなので，やはり一つめと三つめだけ実行すればよい．このように，コマンドを取捨選択するルールは単純である．しかし，それを毎回人間が行うのは面倒である．コンピュータを使って自動的にさせたい．ルールを管理し自動で遂行してくれるのが，IDE(p.9 のコラム参照) である．しかし，IDE はアプリケーションによってやり方が異なるため，ここでは原始的な make コマンドについて述べる.

　コマンドプロンプトで make と打てば，make というコマンドが開始される．make コマンドに伝えるコンパイルのルールは，makefile というファイルで記述する．その例を，コード 2-13 に示す.

コード 2-13　makefile の例

```
1:   main.exe : main.o func.o
2:        gcc -o main.exe main.o func.o
3:
4:   main.o : main.c func.h
5:        gcc -c -o main.o main.c
6:
7:   func.o : func.c
8:        gcc -c -o func.o func.c
```

2, 5, 8 行目は行頭が空白になっているが, スペースでなく TAB 文字で記載しなければならない. このコードは 1, 2 行目, 4, 5 行目, 7, 8 行目が組となっている. 1, 2 行目は, もし main.exe が main.o か func.o より過去に作られていたのなら, 2 行目に書かれた gcc -o main.exe main.o func.o というコマンドを実行しろという意味である (main.exe が存在しない場合も含む). 2 行目のコマンドが実行されると, main.exe が新しく生成される. 生成された main.exe は main.o や func.o より新しいため, main.o か func.o かが更新されないかぎり, 2 行目のコマンドは実行されない. 4, 5 行目, 7, 8 行目の組も同様である. これにより, make コマンドを実行すれば, 実行ファイル main.exe はソースファイル main.c, func.h, func.c よりも日付の新しい最新の状態になる.

(2-2-3) プリプロセッサ命令の活用 1：ソースコードの書き換え

C 言語では, 配列は角括弧で大きさを指定して次のように宣言する.

```
int a[20];
```

添え字は 0 から始まるので, この宣言で a[0]～a[19] の 20 個の要素が使える. 添え字は a[12] のように直接数値を指定してもよいが, a[i] のように別の変数で表現してもよい. そのような例をコード 2-14 に示す. このコードでは, すでに値の入っている 20 個の要素の合計を求めている.

コード 2-14　配列の合計を求めるフレーズ

```
1:    sum=0;
2:    for (int i=0;i<20;i++)
3:      sum += a[i];
```

20 人のクラスで 1000 点満点のテストを実施し, 整数の範囲で平均点を求めることを考える. コード 2-15 はその実現例である. ただし, テストの点数を配列 a に入れる部分は, 乱数を生み出す rand() 関数を用いてダミーデータを入れている (10, 11 行目). この rand() を使うには stdlib.h をインクルードする必要があるので, 2 行目でそれを行っている.

コード 2-15　平均を求めるプログラム（ダミーデータの設定処理を含む）

```
1:    #include <stdio.h>
2:    #include <stdlib.h>
3:
4:    #define SIZE 20
```

```
 5:
 6:    int main(void){
 7:      int a[SIZE];
 8:      int sum, ave;
 9:
10:      for (int i=0;i<SIZE;i++)
11:        a[i] = rand() % 1000;
12:
13:      sum=0;
14:      for (int i=0;i<SIZE;i++)
15:        sum += a[i];
16:      ave = sum/SIZE;
17:
18:      printf("%d\n", ave);
19:
20:      return 0;
21:    }
```

　平均を得るには，いったん合計値を得ないといけない．それを行っているのが13～15行目で，コード2-14と同じフレーズになっている．気づいてほしいのは，コード2-14では20と書いていた部分をSIZEという文字に変えていることである．SIZE自体は，4行目の#defineというプリプロセッサ命令で定義されている．このように書くと，プリプロセスの段階でコード中のSIZEと表記されているすべての部分が20という文字に置換されるのである．仮にクラスの人数が20人から25人に変わっても，コードのあちこちに書かれている20を25に書き換える必要はなく，4行目だけを書き換えれば済む．

　4行目の末尾にセミコロンがないことに気づいてほしい．#defineは置換命令である．もしここの末尾にセミコロンがあったら，セミコロンも含めて置換されるため，10行目は次の形で真のコンパイルに渡り，エラーになる．

```
for(int i=0;i<20;;i++)
```

同様に，たとえば1組20名と2組23名の2クラスぶんまとめて処理させようと，#define SIZE 20+23などと書いてもいけない．今度は，16行目が次の形になるためである．

```
ave=sum/20+13;
```

こちらは文法的に正しいためコンパイルは通るが，意図しない計算が行われる．これを防ぐには，#define SIZE (20+23)などと丸括弧でくくればよい．

　頭に # をつけたプリプロセッサ命令には，#ifdef や #ifndef というのもある．その使用例を，コード 2-16 に示す．

コード 2-16 #ifdef の例

```
 1:   #include <stdio.h>
 2:
 3:   #define DEF
 4:
 5:   int main(void){
 6:   #ifdef DEF
 7:     printf("hoge\n");
 8:   #else
 9:     ERROR
10:   #endif
11:     return 0;
12:   }
```

　6, 8, 10 行目が，#ifdef のくだりである．感覚的には，普通の if 文と同じと思っていてよい．if 文と同様に，#else 節（8，9 行目）は省略できるが #endif は省略できない．6 行目は「DEF が定義されていれば」という意味であり，その DEF は 3 行目で定義している．コード 2-15 の #define と似ているが，置換対象がない．ここでは，DEF が定義されているかどうかだけが重要なためである．

　このように DEF が定義されていると，9 行目（および 6，8，10 行目）が削除されたコードが真のコンパイルを行うコンパイラに伝わる．逆に，3 行目をコメントアウトして DEF を定義しなかったとする．その場合，7 行目のほうが削除されるので，真のコンパイラには次のコードが伝わる．

```
int main(void){
  ERROR
  return 0;
}
```

これは文法的に正しくないためエラーとなる．

　#ifdef を使うと，状況によってコンパイルの範囲を切り替えることができる．そのため，同じコードで Windows 向け，Linux 向け，組込みマイコン向けなど，動作環境で少し記述を変える必要があるときに便利である．

クロスコンパイル

コンパイラを動かすコンピュータと，コンパイルによって生成されたマシンコードを動かすコンピュータは，必ずしも同じである必要はない．別のコンピュータ用マシンコードを生成してもよい．組込み系のコンピュータ（マイコン）の性能は低く，コンパイラを動かすことすら難しい．そのため，PC でプログラムをコンパイルし，生成したマシンコードをマイコンに転送して実行するような手順で開発する．このように，実際に走らせるコンピュータと違うコンピュータでコンパイルすることを，クロスコンパイルとよぶ（図 2-7）．

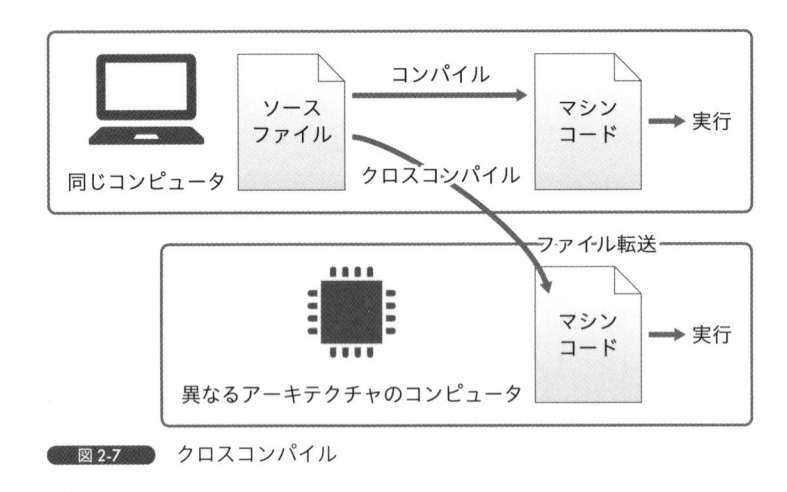

図 2-7 クロスコンパイル

クロスコンパイルを行うためには，PC にクロスコンパイラをインストールしなければならない．通常，クロスコンパイラは IDE の形でマイコンの製造元（メーカ）から提供されている．こういった IDE はターゲットが絞られ汎用性がないぶん必要かつ十分な機能だけが実装されており，逆にわかりやすいことが多い．

Chapter 3

コンピュータのしくみ

　C言語で書いたプログラムは，最終的にマシンコードとなってコンピュータで動作する．とくに，処理能力の低い組込み向けマイコンでは，コンピュータという機械にとって効率的な処理を実現しなくてはならない．そのためには，コンピュータの中で何が起こっており，C言語で書いたコードはどのように処理されるか，多少のイメージをもっていたほうがよい．さらに組込み機器では，メモリの一部が外部機器の窓口になっていたり，外部機器を動かすためにも2進法で考える必要があったりと，コンピュータの内部と外部の境界があいまいである．そこでここでは，C言語でプログラムを記述するときに役に立つであろう内容に絞り，コンピュータのしくみについて解説する．

3-1 　コンピュータの中で何が起こっているのか

3-1-1 　CPUとメモリ

　図3-1に，コンピュータのおおざっぱな構造を示す．コンピュータは，CPUとメモリで構成されている．CPUは，制御装置と演算装置，そしてレジスタで構成されている．レジスタは，CPU内部でデータを一時的に蓄える変数のようなものである．制御装置はプログラムメモリに書かれたマシンコードに従い，次のことを決め演算装置を動かす．

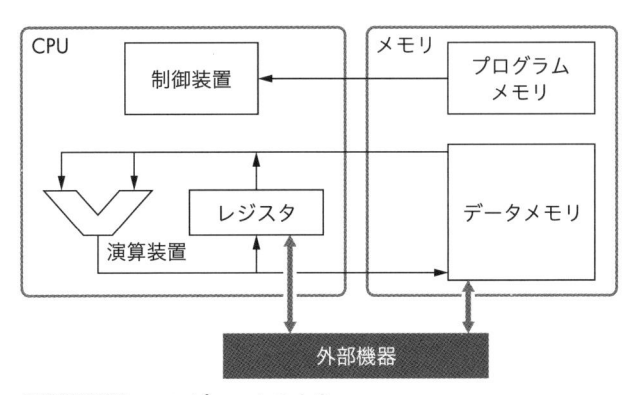

図3-1　コンピュータの中身

❶ 何と何を入力とするか

❷ どんな演算をするか

❸ 演算結果をどこに出力するか

　メモリは，プログラムメモリとデータメモリに大別される．実際に物理的に分けているコンピュータもあるが，便宜上そう扱うコンピュータもある．

3-1-2　CPU の演算のしくみ

　CPU は論理回路で構成されている．論理回路はデジタル，すなわち 0 と 1 の演算を行う回路である．代表的な論理演算に NOT，AND，OR，XOR がある．それらの演算の入力 P と出力 Q の関係を，**図 3-2** に示す．

P	Q
0	1
1	0

NOT

P1	P2	Q
0	0	0
0	1	0
1	0	0
1	1	1

AND

P1	P2	Q
0	0	0
0	1	1
1	0	1
1	1	1

OR

P1	P2	Q
0	0	1
0	1	0
1	0	0
1	1	1

XOR

図 3-2　論理演算の真理値表

　図 3-3(a)は，組込み機器でボタン（スイッチ）入力を実装したいときによくある回路である．組込み機器への入力，すなわちスイッチ回路の出力 Q は，スイッチが閉じている間は図(b)のように 0 V 側に直結するため Low（0 V）に，逆にスイッチが開くと図(c)のように抵抗を介して 5 V 側につながっているため High（5 V）になる．

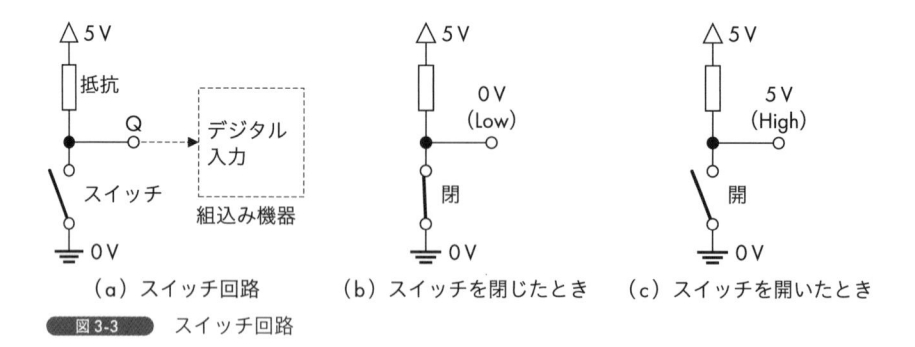

（a）スイッチ回路　　　（b）スイッチを閉じたとき　　（c）スイッチを開いたとき

図 3-3　スイッチ回路

さて，入力が High なら閉じ，Low なら開く電動スイッチがあったとしよう．そういった電動スイッチを**図3-4**(a)のように使えば，入力 P と出力 Q の Low（0）とHigh（1）が反転する NOT が実現する．同様に，二つの電動スイッチを図(b)のように直列に接続すれば AND の反転 NAND が，図(c)のように並列に接続すればOR の反転 NOR が実現する．一般に，これらは各図下の枠内に示した記号で表す．

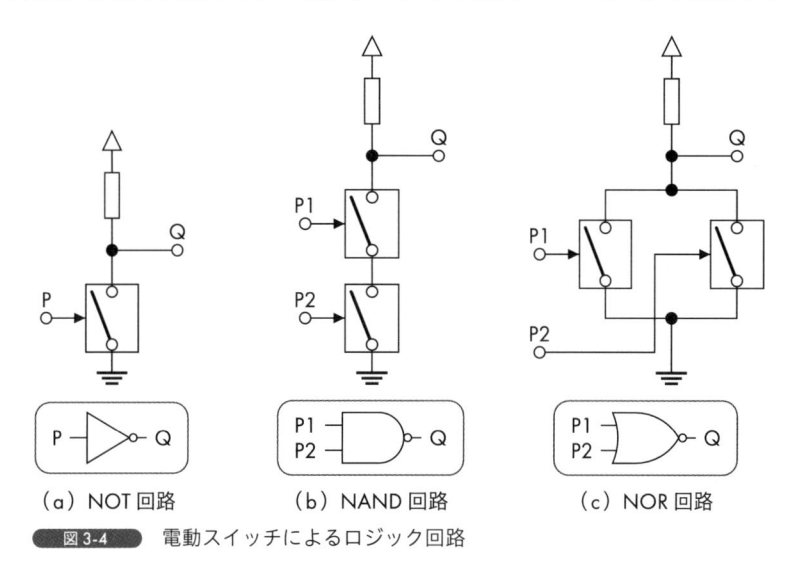

(a) NOT 回路　　　　　(b) NAND 回路　　　　　(c) NOR 回路

図3-4　電動スイッチによるロジック回路

NAND を**図3-5**左のように組み合わせた回路を考えてみよう．まず，図中に破線で囲った部分に着目してみる．P2, P3 の入力に対し，中間情報 x はそれらのNAND なので両者 1 のときだけ 0 になる．一方 a は P2 だけが 1 のとき，b は P3だけが 1 のときだけ 0 になり，それを NAND した y は結局 P2, P3 どちらか片方

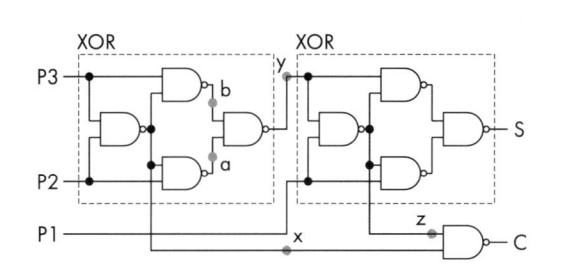

入力			中間情報					出力	
P1	P2	P3	x	a	b	y	z	C	S
0	0	0	1	1	1	0	1	0	0
0	0	1	1	1	0	1	1	0	1
0	1	0	1	0	1	1	1	0	1
0	1	1	0	1	1	0	1	1	0
1	0	0	1	1	1	0	1	0	1
1	0	1	1	1	0	1	0	1	0
1	1	0	1	0	1	1	0	1	0
1	1	1	0	1	1	0	1	1	1

図3-5　論理回路の例

が1のときだけ1になる XOR の動きをする．このように P1, P2, P3 に対し途中の状態 x, a, b, y, z, さらに最終出力 C, S を求めることができる．それを示したのが図右の表である．

◇ 2進法と16進法

学校の授業などで，「コンピュータは2進法で動く」と聞いたことはあると思う．2進法は，0と1のみで構成される数の表現方法である．2進数とよぶときもある．2進法は，10進法でいうところの2に達したら次の位が1上がる．つまり，$2_{(10)} = 10_{(2)}$，$3_{(10)} = 11_{(2)}$である．

図3-5右の表の C-S を2進法2桁の数と考えると，それは入力 P1, P2, P3 の1の個数とみなせることに気づくだろう．つまり，あの回路は $P1 + P2 + P3 = CS_{(2)}$ という足し算を実現していたのである．この回路を，図3-6(a)のように単に ADD と表現してみる．そして，その ADD を図(b)のようにたくさん並べた加算回路を考える．この回路の入力 A, B および出力 D を N 桁の2進数と考えると，繰り上がりがはたらいて $A + B = D$ という N 桁の数どうしの足し算を実現しているとみなすことができる．これがコンピュータの原理である．

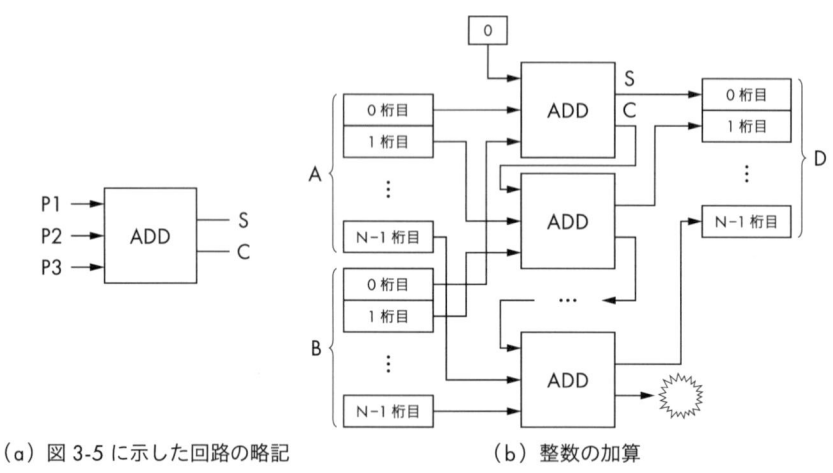

（a）図3-5に示した回路の略記　　　　　　（b）整数の加算

図3-6　加算回路

コンピュータの中で，数値は A や B, D のように数〜数十桁の2進法で扱われる．その1桁を bit（ビット），8ビットの塊を byte（バイト）とよぶ．また，ハードウェアにしろソフトウェアにしろ，システムが扱いやすいビット数の塊を word（ワード）とよぶ．とくに組込みプログラムでは，どのビットが1でどのビットが0なのか

強く意識しなければならない場面がある．そのときに，たとえば 54321 などわれわれにとって身近な 10 進法では，0 から数えた 4 ビット目が 1 か 0 か一目でわからない．もし同じ数値を 2 進法で 11010100001<u>1</u>0001$_{(2)}$ と書けば，すぐ 1 だとわかる．しかし，今度はスケール感が得にくいし，表記にスペースもとる．そこで折衷案として使われるのが，16 進法表記である．16 進法は，16$_{(10)}$ になったら次の桁が 1 上がる．そのため，10$_{(10)}$〜15$_{(10)}$ の数を 1 桁で表現しなければならない．通常 a〜f もしくは A〜F という文字が使われる．**図 3-7** に 10，2，16 進法の対応を示す．

10 進法	16 進法	2 進法	10 進法	16 進法	2 進法
00	0	0000	08	8	1000
01	1	0001	09	9	1001
02	2	0010	10	a	1010
03	3	0011	11	b	1011
04	4	0100	12	c	1100
05	5	0101	13	d	1101
06	6	0110	14	e	1110
07	7	0111	15	f	1111

図 3-7 10 進法と 16 進法，2 進法

16 進法の利点は，2 進法と親和性が高いことにある．2 進法の 4 桁と 16 進法の 1 桁は対応している．たとえば，2 進法の各桁を 1101-0100-0011-0001 と四つずつの塊に分け，それぞれ対応する 16 進法 d-4-3-1 をつなぎあわせれば，すぐ d431$_{(16)}$ という表現が得られる．逆もしかりである．一方で，10 進法と 16 進法の親和性は低く，変換は面倒である．その変換は関数電卓を使うとよい．

C 言語で 16 進法で数を書きたいときは，頭に 0x をつける．たとえば，int a=26; と書くのと int a=0x1a; と書くのとは，まったく同じ動きをする．どちらも，変数 a には実体として「アルファベット文字（A〜Z）の種類と同じ数」を示す数値が格納されるのである．その数値を 10 進法で表現すると"26"という文字になり，16 進法で表現すると "1a" という文字になる．

3-2　メモリと変数の関係

3-2-1　変数はメモリに置かれる

変数や配列を宣言することは，値の入る箱を作るようなものである．それらの箱はどこにできるのであろうか．もちろん答えはメモリである．プログラムで

```
int a, b, c[5];
```

と書くと，メモリのどこかに変数 a や b, 配列 c を格納する場所が割り当てられる．図 3-8 にそのイメージを示す．ただしこれはあくまでイメージであって，実際は宣言された順番に隙間なく割り当てられているわけではないし，変数以外にコンパイラが覚えておいたほうがよいと判断した情報も蓄えられている．

メモリは巨大な配列のようなものである．配列では添え字で「何番目」という場所を指定したが，メモリはアドレスを使って指定する．アドレスは 1 バイトごとに

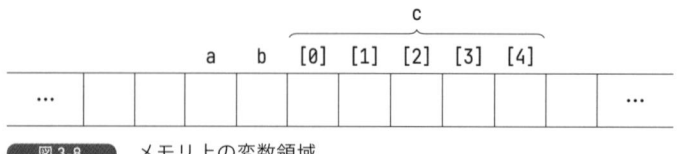

図 3-8　メモリ上の変数領域

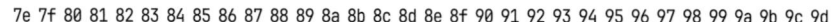

| 7e | 7f | 80 | 81 | 82 | 83 | 84 | 85 | 86 | 87 | 88 | 89 | 8a | 8b | 8c | 8d | 8e | 8f | 90 | 91 | 92 | 93 | 94 | 95 | 96 | 97 | 98 | 99 | 9a | 9b | 9c | 9d |

... a b c[0] c[1] c[2] c[3] c[4] ...

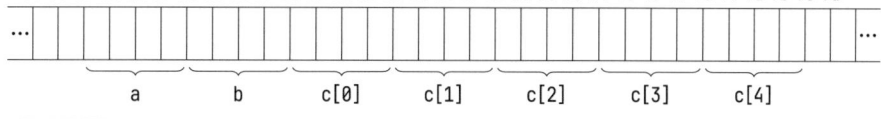

図 3-9 アドレスとメモリ

割り振られる．変数は，必ずしも 1 バイトに収まるとは限らない．仮に int 型が 4 バイトを要するのであれば，図 3-8 で示した変数は**図 3-9** のようになっている．

　四角の上にある数値はアドレスを示す（本当のアドレスはもっと桁数が多いのが普通だが，ここでは例示のためシンプルにする）．図では変数 a はアドレス $80_{(16)}$ 〜$83_{(16)}$ の 4 バイトに，変数 b は $84_{(16)}$〜$87_{(16)}$ の 4 バイトに割り当てられている．アドレスの値は，"番地" という単位をつけることがある．たとえば，b の先頭アドレスは $84_{(16)}$ 番地である．プログラム（マシンコード）も，プログラムメモリ上にあるためアドレスがある．本書では，説明のためサンプルコードに行番号をつけている．それをもっと細かくしたものとイメージしてほしい．

Column

不正なメモリ操作

　C 言語は，書き換えてはいけない情報を簡単に書き換えることができる．大きさ 5 の配列 c を宣言した場合，読み書きが許されるのは c[0]，c[1]，c[2]，c[3]，c[4] の五つである．c[7] とか c[-2] とかは書いても読んでもいけない．しかし，C 言語では次のようなコードを記述，実行できる．

```
c[-2]=8;
```

もしメモリが図 3-8 のようになっていれば，このコードは a の値を 8 に書き換えていることになる．変数 a の値がなぜか勝手に変わる動作に見える．プログラムが論理的に説明できないおかしな動きをしたときの原因は，ほぼ間違いなくこういった不正なメモリ操作である．もちろん，誰だって c[-2] などわかりやすい間違いは起こさない．実際の間違いはもっと巧妙に隠れている．典型的な例をコード 3-1 に示す．1 行目で c[0]〜c[9] が使えるように宣言したにもかかわらず，2，3 行目の for 文は c[10] に書き込みしているし，4，5 行目の for 文も c[-1] に書き込みしている．

コード 3-1 配列の領域外操作（失敗）

```
1:    int c[10];
2:    for (int i=0;i<=10;i++)
```

```
3:      c[i]=i;
4:    for (int i=0;i<10;i++)
5:      c[i-1]=c[i];
```

3-2-2 変数には有効範囲がある

　C言語に限った話ではないが，変数には有効範囲がある．それを説明するための例をコード 3-2 に示す．

コード 3-2　変数の有効範囲

```
1:    #include <stdio.h>
2:
3:    int x, y;
4:
5:    int func(int m, int n){
6:      int a = m + n * x;
7:      y++;
8:      return a;
9:    }
10:
11:   int main(void){
12:     x = y = 2;
13:     int a = 4;
14:     {
15:       int i, a;
16:       a=0;
17:       for (i=0;i<5;i++)
18:         a += i;
19:       printf("a=%d\n", a);
20:     }
21:     printf("func()=%d ", func(12, 3));
22:     printf("x=%d y=%d a=%d\n", x, y, a);
23:     return 0;
24:   }
```

　3行目で宣言されている x や y は，すべての波括弧の外にある．このような変数はグローバル変数とよばれ，宣言された行以降ならプログラムのどこでも読み書きできる．残りの変数 m, n, a, i は，どこかの波括弧の中で宣言されている．これらはローカル変数とよばれ，所属する波括弧内で，かつ宣言された行以降でしか扱えない．

　このコードでは，同じ a という名前の変数が 6 行目，13 行目，そして 15 行目で宣言されているが，すべて別物である．同名の変数は，あとから宣言されたほうが

有効となる．たとえば 15〜19 行目の間は，a といえば，13 行目で宣言された a ではなく 15 行目で宣言された a となる．19 行目時点で，この a には 0 ＋ 1 ＋ 2 ＋ 3 ＋ 4 の結果が格納されている．21 行目まで進むと，15 行目の a は無効になる．以後，a といえば 13 行目で宣言された a を示す．こちらの a は，4 から変化していない．x や y はグローバル変数なので，コード中どこでも使える．func() 内の 6 行目や 7 行目でも使っているし，main() 内の 12 行目や 22 行目で使っている．これらはすべて同じものである．その結果，このコードの実行結果は以下のようになる．

画面表示
```
a=10
func()=18 x=2 y=3 a=4
```

　話の流れの都合上，ローカル変数は宣言された波括弧内で有効と説明してきたが，実は for 文に関してはその原則から少し外れる．よく見る次のような表記がある．

```
for (int i=0;i<10;i++) {
  命令
}
```

ここの i は波括弧の外で宣言されているにもかかわらず，有効範囲は続く波括弧の中となる．ただ，一部の古いコンパイラでは，こう書いても for 文以降に i の有効範囲が続く．そのようなコンパイラでこのフレーズを 2 回書くと，2 回目の for 文で i が二重に宣言されたという旨のエラーが起こる．

3-2-3　変数を置く場所は変わる

　コード 3-2 を実行したときのメモリの割り当ての推移を，**図 3-10** に示す．プログラムは main()，すなわち 11 行目から始まる．この時点で，グローバル変数である x と y を置く場所はあらかじめ決まっている．一方，ローカル変数は「このあたりがローカル変数置き場」と決めているだけで，どこに何を置くかは動的に決まる．13 行目でローカル変数 a が宣言されたらその置き場を決め，15 行目でさらに i や a が宣言されたらそのあとに置き場を重ねる．13 行目で宣言された a と 15 行目で宣言された a は，置き場所が異なっている．16 行目時点でまだ i は初期化されていないため，その内容は不明である．波括弧を抜け 15 行目の i や a の有効範囲の外に出ると，i や a だったメモリは「未使用」となり使い回される．事実，21 行目で関数 func() が呼び出され，5，6，7 行目と進んだ時点ではローカル変数置き場に func() で使うローカル変数 m，n，a の置き場所が用意され，関数が抜けた 22

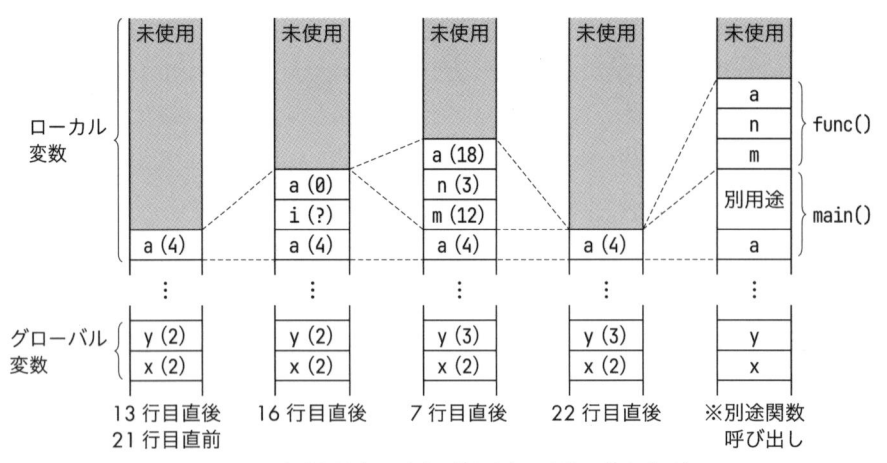

図 3-10　コード 3-2 での変数置き場の変化（括弧内は変数の値を表す）

行目ではまた「未使用」に戻る.

　仮に, 22 行目と 23 行目の間で適当なローカル変数が宣言され, かつ関数 func() を再度呼んだとしよう. 図のように 21 行目で func() を呼び出した時点と新たに呼び出した時点では, ローカル変数 m, n, a の置き場所が異なる. このように, ローカル変数は確保される位置が毎回変わることが多い. ローカル変数に情報を記憶しても, 次回は利用できないのである. その点, グローバル変数は置き場所が固定なので, 代入さえしなければ値は保持される.

　ローカル変数は, 有効範囲を狭めてプログラムの読みやすさや書きやすさ, 再利用のしやすさに貢献している. そのため, なるべくローカル変数で記述したい. しかし, 先述のとおりローカル変数は値が保持できない. 二者のいいとこどりをしたのがスタティック変数である. これは, ローカル変数と同じように読み書き可能な範囲を制限しつつ, 置き場所をグローバル変数と同じところにするものである.

　スタティック変数の宣言は, 次のように頭に static をつければよい.

```
static int s=-1;
```

この例のように, 初期値を設定することもできる.

3-2-4　スタックオーバーフローに気をつけよう

　図 3-10 のように, ローカル変数の置き場所はプログラムの進行具合によって変化する. プログラムは事前に, これくらいメモリがあれば十分だろうと見積もって

ローカル変数用のメモリを確保する．この領域をスタックとよぶ．スタックの大きさ（スタックサイズ）の見積もりが外れると，プログラムの実行は中断される．たとえば，筆者がよく使うコンパイラでコード 3-3 をコンパイルすると，コンパイルは通るが実行すると中断する．3 行目の SIZE が大きすぎたためである．その名のとおり "stack overflow"（スタックオーバーフロー）というエラーが表示される環境もある．

コード 3-3　スタックオーバーフロー

```
 1:    #include <stdio.h>
 2:
 3:    #define SIZE 550000
 4:
 5:    int main(void){
 6:      int x[SIZE];
 7:
 8:      for (int i=0;i<SIZE;i++)
 9:        x[i]=i;
10:
11:      return 0;
12:    }
```

　このエラーが出たときの対策には，大きく四つの方針がある．一つめは，シンプルに SIZE を小さくすることである．SIZE を小さくすれば，6 行目の配列宣言で必要なメモリ量がスタックサイズより小さくなり，プログラムは動く．しかし，これでは当初予定していた大きさの配列を確保できないことになり，抜本的な解決にはならない．二つめは，コンパイルオプションでスタックサイズを大きくすることである．具体的なやり方はコンパイラによる．残る二つの方針は，どちらも配列をスタックに作らないようにするものである．三つめの対策は配列をグローバル変数やスタティック変数にすることで，コンパイル時に必要なメモリ量を正確に見積もり，スタック以外の場所に確保してプログラムを開始するものである．最後の四つめは，動的メモリを使ってまた別のメモリ領域を使うものであり，3-4 節で述べる．

Column

再帰プログラム

　関数を呼び出すと，図 3-10 のようにスタック上に変数を格納する領域が新しく作られる．コード 3-4 は，この機能を活用した再帰とよばれるテクニックの例である．

```
1:    int func(int n){
2:      if (n)
3:        return n+func(n-1);
4:      return 0;
5:    }
```

　3 行目で，func(n-1) と自分自身を呼んでいる．main() かどこかで，func(10) と引数 10 で呼び出したときの動きを図 3-11 に示す．引数 10 の func() が呼ばれると，n に 10 が入った状態で 2 行目に入り，条件式が非零なので 3 行目に入り新たな func() を呼び出す．このように n が 9, 8, …, 1 の func() が再帰的に呼ばれ，n が 0 まで続く．n が 0 の func() は 4 行目で 0 を戻り値とする．以後 1, 3, 6, …, 36, 45 と戻っていき，最終的に 55 が返る．

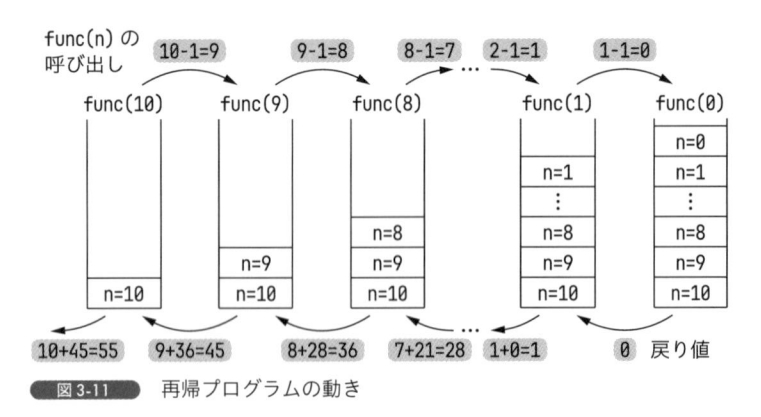

図 3-11　　再帰プログラムの動き

　再帰は，大局的に解くべき問題が，実は小さな問題の繰り返しだったときに強力な道具となる．しかし，図 3-11 を見てわかるようにスタックをかなり消費し，その量を事前に見積もることが難しい．これは，限られたメモリしかない組込み環境では致命的な欠点となる．そのため，再帰で書けば簡単なものを無理してループ文で記述することもある．コンパイラの中には，再帰関数の記述に一定の制約を設けることで，ソースコード上は再帰を使った記述になっているが，実行コードはそれをループで実現しスタックを消費しないものを作ってくれるものもある．詳細は，「末尾再帰」という言葉を調べてほしい．

3-3　メモリとポインタ

3-3-1　ポインタ：メモリのアドレスを指すしくみ

変数が宣言されると，メモリ上のどこかに置き場が作られる．3-2-1項では，

```
int a, b, c[5];
```

と宣言すると図3-9のようにメモリ上に置き場が作られるとした．ここで，「変数a」ではなく「80$_{(16)}$番地を起点としたint型の値」という指定でもコンピュータには通じる．ただ，コードを書いている段階で変数aが何番地に割り振られるかわからず，やればできるだろうというだけで現実性はない．それをなんとかするのが，ポインタとよばれるしくみである．これは最初に「変数aに何番地が割り当てられているか」聞き，そのあとは「『聞いたアドレス』に格納されているint型の値」という形で指定していくものである．このしくみを導入するには，プログラム言語に次の三つの機能がなければならない．

❶ 変数にどのアドレスが割り当てられたか聞く機能
❷ ❶で聞いたアドレスを格納する変数
❸ アドレスを指定して通常の変数のように操作する機能

✓ アドレスを格納する機能

まず，❷のアドレスを格納する変数から説明しよう．先ほど「ポインタ」はしくみだと紹介したが，狭義にはこのような変数のことを指す．変数とよばずポインタとよぶのである．ポインタは，変数名の前に＊をつけて宣言する．たとえば

```
int *p;
```

と書けば，「pという名前の，int型変数のアドレスを格納するポインタを作る」という意味になる．「int型の」と宣言することで，何バイトのメモリを消費する型なのか悩む必要がなくなる．この宣言の出だしは"int"であるため，int型の変数を宣言しているように見えるかもしれないがそうではない．＊があることで，ポインタを宣言しているのである．ポインタを宣言していることを陽に示すため

```
int* p;
```

と書くスタイルもある．ただしこの書き方は

```
int* p, q;
```

と書いたとき，int 型のポインタ p と q を宣言しているように錯覚する欠点がある．この書式で宣言されるポインタは p だけで，q は普通の int 型変数となる．

アドレスを聞く機能

次に，❶の変数に割り振られたアドレスを聞く方法について説明する．これは，変数の前に & をつければよい．たとえば

```
int a, b, *p, *q;
p = &a;
```

と書くと，ポインタ p の中に変数 a に割り当てられたアドレスが入る．このコードを実行したときのメモリイメージを，**図3-12** に示す．p=&a を実行したことで，ポインタ p の中に a のアドレス $80_{(16)}$ が入る．

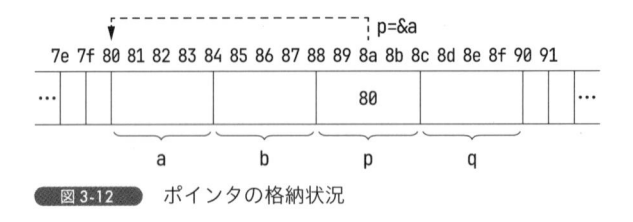

図3-12 ポインタの格納状況

プログラムが動くとき，a とか p とか名前の意味はない．コンパイルした時点でこういった情報は消失する．実行時に図 3-12 のようになっている前提では，ソースコード上で a とよばれていた箱は「$80_{(16)}$ 番地に存在する int 型の変数」であり，p とよばれていた箱は「$88_{(16)}$ 番地にある int 型のポインタ」である．

変数を操作する機能

さて，図 3-12 の状態で，a のことを「$88_{(16)}$ 番地に格納されている数値をアドレスと見立て，それが示している int 型の変数」ということができる．$88_{(16)}$ 番地の数値とは，p のことである．そして，「p が示すアドレスの中身」は a と等しい．これが最後の機能❸である．ポインタが指し示す変数をあたかも通常の変数のように扱うには，アドレスの前に * をつける．図 3-12 では，ポインタ p の中に変数 a のアドレスが格納されている．そのため，*p と a が同義となる．* はポインタ宣言時にも用いるため誤解が生じやすいが，変数のように扱うための * とは意味が異なる．

ポインタの動きとメリット

ポインタの動きを説明するためのサンプルを，コード 3-5 に示す．

コード 3-5　ポインタの動き

```
 1:    int a, b, *p;
 2:    a = 1;
 3:    b = 2;
 4:    p = &a;
 5:    printf("%d %d %d\n", a, b, *p);
 6:
 7:    *p = 3;
 8:    printf("%d %d %d\n", a, b, *p);
 9:
10:    p = &b;
11:    *p = 4;
12:    printf("%d %d %d\n", a, b, *p);
```

　4 行目の p=&a により，a と *p は同じメモリを示す．これにより，5 行目の printf() では "1 2 1" と表示される．7 行目では *p に 3 を代入しているが，この時点での *p と a は同じであるため，この処理は a=3 と同義である．すなわち，8 行目の printf() では "3 2 3" と表示される．次に，10 行目では p に格納するアドレスを b のものに変更している．11 行目は 7 行目と同じように *p に 4 を代入しているが，この時点での p には b のアドレスが格納されているため，ここは b=4 と同じ意味になり，11 行目の printf() では "3 4 4" という表示となる．このように，ポインタは異なる変数 a や b を同じ表記 *p で操作できる．うまく使うとプログラムを効率的に，かつ見やすく書くことができる．

Column

ヌルポインタ

　コード 3-5 の 4 行目や 10 行目によって，ポインタ p にはどんな値が入るのだろうか．a や b のアドレスとして，何かの数値が入っているはずである．その値はシステムが勝手にメモリを割り振って代入してくれているので，どういう数値が入っているのか気にする必要はない．ただし，0 番地だけはありえないので，ポインタが 0 かどうかは気にするときがある．このありえないアドレス値である 0 を NULL（ヌルもしくはナル）とよぶ．厳密には 0 と NULL は異なるが，区別する必要が出てくるまで同じと考えてもよいと思う．

3-3-3 ポインタの活用1：関数呼び出し

関数を引数付きで呼び出すと，図3-10のようにスタック上のメモリに引数の値がコピーされる．関数内ではコピーを使うため，そこでどのような使い方をしても，呼び出し元の状態が変わることはない．これは長所でもあるが短所でもある．

たとえば変数aとbの内容を入れ替えるには，次のような処理をすればよい．

```
int tmp=a;
a=b;
b=tmp;
```

何度も使うフレーズだから関数化しようと，コード3-6のような関数swap()を作ってもうまく動かない．swap(x, y)のように呼び出しても，変数x, yそのものでなく，図3-13のようにx, yをコピーしたメモリを操作して，それは関数終了とともに消えてしまうためである．

コード3-6 変数の内容を入れ替える関数（失敗）

```
1:  void swap(int a, int b){
2:    int tmp=a;
3:    a=b;
4:    b=tmp;
5:  }
```

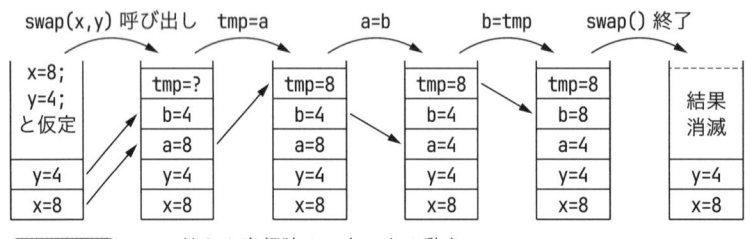

図3-13 コード3-6実行時のスタックの動き

C言語で関数に手持ちの変数の値を変えてほしいときは，「このアドレスの値を書き換えてくれ」と依頼する．その例をコード3-7に示す．15行目で渡して3行目で受け取っている．

コード3-7 関数による変数の入れ替え

```
1:  #include <stdio.h>
2:
3:  void swap(int *a, int *b){
4:    int tmp=*a;
5:    *a=*b;
6:    *b=tmp;
```

```
 7:  }
 8:
 9:  int main(void){
10:    int x,y;
11:    x=8;
12:    y=4;
13:
14:    printf("%d %d\n", x, y);
15:    swap(&x, &y);
16:    printf("%d %d\n", x, y);
17:
18:    return 0;
19:  }
```

コード 3-7 を実行したときのスタックの変化を，**図 3-14** に示す．スタックにコピーされるのは，変数 x, y の値でなく x, y が格納されたアドレスの値である（ここでは $80_{(16)}$, $84_{(16)}$ とする）．関数ではそのアドレスが指し示す x, y の実体を操作するため，元の変数を書き換えることができる．

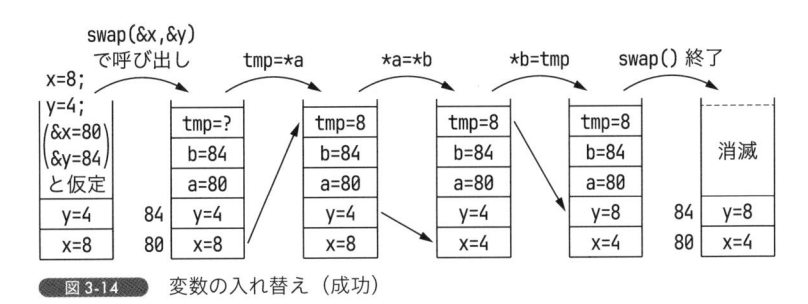

図 3-14　　変数の入れ替え（成功）

もし引数を大きな構造体にすると，関数呼び出し時にそれをコピーするのが大変である．その点，ポインタならたかだか数バイトのコピーで済み，速いプログラムになる．コード 3-8 は，構造体をそのまま引数にした func1() と，構造体のポインタを引数にした func2() を並べて書いたものである．

コード 3-8　　構造体を引数にした関数

```
 1:  #include <stdio.h>
 2:
 3:  struct NEWTYPE{
 4:    int a;
 5:    int b;
 6:    int c;
 7:  };
 8:
```

```
 9:    int func1(struct NEWTYPE p){
10:      return p.a * p.b + p.c;
11:    }
12:
13:    int func2(struct NEWTYPE *p){
14:      return p->a * p->b + p->c;
15:    }
16:
17:    int main(void){
18:      struct NEWTYPE z;
19:      z.a=1; z.b=2; z.c=3;
20:
21:      printf("%d\n", func1(z));
22:      printf("%d\n", func2(&z));
23:    }
```

　処理の内容は func1() と func2() とで変わらない．ただ，func2() は関数の引数は実体でなくポインタなので，22 行目は & をつけてアドレスを引数にしている．さらにそのアドレスをポインタで受け取るため，13 行目には * をつけている．C 言語では構造体のポインタの要素の指定はピリオドでなく "->" で指定するため，14 行目ではそういった表記になっている．

(3-3-4) ポインタの活用 2：配列の操作

　配列を

```
int c[5];
```

のように宣言すると，int 型の値を格納できる c[0]〜c[4] ができる．ここで，配列の名前である c そのものは配列の先頭アドレスを示している．アドレスなので，以下のようにポインタに格納することができる．

```
int *p;
p=c;
```

このコードを実行すると，c[i] と p[i] は同じ意味になる．当然，c[0] と p[0] は同じ意味である．さらに，*p とも同じ意味になる．ここで，*p の意味を，配列の次の要素である c[1] にしたいとする．p=&c[1] というのも一つの方法であるが，スマートでない．図 3-9 で示したように，配列は連続したメモリに確保されている．あの図のとおりなら現在 p には c[0] のアドレス $88_{(16)}$ が入っており，c[1] のアドレスはその 4 バイト先の $8c_{(16)}$ である．*p が c[1] を示すようにするには p+=4 とす

ればよさそうに思えるが，そうではない．int 型が何バイトなのかはシステム依存である．p はすでに int 型のポインタだと宣言しているし，コンパイラは int 型が 4 バイトだとわかっている．既知のことをいちいちプログラマが指定するのは無駄である．そういう考えから，p+=1 とか p++ など，1 を足せば「次の要素」を指示できるようになっている．

コード 3-9 は，ポインタを使って配列を操作した例である．

コード 3-9　ポインタによる配列操作

```
 1:    int a[10];
 2:
 3:    for (int i=0;i<10;i++)
 4:      a[i]=i;
 5:
 6:    int *p=a;
 7:    for (int i=0;i<10;i++){
 8:      *p=i;
 9:      p++;
10:    }
```

このコードの 3，4 行目と 6〜10 行目は同じ処理を行っている．8，9 行目はまとめて *(p++)=i; と 1 行で書くのが一般的だが，ここではわかりやすさのため 2 行に分けている．9 行目の p++ によって，ループ内の *p はループごとに a[0]，a[1]，a[2]，…を指し示すようになる．

たいと思うときが来るかもしれない．そして，配列とポインタはほぼ同じであることをヒントにコンパイルが通るよう試行錯誤した結果，コード 3-11 のようなものにたどり着くかもしれない．

コード 3-11 配列を戻り値とする関数（失敗）

```
1:   int *func(void){
2:     int a[10];
3:     int *p=a;
4:     for (int i=0;i<10;i++)
5:       p[i]=i;
6:     return p;
7:   }
```

　残念ながら，このコードは高い確率でうまく動かない．理由は 2 行目にある．配列 a はスタック上に作られる．そのため，関数が終わると a が存在していたメモリはシステムに戻り，別の用途として再利用される．呼び出し側で戻り値を取り出そうとしたときはすでに何かで上書きされており，正しく取り出すことができない．これを避けるには，，呼び出し側で配列をきちんと用意し，「結果はここに入れてくれ」と引数で場所を指示すればよい．

3-3-5 ポインタの活用 3：関数のポインタ

　プログラムコードもメモリ上に置かれ，アドレスをもつので，ポインタにその値を格納することができる．その形の一つが，関数のポインタである．コード 3-12 に，関数のポインタを用いた例を示す．

コード 3-12 関数のポインタ

```
1:   #include <stdio.h>
2:
3:   int add(int a, int b){
4:     return a+b;
5:   }
6:
7:   int mul(int a, int b){
8:     return a*b;
9:   }
10:
11:  int main(void){
12:    int (*func)(int, int);
13:
14:    func = add;
15:    printf("%d\n", func(8, 5));
16:    func = mul;
```

```
17:     printf("%d\n", func(8, 5));
18:
19:     return 0;
20: }
```

3行目と7行目で，int 型の引数を二つもち，int 型の戻り値をもつ関数 add() と mul() を宣言している．そして，12行目が関数のポインタ func を宣言している部分である．最初の int で戻り値が int 型であることを，後半の (int, int) で int 型の引数を二つもつ関数であることを示している．これは，add() や mul() と同じ型である．同じ型なので，14行目や16行目のように関数のアドレスをポインタ func に代入できる．このコードの15行目と17行目は瓜二つである．それにもかかわらず，ここで呼び出される関数はそれぞれ add() と mul() であり，表示される文字は 13 と 40 と異なる．関数のポインタは，「何が起こったらどの関数に飛ぶ」という処理を羅列するジャンプテーブルや，「これが起こったらこの関数が呼ばれる」というコールバック処理を記述するときによく使われる．

3-3-6　ポインタを用いたメモリの操作

ここまで紹介してきたポインタ（広義）の機能をうまく使えば，シンプルでコンピュータに負担をかけないプログラムを作ることができる．これは，処理能力の低いマイコン向けプログラムでは大切なことである．一方で組込み向けプログラムにおいて，ポインタは外部機器と情報のやりとりにも使われる．図 3-1 ではレジスタやデータメモリの先に外部機器がつながっていた．変数を格納する場所と外部機器につながる窓口が，同じメモリ上に存在するのである．CPU にとって，二者の違いはアドレスだけである．

3-3-1項で述べたとおり，ソースコードを書く段階では，変数を格納するアドレスはわからない．そのため &演算子を使って，どのアドレスに割り振られたか聞くしかなかった．一方，外部機器につながる窓口のアドレスは設計で決まっている．たとえば次のように，&演算子を使わず直接アドレスを指定してもよい．

```
char *port = (char *)0x25;
```

これにより，以降 *port を介して $25_{(16)}$ 番地につながった外部機器を操作することができる．

しかし，外部機器のアドレスは変化することがない．この書き方では，それをわざわざ狭義のポインタ port に格納し，それを介して操作するため無駄がある．次

のような定義をすれば，ポインタを使わず PORT という名前で操作できる．

```
#define PORT (*(char *)0x25)
```

　第 10 章の Arduino UNO 用のコード 10-4 では，PORTB という変数のようなものが 9，35，39 行目にある．実は，これも次のような定義の文字列である．volatile uint8_t という本書ではまだ出てきていないフレーズがあるが（4-1-3 項や 7-3-2 項で説明する），現段階では char みたいなものだと思っていても差し支えない．

```
#define PORTB (*(volatile uint8_t *)((0x05) + 0x20))
```

3-4　動的メモリ確保

3-4-1　なぜ動的メモリ確保が必要なのか

　2-2-3 項で述べたテスト結果の平均を求めるプログラム（コード 2-15）は，#define を紹介する目的もあり学生数を #define で定義していたため，学生数が変われば #define の定義を変えて再コンパイルするしかない．そのため，コンパイル済の実行ファイルをいろいろな学校に配布して使ってもらうようなことができない．

　配布して使ってもらえる汎用的なコードを作るやり方の一つに，あらかじめこれだけあれば十分だろうという大きさの配列を確保してしまう方法がある．コード3-13 にその例を示す．

コード 3-13　平均を求める処理

```
 1:    int a[1000];
 2:    int n, sum, ave;
 3:
 4:    n = GetStudentNum();
 5:    SetData(a, n);
 6:
 7:    sum=0;
 8:    for (int i=0;i<n;i++)
 9:      sum += a[i];
10:    ave = sum/n;
```

　確保した配列の大きさ（この例では 1 行目で 1000 にしている）と実際の学生数は異なるだろうが，4 行目のように学生数は別のなんらかの手段で入手すればよい．ここで大事なのは，必要量の見積もりである．この量が小さいと，少し人数が増え

ただけですぐに動かないプログラムになる．しかし大事をとって大きくしすぎると，ほとんどの現場で使われない無駄なメモリを確保することになる．

　最新のC言語の文法では，1，4行目を入れ替えて次のように記述することもできる．

```
n=GetStudentNum();
int a[n];
```

すなわち，ローカルな配列に限って，実行時点で配列の大きさを指定できるようになったのである．この場合，「見積もり」がいらない．しかし，この記法はできる環境が限られ，とくに組込み系では移植に苦労するかもしれない．その点，昔からある動的メモリ確保を使った方法はそういった心配がない．動的メモリ確保は，プログラムが必要になった時点で必要量のメモリをシステムに要求する．要求されたシステムは，スタック領域とは別のメモリ空間からメモリを確保する．

3-4-2　malloc() と free()：メモリの確保と解放

　C言語でシステムにメモリを要求するには，malloc()を使う．malloc()はstdlib.hで定義されているので，これをインクルードしなければ使えない．malloc()の引数は要求するメモリのバイト数，戻り値はシステムが確保したメモリの先頭アドレスである．プログラムは，この戻り値をポインタに代入して使う．具体的なmalloc()の使用例を次に示す．

```
int *a=(int *)malloc(sizeof(int)*n);
```

(int *)やら sizeof(int)やらついているが，これはmalloc()という関数がさまざまな型をもつ変数のメモリ確保に使えるよう汎用的なインタフェイスとなっているためである．malloc()の戻り値はvoid型のポインタなので，前に (int *) を加え int 型のポインタにキャストしている．引数の単位もバイト (byte) である．n個のint型を格納するためのメモリ量（バイト数）は「一つのint型が使うバイト数」×「n個」である．本書では「int型が4バイトなら」と前置きして話を進めているが，この値は環境によって異なる．sizeof(int)と書けば，現環境でのint型の大きさを得ることができる．

　malloc()が，システムが自由にできる以上のメモリを要求したらどうなるだろうか．ない袖は振れないので確保できない．その場合，malloc()はNULLすなわち0を返す．p.49のコラムで述べたとおり，アドレス0は存在しないので，戻り

値（上の例では a の値）が非零かどうかでメモリ確保に成功したかがわかる．

　malloc() で確保したメモリは，プログラムが終了すればシステムに戻り，ほかのプログラムで再利用される．プログラム途中で返却（これを解放という）してもよく，解放には free() を使う．free() の引数は，malloc() で得たアドレスである．上記の例では次のようにする．

```
free(a);
```

3-4-3　メモリリークにどこまで備えるか

　とくに長時間動くようなプログラムでは，メモリが必要になったらその都度 malloc() で取得し，不要になったら free() で解放するような作りにすることがある．このとき free() をし忘れると，活用しないメモリをどんどん抱えることとなる．この現象はメモリリークとよばれ嫌われている．1 回のメモリ確保が数百バイトだったとしても，長時間動かせば累積し，システムを圧迫してしまうためである．もっとも，近年の PC は数十ギガバイトのメモリを搭載しており，数日程度ならシステムが不安定になるほど消費することはないだろう．プログラムが終われば，そのプログラムが使っていたすべてのメモリはシステムに戻る．そのため，わざわざ free() を入れてプログラムの作りを複雑にしなくてもよいという考えをもつ者もいる．

　しかし，おそらくプログラム終了時点で 1 バイトも未解放なメモリがあってはならないという考えのほうが多数派であろう．理由の一つは，プログラムの再利用性にある．たしかに，いま動かそうとする用途では free() しなくても問題が出ないかもしれない．しかし，その想定で作った関数やフレーズが後日，別のプログラムに組み込まれ，思いもしなかったヘビーな使い方をされるかもしれない．そういう可能性を考慮し，どんな場合でもつねにメモリリークのない完璧なコードを作るべきだと考えるのである．別の理由として，メモリリーク検出ツールとの親和性を挙げる者もいる．このツールは，プログラム終了時に解放されていなかったメモリを，製作者の意図をくみ取らず，すべて提示する．提示された情報が多いと意図していないメモリリークが隠れてしまい，ツールを使う意味がなくなるためである．

　エラー処理に対しても二つの意見がある．malloc() はメモリを確保できない可能性があるので，メモリが確保されたかどうか "if (a==NULL)" もしくは "if (!a)" とかいったフレーズで malloc() が返した値が NULL でないことを確認して使うべきである．a の値が NULL のまま *a を指すと，プログラムは異常終了する．しかし，そもそも必要量のメモリが確保できなかった時点で，プログラムを続行する意味は

ない．エラーメッセージを出して行儀よく終了するか，見苦しく異常終了するかの違いだけである．どうせ終了するのだからわざわざ malloc() の戻り値を確認する必要はないという考えも理解できる．

　このあたりはプログラムの用途やコーディングに対する考え方の違いであり，一概にどちらが正しいというものではない．状況に応じて最適な手段をとるべきであろう．組込み機器の場合，年単位で稼働するにもかかわらず搭載メモリは少ないというのも珍しくない．また，メモリの確保に失敗しても，それを検出しエラーメッセージを提示したり，実行を中断するようなしくみもない．そのため動的メモリの扱いは，かなり慎重にならないといけない．

3-5　文字列を扱うしくみ

3-5-1　文字コード：文字を数値で表すしくみ

　コンピュータは，映像や音声などすべての情報を数値として格納し処理する．当然，その中には文章や文字も含まれる．文字を数値として扱うためには，どの数値が何という文字を表すか，あらかじめ決めておかなくてはならない．この取り決めのことを，文字コードという．図3-15に，典型的な文字コードである ASCII コード（拡張版）を示す．たとえば A という文字は $41_{(16)}$，z は $7a_{(16)}$ で表される．こ こで，$5c_{(16)}$ は ￥ という文字に割り当てられている．￥は日本の通貨「円」の単位記号であり，当然日本ローカルである．米国をはじめ諸外国では，\ という文字が割り当てられている．$5c_{(16)}$ が示す文字は，printf() などの中で改行を表す記号 \n でも使われている．書籍やウェブページによって \n と書かれていたり ￥n と書かれていたりと表示が異なっているのはこのためである．

　ASCII コードのうち素直に表示可能な文字は，$20_{(16)}$（スペース）から $7e_{(16)}$（~）までの値である．$00_{(16)}$ から $1f_{(16)}$ および $7f_{(16)}$ は，画面操作などに使う制御コードである．非表示文字とよぶこともある．代表的なものに，TAB（\t）を表す $09_{(16)}$，LF（\n）を表す $0a_{(16)}$，CR（\r）を表す $0d_{(16)}$ などがある．

　$80_{(16)}$ 以降は本来の ASCII コードから拡張された領域で，そのあとの数バイトとあわせて日本語などの大量の文字を扱えるようにしたものである．このコード体系はいくつかの種類がある．たとえば “あ” という文字に対応する文字コードは，体系によって $82a0_{(16)}$ や $a4a2_{(16)}$，$e38182_{(16)}$ などの値が割り当てられている．そのため，どの文字コードを使うのか，何バイトで 1 文字を表しているのかなど，なかな

	上位								
	0	1	2	3	4	5	6	7	8〜f
0				0	@	P	`	p	
1			!	1	A	Q	a	q	
2			"	2	B	R	b	r	
3			#	3	C	S	c	s	
4			$	4	D	T	d	t	
5			%	5	E	U	e	u	
6	制御コード		&	6	F	V	f	v	日本語など
7			'	7	G	W	g	w	
8			(	8	H	X	h	x	
9			)	9	I	Y	i	y	
a			*	:	J	Z	j	z	
b			+	;	K	[	k	{	
c			,	<	L	¥	l			
d			-	=	M	]	m	}	
e			.	>	N	^	n	~	
f			/	?	O	_	o			

（下位）

図 3-15 ASCII コード（拡張版）

かやっかいな問題がついて回る．本書では日本語などの扱いは考えず，図 3-15 に示した $00_{(16)}$〜$7f_{(16)}$ の間の文字のみ扱うこととする．

3-5-2 char 型：C 言語での文字列の取り扱い

多くのプログラミング言語は，文字の集合（文字列）を扱う専用の string といった型をもっているが，C 言語にはそういった専用の型はない．日本語を扱わない前提なら，格納する値は 7 ビットの範囲で，1 バイトあれば足りる．C 言語には char 型という文字を扱うための 1 バイトの型があり，文字列はその配列で表現する．たとえば，"Hoge" という文字列を考えてみる．これは，**図 3-16** のような状態で格納されている．最初の 4 バイトは 'H'，'o'，'g'，'e' の文字コード $48_{(16)}$，$6f_{(16)}$，$67_{(16)}$，$65_{(16)}$ である．そして最後に 0 が入っている．これは，文字列がここで終わりという合図である．NULL 文字とよばれるが，本書ではこれを端的に機能を表した「おしまいのゼロ」とよぼう．

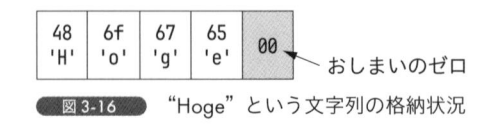

48	6f	67	65	00
'H'	'o'	'g'	'e'	

← おしまいのゼロ

図 3-16 "Hoge" という文字列の格納状況

コード 3-14 は，配列 c に "Hoge" という文字列を格納し printf() で表示するものである．

文字列 "Hoge" の格納と表示（失敗）

```
1:    char c[10];
2:
3:    c[0] = 0x48;
4:    c[1] = 0x6f;
5:    c[2] = 0x67;
6:    c[3] = 0x65;
7:
8:    printf("%s\n", c);
```

printf() 内の %s は，対応する char 型の配列を文字列として表示せよという指示である．このコードは高い確率で正しく表示されない．おしまいのゼロがないため，printf() は文字列がどこで終わるかわからないためである．たまたま c[4] に 0 が入っていれば正しく動くが，初期化されていない変数の値は不定である．つねに正しく動かすには，7 行目で

```
c[4]=0;
```

とおしまいのゼロを入れる必要がある．

ところで，コード 3-14 のようなプログラムを書くには，'H' に対応する文字コードが $48_{(16)}$，'o' に対応するコードが $6f_{(16)}$ と知っていないといけない．しかし，製作者は c[0] に 'H' に対応する文字コードを入れたいのであって，具体的にその数値がいくつかを覚えておくのは現実的ではない．C言語では，シングルコーテーションで文字をくくれば，その文字に対応する文字コードが指定できる．これに基づくと，コード 3-14 の 3〜6 行目は次のように書ける．

```
c[0]='H';
c[1]='o';
c[2]='g';
c[3]='e';
```

また，最初に初期値として文字列を設定する場合に限り，コード 3-14 の 3〜6 行目および c[4]=0; の代わりに，次のように文字列自体をダブルコーテーションでくくることでまとめて格納できる．

```
char c[10]="Hoge";
```

C言語の文字列は配列なので，ポインタで操作することもできる．一例として，引数の文字列を大文字化する関数をコード3-15に示す．

コード3-15　大文字化関数

```
1:  void upper(char *p){
2:    while (*p){
3:      if (*p >= 'a' && *p <= 'z')
4:        *p -= 'a' - 'A';
5:      p++;
6:    }
7:  }
```

2行目のwhile文の条件は，文字*pが0でないことを確認している．ポインタpは5行目で一つずつ進むので，このwhile文は文字列の終端であるおしまいのゼロが出てくるまで1文字ずつ進めていることとなる．3行目は，文字*pが小文字かを調べている．具体的な文字コードはわからなくても，アルファベットなら'a'から'z'まで連続に割り当てられることは期待してよい．そこでこのように'a'以上で'z'以下の文字という条件で小文字だと判定できる．4行目は，大文字化する部分である．図3-15より，小文字の文字コードは$20_{(16)}$引けば大文字になる．そのため *p -= 0x20; と書いてもよいが，あとでコードを読み返したとき$20_{(16)}$が何を表しているか伝わりにくくなりそうなので，ここでは'a'-'A'としている．

3-5-4　標準文字列操作関数

C言語の文字列は単なるchar型の配列なので，文字数を数えるとか，特定の文字列と一致するかとか，ある文字が含まれているかとかの処理を簡単に作ることができる．初学者にはちょうどよい難度の練習問題となるだろう．ただ，文字列の操作はC言語誕生前からコンピュータに求められてきた機能である．当然，後発のC言語にもそれが求められ，C言語ではあらかじめ用意した関数セット（標準ライブラリ）の形で提供されている．文字列を操作するライブラリ関数を使うには，string.hをインクルードする．そうすると，文字数を数えるstrlen()，文字列が一致しているか知るstrcmp()，文字列が含まれた場所を知るstrstr()，文字列をつなげるstrcat()，文字列を複製するstrcpy()，といったさまざまな文字列がらみの関数が使えるようになる．これらの関数は，高度な技術をもった先輩が一切の無駄なく作り上げたもので，われわれ新参者が手慰みで作ったコードがかなうものではない．しかし，標準ライブラリをリンクすると，実行コードが大きくなったり，

関数が汎用的に作られているぶん，どうしてもやらせたいことに対して処理が冗長になることがある．そのため，とくに組込み現場では，現状にあわせて自作したほうがコンパクトかつ速くなることもある．

　本章を締めくくるにあたって，文字列操作で非常に便利な関数 sprintf() を紹介する．これは printf() の仲間で，string.h をインクルードしなくても使える．使い方もほぼ printf() と同じである．printf() が整形した文字列を画面に出力していたのに対し，sprintf() は第1引数で示したアドレスに出力する．コード 3-16 は，4行目の input() でセンサか何かからデータを取得し，5行目の sprintf() で文字列に成形し，6行目の output() で何かに出力する例である．

コード 3-16　sprintf() 使用例

```
1:    char buf[100];
2:
3:    for (int i=0;i<100;i++){
4:      n=input();
5:      sprintf(buf, "%d,%d", i, n);
6:      output(buf);
7:    }
```

　5行目にある sprintf() は，printf() の引数が全体的に一つ後ろにずれ，第1引数が加わった形をしている．第1引数の値 buf は1行目で宣言された配列であり，成形された文字列はここに格納される．格納先の buf[] は十分な大きさが必要である．int 型が4バイトだとすると，%d で置換される文字列は多くても11文字（"−2147483648" のとき）なので，間のカンマとおしまいのゼロを含めても24文字ぶんの大きさがあれば足りる．1行目の buf[] の大きさ 100 は十分なはずである．

Chapter 4

C 言語での整数と実数の取り扱い

コンピュータが取り扱う数は，すべてメモリ上に記録される．メモリはデジタルなので，プログラミング言語上の変数はすべて 0 と 1 のビット列である．変数の型は，そのビット列をどういう視点で見てほしいかという指示である．整数型は，コンピュータがもっとも得意とする扱い方である．C 言語ではこの型を使っておくのが間違いない．一方で，実数型というのもある．これは人間が普通にもっている数の感覚に近いが，コンピュータにとって負荷が大きいし，人間の感覚と違う形で誤差ができる．こういった各型の違いを理解していなければ，正しく速く動くプログラムが作れない．この章では，二つの型がどのような形でコンピュータ内に格納され処理されているのかという観点から，その特性を説明していく．

4-1 整数型のしくみと種類

4-1-1 桁数が限られた数の世界

3-1-2 項で述べたように，コンピュータは複数のビット（0 と 1）をひとかたまりにまとめて整数とみなし演算を行う．そのためコンピュータは整数の扱いが一番得意である．とくに理由がないかぎり整数型を用いるのがよい．ただし整数型といっても，C 言語はいくつもの種類をもっている．一番スタンダードなものは int 型であろう．文字列を扱う char 型も整数型の一つである．char 型は 1 バイト，すなわち 8 ビットで構成された型である．この型の変数は 2 進法なら 8 桁（0000-0000$_{(2)}$ 〜1111-1111$_{(2)}$），16 進法なら 2 桁（00$_{(16)}$〜ff$_{(16)}$）の数値しか格納できない．桁数が限られているのである．

桁数が限られた数の世界とはどういうものかを，自動車の距離計（オドメータ）というメタファで考えてみよう．5 桁の距離計なら，00000$_{(10)}$〜99999$_{(10)}$ までの数値しか格納できない．たとえば，距離計が 00008 を指していたとする．走行距離 8 km という意味である．この状態から 7 km 進むと，距離計は 00015 を指す．8 ＋7 という足し算が実行されたのである．では，00008 を指していたときに 5 km 後進したらどうなるだろうか．本物の距離計は後進しても数値は減らないが，ここ

では素直に減っていくと考えてほしい．8 − 5 ＝ 3 なので 00003 を指す．では，さらに 5 km 後進するとどうなるだろうか．距離計は 99998 と表示されるだろう．つまり，5 桁の世界では，3 − 5 の本来の結果である −2 と 99998 は同じ意味をもつことになる．

これと同じことが，C 言語の整数型でも起こる．char 型なら，−1，−2，−3 はそれぞれ 255（ff$_{(16)}$），254（fe$_{(16)}$），253（fd$_{(16)}$）と同じ意味である．**図 4-1** のように循環しているのである．0 を起点とすると，正の方向に進む数は 1，2，3 と上がり，逆に負の方向に進む数は −1，−2，−3 と下がっていく．循環しているので，どこかで正の数と負の数がぶつかるため，ここまでは正の数，ここからが負の数という線引きがいる．これにはちょうど半分とかハードウェアで実現がしやすいとかの理由で，7f$_{(16)}$ と 80$_{(16)}$ の間にすることがほとんどである．2 進法で考えると 0000-0000$_{(2)}$ から 0111-1111$_{(2)}$ までが正の値（便宜上，0 も含める），そして 1111-1111$_{(2)}$ から 1000-0000$_{(2)}$ までが負の数となる．つまり，最上位ビットがそのまま正負を表すことになる．

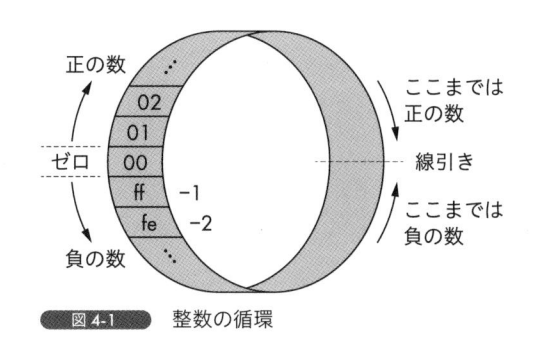

図 4-1　整数の循環

8 ビットの整数が表現できる最大の値は 7f$_{(16)}$（127$_{(10)}$），そして最小の数は 80$_{(16)}$（−128$_{(10)}$）である．ほかのサイズの整数型にも，とりうる値に同じように最大最小がある．16 ビット整数ならば最大は 7fff$_{(16)}$（32767$_{(10)}$），最小は 8000$_{(16)}$（−32768$_{(10)}$），また 32 ビット整数ならば最大は 7fffffff$_{(16)}$，最小は 80000000$_{(16)}$（10 進法だと ±21 億ちょっと）となる．

4-1-2 　符号付き整数型，符号なし整数型

桁数の限られた整数の世界（8 ビット整数で話を進める）では，ff$_{(16)}$（255$_{(10)}$），fe$_{(16)}$（254$_{(10)}$）といった数を −1，−2 とみなせる．255$_{(10)}$ とみなすか −1$_{(10)}$ とみな

すかは視点の問題である．どちらの立場でも足し算や引き算，それに掛け算のやり方は変わらない．しかし，割り算や大小比較は視点によって変わる．そのため，同じ 8 ビットの整数でも，$-128_{(10)} \sim 127_{(10)}$ までの数を扱う変数の型と，$0_{(10)} \sim 255_{(10)}$ までの数を扱う変数の型は別にしなくてはならない．前者を符号付き整数型，後者を符号なし整数型とよぶ．int とか short, long といったよく見る型は前者である．それに対し後者の型は，次のように頭に unsigned をつけて宣言する．

```
unsigned int n;
```

対称性を考え，陽に符号付きと宣言したい場合は signed をつける．int 型は符号付きと決まっているので，int n; と signed int n; は同じ意味である．一方 char 型は，符号付きなのか符号なしなのかはコンパイラによって異なる．そのため char 型を数値として扱う場合は，宣言の頭にきちんと signed か unsigned をつけなければ思わぬ失敗をする．

コード 4-1 は，char 型を使ってカウントダウン，カウントアップする処理を書いた例である．

コード 4-1 符号付き整数のコード

```
1:    for (signed char c=10;c>=0;c--)
2:      printf("%d\n", c);
3:
4:    for (unsigned char c=0;c<200;c++)
5:      printf("%d\n", c);
```

1, 2 行目は，10 から 0 までの数を順に表示している．このコードの 1 行目の signed を unsigned にすると，無限ループになる．c が 0 のとき，unsigned では c-- で 1 を引いても $-1_{(10)}$ ではなく $255_{(10)}$ とみなされ，条件 c>=0 が偽になることがないためである．一方，4, 5 行目は 0 から 199 までの数を表示している．こちらも，4 行目の unsigned を signed に変えてしまうと無限ループになる．c が 127 のとき，c++ で 1 足しても 128 でなく -128 とみなされ，条件 c<200 が真であり続けるためである．

4-1-3 ビット数を指定した整数型

C 言語の int 型は「2 バイト以上でシステムが一番自然に扱える大きさ」という取り決めなので，システムやコンパイラによって 16 ビット（2 バイト）や 32 ビット（4 バイト），64 ビット（8 バイト）と違いがある．とにかく目の前のシステム

で動けばよいというのであれば，動くようにつじつまをあわせるだけでよいが，別のシステムに移植する可能性がある場合は気にしなければならない．その例をコード 4-2 に示す．

コード4-2 int 型の計算

```
1:    int sum=0;
2:
3:    for (int i=0;i<10;i++)
4:      sum += Get12BitSensor();
5:
6:    int ave=sum/10;
```

4行目の Get12BitSensor() は 12 ビットセンサの値を読み取るもので，ノイズ対策のために 10 回の平均をとって活用するものとしよう．12 ビット値の範囲は $0 \sim 4095_{(10)}$ である．このコードは int 型が 32 ビットなら問題なく動くが，16 ビットのシステムでは正しく動かないときがある．センサが 4000 近い値を出せば，変数 sum には 4 万近い値が入る．16 ビットの符号付き整数の最大値は $32767_{(10)}$ なので，4 万近い値は $-25000_{(10)}$ 前後と認識されるためである．

このようなバグを避けるには，ビット数があやふやな型を使うのではなく，何ビットかはっきりわかっている型を使えばよい．最近の C 言語にはそのような型がある．stdint.h をインクルードすることで，int$N$_t, uint$N$_t という型が使える．頭に u がついていないものは符号付き，ついているものは符号なし，斜体の N はビット長（8 や 16，32，64）を示す．たとえば，int32_t という変数の型は 32 ビットすなわち 4 バイトの符号付き整数となる．古いコンパイラの中には stdint.h をもっておらず，BYTE, WORD, __int16, __uint32 など独自のビット長固定の型をもつものがある．これらの方言に対して別のシステムにも移植できるコードにするには，#ifdef を使って環境ごとに場合分けし，typedef で変数の型を定義するとよい．

4-2 整数型の演算

4-2-1 ビットごとの演算

プログラムの中で + 記号を用いて足し算機能を呼び出すと，CPU 内部に作られた図 3-6 のような論理回路が動く．その図で足し算を行っていた ADD の代わりに AND や OR を行う論理回路を並べると，ビットごとの論理積や論理和といった論理演算を行わせることができる．C 言語には，それらの機能を使うための表記が

ある．使い方は，足し算記号 + や引き算記号 - と同じである．たとえば x=a+7; と書けば変数 a と値 7 の和を変数 x に格納していたが，+ 記号の代わりに & 記号を用いて

```
int x = a & 0x56;
```

と書けば，変数 a と値 $56_{(16)}$ との論理積（AND）を計算し変数 x に格納する．仮に，a に $3b_{(16)}$（$0011\text{-}1011_{(2)}$）という数値が入っていたとしよう．この演算はそれと $56_{(16)}$（$0101\text{-}0110_{(2)}$）との論理積を計算する．論理積はビットごとに行われるため，$3b_{(16)}$ の 0 ビット目（一番右）は 1 で $56_{(16)}$ の 0 ビット目は 0 なので x の 0 ビット目は 0，$3b_{(16)}$ の 1 ビット目（右から 2 番目）は 1 で $56_{(16)}$ の 1 ビット目も 1 なので x の 1 ビット目は 1…と計算を重ね，x には $0001\text{-}0010_{(2)}$ すなわち $12_{(16)}$ が入る．ほかの論理演算記号には，論理和（OR）の | と排他的論理和（XOR）の ^ がある．

4-2-2　ビットのシフト

数値（整数）をビット列とみなして演算する記号には，& や |，^ のほかに全体を左にずらす << や右にずらす >> もある．ずらす操作をシフトとよぶ．これらの演算記号は，左の数値を右の値だけシフトする動きをする．たとえば，a に $37_{(16)}$（$0011\text{-}0111_{(2)}$）が入っている状態で次のような処理を行ったとしよう．

```
int x = a << 3;
```

$0011\text{-}0111_{(2)}$ を左に三つシフトするので，x は $001\text{-}1011\text{-}1000_{(2)}$（$1b8_{(16)}$）が入る．もし x が char 型で宣言されていたのなら，下 8 ビットの $1011\text{-}1000_{(2)}$ だけが格納される．これは，$184_{(10)}$ もしくは $-72_{(10)}$ とみなされる．

左シフトでは，**図 4-2**(a) のように空いた部分には 0 が入る．それに対し，右シフトでは空いた部分の処理が定まっていない．左シフトと同様に 0 を入れるコンパイラもあるし，図(b) のように最上位ビットの状態を保持するコンパイラもある．また，シフト対象が符号付きなのか符号なしなのかで動作を変えるコンパイラもあ

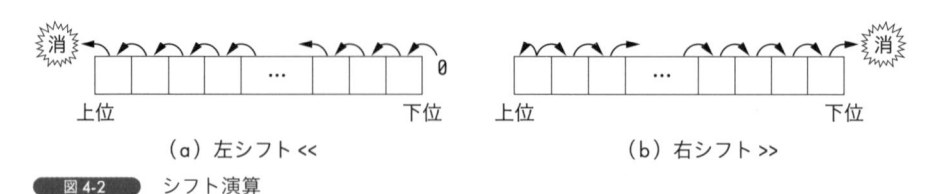

（a）左シフト <<　　　　　　　　　　（b）右シフト >>

図 4-2　シフト演算

る．左シフト1回は2倍と等しい．対称性を考えると，右シフト1回は半分にしたい．数値を符号付きとみなすか符号なしとみなすかで，「半分」の解釈が異なる．たとえば，b8$_{(16)}$（1011-1000$_{(2)}$）というビット列を考える．これは符号付きなら $-72_{(10)}$，符号なしなら $184_{(10)}$ という意味であり，半分はそれぞれ $-36_{(10)}$（1101-1100$_{(2)}$），$92_{(10)}$（0101-1100$_{(2)}$）となる．最上位ビットの状態を保持しているか0を入れているかが違うだけで，残りのビットは同じである．

　否定（NOT）記号 ~ というのもある．これは b=-a; という記述の - 記号のように，演算対象（ここでは a）は右側だけである．偶然にも，~ は符号を反転する用途としてよく使われることも - と似ている．符号付き整数型に限るが，-a と ~a+1 は等しい．たとえば，a に $-10_{(10)}$（1111-0110$_{(2)}$）が入っていたとしよう．否定して 0000-1001$_{(2)}$ になり，それに1を加えると 0000-1010$_{(2)}$ と $10_{(10)}$ を示す．逆もしかりである．

4-2-3　割り算に気をつけよう

　整数型変数は整数しか格納できない．そのため，割り切れない割り算をすると，整数に収まらない部分は消失する．たとえば int a=7/2; とすると，$7 \div 2 = 3.5$ の中の 0.5 は消え，整数部分の3のみが a に入る．このように，端数処理（丸め込み）は小数点以下がなくなるルールなので，**図4-3** のように正負で向きが異なる．

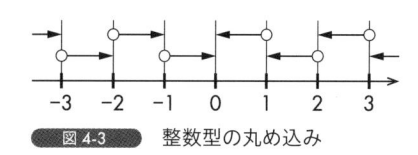

図4-3　整数型の丸め込み

　割り算を含む計算では，式の順番に注意が必要となる．$8 \div 3 \times 2$ という計算で考えてみよう．算数的には，

$$\begin{cases} 8 \div 3 \times 2 \\ 2 \div 3 \times 8 \\ 8 \times 2 \div 3 \\ 2 \times 8 \div 3 \end{cases}$$

はどれも等しく 5.333… であり，整数部分は5になる．しかし，整数型の演算では違う．コンピュータは式を分解し順番に計算する．同じ優先度の演算は書いた順，すなわち左から実行する．それぞれの式では，**図4-4** のように小数点以下を捨て

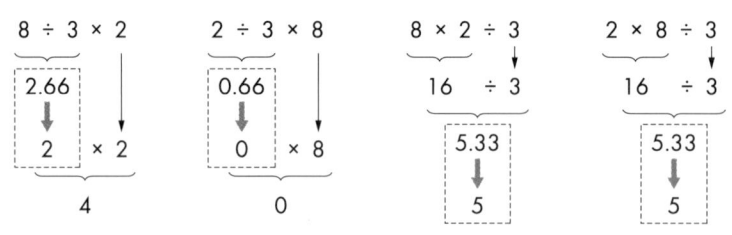

図 4-4 整数型での演算順番による計算結果の違い

るタイミングが異なるため，結果はそれぞれ 4，0，5，5 となってしまう．コード 4-3 に，これを確かめるプログラムを示す．

コード 4-3 図 4-4 を実際に行うプログラム

```
1:    int a = 8;
2:    int b = 3;
3:    int c = 2;
4:
5:    printf("%d\n", a/b*c);
6:    printf("%d\n", c/b*a);
7:    printf("%d\n", a*c/b);
8:    printf("%d\n", c*a/b);
```

　このコードでは，1〜3 行目で数値を変数に入れてから計算している．いろいろな数値を入れて予想どおりの答えになるか試してほしい．その際，2 行目の b の値を 0 にもしてみてほしい．筆者が試したところ

画面表示
```
Floating point exception (コアダンプ)
```

と表示されたり

画面表示
```
ハンドルされていない例外が発生しました：0xC0000094:
Integer division by zero
```

などと書かれたダイアログが出てきたりした．ゼロで割る行為（ゼロ除算）をしたためである．数学の世界ではゼロ除算の結果は定義されておらず，行為自体禁止されている．禁止されていることをさせようとしたためエラーになったのである．ゼロ除算するとどうなるかは，実行環境次第である．この例のようにエラーで停止することもあるし，リセットや割込みがかかることも，何か特定の値が入ることもある．いずれにせよ，ゼロ除算をしてしまうと以降の計算結果はまったく信用できなくなる．整数型に限らず，プログラムはゼロ除算を避けるように作るべきである．

掛け算や割り算は，足し算や引き算，論理演算に比べて計算にコストがかかる．そのため計算能力の低い組込みマイコンでは，2^N の掛け算や割り算は * や / ではなくシフト命令で代用することもある．ただし，右シフトと割り算は微妙に動きが異なる．割り算は図4-3で示したように0に近いほうに丸め込まれるが，右シフト命令は正負にかかわらず**図4-5**のようにつねに小さいほうに丸め込まれる．

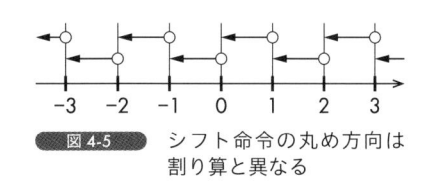

図 4-5　シフト命令の丸め方向は
割り算と異なる

　% は割り算の余りを求める（剰余算）記号である．割り算と同様に，剰余算もコストがかかる．そのため，割り算と同じように 2^N の剰余算では論理演算で代用することもある．2^N の剰余を求めることは，2進法の下 N 桁を抜き出すことであり，それは $2^N - 1$ と AND をとれば実現できる．たとえば，a%32 なら a&31 で代用できる．ただし a が -40 などの負の値だった場合，前者は負の -8 という値になるが後者は 24 という正の値になる．これは負の数の剰余をどう定義するかによるため，どちらかが間違っているというわけではない．

 4-3　　実数型のしくみと種類

4-3-1　　実数の表し方1：固定小数点数

　プログラムの中で，3.14 とか 2.71 とか小数点以下がある数字を扱いたいときがある．コンピュータは整数型の演算が得意なので，シンプルな実現方法は，整数になるように「この数値は何倍されている数」とプログラムの中でみなすことである．たとえば 3.14 なら 314，2.71 なら 271 と 100 倍された整数値を格納すればよい．100 倍された数でも足し算や引き算は通常どおり扱える．また，4倍したり6で割ったりといった定数の掛け算や割り算も変わらない．しかし，100 倍して扱った数どうしを掛けあわせたときは，最後に 100 で割る必要がある．たとえば 3.14 × 2.71 = 8.50 の計算なら，314 × 271 で 85094 をいったん求め，最後に 100 で割って 850 にするのである．同様に割り算では 100 倍する必要があるが，これは最初に割られる数を 100 倍してから割り算を行ったほうがよい．

　ここまではわれわれに馴染みの深い 100 倍で説明したが，2^N 倍を用いたほうが，

計算の前後で行う掛け算や割り算をシフト命令で代用できるので便利である。たとえば $N = 7$ なら 3.14 は $402_{(10)} = 192_{(16)}$ に，2.71 は $347_{(10)} = 156_{(16)}$ になる。**図 4-6** のように，2 進法で 6 ビット目と 7 ビット目の間に小数点があるとみなすのである。このように整数型変数の中にあらかじめ何倍として扱うと取り決めた数を固定小数点数，さらに 2^N 倍されたとして扱う形式にしたものを Q フォーマット（Q 表記）という。また本書では，N を明示する場合 QN と表現する。

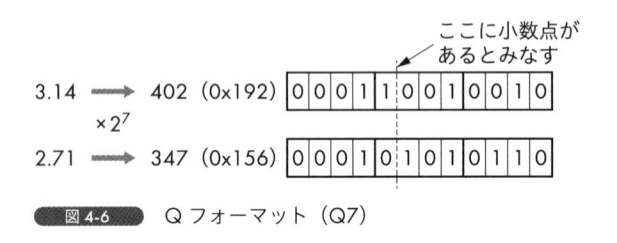

図 4-6 Q フォーマット（Q7）

4-3-2　実数の表し方 2：浮動小数点数

固定小数点数は，普通の整数型変数の世界を適当な倍率した視点で観察しているだけである。整数型は，-32768〜32767 などの範囲を精度 1 で表現していた。固定小数点数はその性質をそのまま受け継いでいるので，何分の 1 かされているだけで精度も有効範囲も限りがある。この種の制約がないまったく別の数値の扱いに，浮動小数点数がある。浮動小数点数では，**図 4-7** のように確保した数バイトのメモリを A パート，B パート，C パートに分けて記録する。各パートの数値 A, B, C と格納した数値 F とは，次のような関係がある。

$$F = A \cdot (1 + B) \times 2^C$$

ここで，A は 1 または -1，B は最上位ビットの上に小数点があるとした符号なし Q フォーマットの数（$0 \leq B < 1$），C も適当なプラスマイナスの範囲をもつ整数である。C パートの格納方法は，Q フォーマットとは異なるルールを採用している。詳細は割愛するが，この変換ルールに例外を設けて $F = 0$ を扱う。興味がある方は，IEEE754 をキーワードに調べてみるとよい。

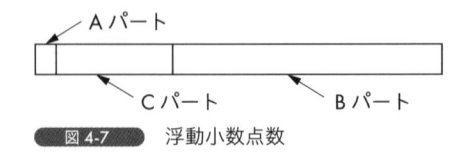

図 4-7 浮動小数点数

先ほど，浮動小数点数は整数型のような制約はないと書いたが，別の形の制約はある．プログラムを作るにあたって，それは誤差として現れる．そのおもな理由を二つ次に示そう．

✓ ①桁数（図4-7のBパート）が有限なため

2進法だとわかりづらいので，まずは $B \times 10^C$ といった10進法で議論しよう．仮に B が10進法で6桁だとすると，493.24, 0.31364 という数値はそれぞれ 4.93240×10^2, 3.13640×10^{-1} という形で格納されている．この二つの積を考える．Bパートには6桁の数しか入らないので，計算結果は 1.54699×10^2 になる．これは，493.24 側にとっては 0.31364 でなく 0.313638391 を掛けられたことになる．その誤差はたかだか 0.0005% であり，気にするほどではない．一方，この二つを足してみると，4.93553×10^2 となる．493.24 側にとっては 0.313 を足されたことになり，0.2% の誤差がある．足し算にまつわるこの手の誤差は，二つの数のスケールに差があればあるほど大きくなる．差がありすぎると，足し算そのものが実現できない．コード4-4は，それを示すプログラムである．

コード4-4　浮動小数点数の足し算

```
1:    float f=1;
2:
3:    while (1000 != 1000+f)
4:      f /= 10;
5:
6:    printf("%f\n", f);
```

このコードの1行目に登場している `float` は浮動小数点数の型の一つで，その型の変数 `f` を，3，4行目のループで1，0.1，0.001，…と変化させている．数学的に考えるとここで無限ループになるはずだが，実際は抜けて6行目まで行く．1000と `f` に格納された値とのスケールが違いすぎて，`1000+f` が実現できなかったのである．大抵の環境では `float` のBパートは23ビットである．そのため 2^{24} 倍以上スケール差があると足し算が成立しない．$\dfrac{1000}{2^{24}} = 0.0000596$ なので，`f` がこの値より小さくなれば3行目の `+f` は意味をなさなくなる．6行目の `printf()` では，0.1^n の中で 0.0000596 より小さい最大の数 0.00001 が表示されるだろう．

②有限の桁で数値を表現しているため

100円ショップなどで売られているような安い電卓で，$\boxed{1}\boxed{\div}\boxed{3}\boxed{=}\boxed{+}\boxed{=}\boxed{=}$ と打ったとしよう．$\boxed{1}\boxed{\div}\boxed{3}\boxed{=}$という操作で$\frac{1}{3}$を求め，$\boxed{+}\boxed{=}\boxed{=}$という操作でそれを2回足している．つまり，$\frac{1}{3}+\frac{1}{3}+\frac{1}{3}$を計算する．算数的には1になるはずだが，0.999999999 といった表示が出る．$\frac{1}{3}$を計算した時点で，0.333333333 といった有限の桁の小数になったためである．浮動小数点数でも，これと同じことが起こる．電卓での現象は，ここまでの人生の経験から$\frac{1}{3}$が有限の桁で表現できないキリの悪い数字だったためと無意識に納得できる．その点，浮動小数点数は2進法で格納しているため，われわれがもつ感覚と違う動きをする．たとえば10進法でいう0.1は，われわれの感覚ではキリのよさそうな数に見えるが，2進法では有限の桁数で格納できないキリの悪い数である．手元の環境では，0.1は

```
0.100000001490116119384765625
```

という値で格納されていた．当然,0.1でない数を10回足しても1にならない．コード4-5はそれを実証するコードである．

コード 4-5　0.1 を 10 回足しても 1 にならない

```
1:    float s=0;
2:    float f=0.1;
3:
4:    for (int i=0;i<10;i++)
5:      s+=f;
6:
7:    if (s==1)
8:      printf("equal\n");
```

4,5行目のfor文で0.1を10回足している．0.1を10回足したのでsは1となり，7行目の条件文が成立し8行目の"equal"が表示されそうに思える．しかし"equal"は表示されない．「1そのもの」と「0.1を格納した数を10回足した1にかなり近い値」は完全には等しくないためである．

このように，実数型の演算には必ず誤差が伴う．そのため，その取り扱いには多少の工夫が必要である．たとえば数値積分など小さな数を足しあわせる場合，小さ

な数をいきなり大きな値が入っている変数に足すのでなく，いったん中くらいのスケールを格納する変数に蓄え，それがある程度大きくなったら，大きなスケールを格納する変数に移動させる．また，コード 4-5 の 7 行目のように等号 (==) で条件判定するのでなく，演算で生じる誤差を予想し，それよりも大きな適当な値 D を用いて if (s>1-D && s<1+D) とするなど，ある範囲に収まっているかで判断する必要がある．

4-3-3　実数型の精度に気をつけよう

　浮動小数点数を扱う変数の型を，実数型とよぶ．コード 4-4 やコード 4-5 では，float を使った．float 型は 32 ビットで格納されており，先述のとおり有効数字を示す部分（図 4-7 の B パート）は 23 ビットである．10 進法に換算すると，$23 \log_{10} 2 = 6.9$ 桁となる．たとえば月までの距離（38 万 km）を float 型に格納したら，45 m より短い差を区別できない．用途によっては不十分な精度かもしれない．そのときは，倍の 64 ビットで格納する double 型を使えばよい．double 型の有効数字は 52 ビットである．$52 \log_{10} 2 = 15.6$ なので，10 進法だと 15 桁半の有効数字をもつ．月までの距離の例だと 84 nm を区別できる．

　double 型は float 型よりも 2 倍のメモリを要する．演算量も単純計算で足し算や引き算なら 2 倍，掛け算や割り算なら 4 倍かかる．そのため，精度が必要なときのみ double 型を使ったほうがよいと思うかもしれない．しかし，少なくとも PC 環境ではそう思わなくてよい．消費メモリについては，現在の PC では微々たる問題である．また，ハードやライブラリが完備されており，しかも double 型で実現されている．そのため float 型の演算は，**図 4-8** のように double 型に変換されてハードやライブラリに渡り，そこの結果を float 型に戻してしまう．これでは精度も悪くなるし効率も悪い．そういった理由から，とくに理由がないかぎり PC では double 型を使うのがよいだろう．

　実数型（浮動小数点数）の四則演算は，整数に比べかなり複雑な手順が必要であ

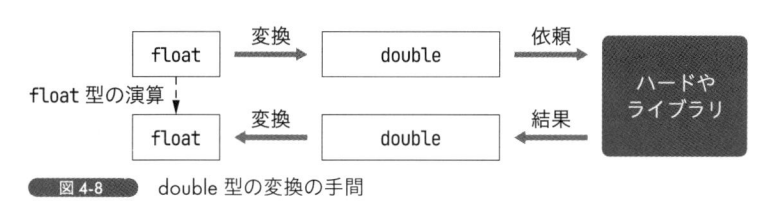

図 4-8　double 型の変換の手間

る．そのため，コンピュータ誕生当初は図 3-5 のような論理回路（ハードウェア）ではなくプログラム（ソフトウェア）で実現しており，演算に時間がかかっていた．技術の発展に伴い，実数型を演算する回路（Floating-Point Unit：FPU）が誕生した．FPU は，メモリや外部機器と同じく**図 4-9** のように CPU の外部にある．CPU は FPU にデータをセットして演算させ，結果を受け取る．このあたりはコンパイラやシステムがうまくやってくれるので，コードを書くぶんには気にしなくてよい．現在 FPU はかなり浸透しているので，ほとんどのコンピュータに備わっていると考えてよいだろう．しかし，安価なマイコンでは FPU を搭載していないものもある．その場合，実数型の演算は従来どおりソフトウェアで行うため遅い．また，FPU が使える場合でも CPU と FPU とのデータの授受に多少なりとも時間がかかるため，整数演算と同じ速さとはいかない．やはり，整数型で書ける処理は整数型で書いたほうがよい．

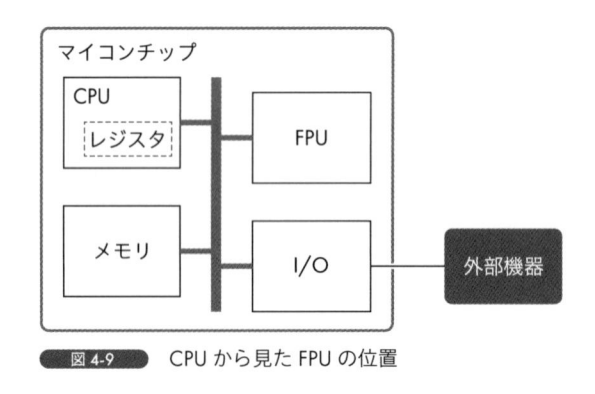

図 4-9　CPU から見た FPU の位置

Chapter 5

高速で低負荷なプログラミングテクニック

　製品化を前提にした組込みシステムを作るにあたって，部品の選定も考慮が必要である．たとえば，部品は安いほうがよいし，小さくて軽いほうがよい．電池で動かすなら，消費電力も小さいほうがよい．マイコンも例外ではない．計算機としての性能は二の次で，値段やサイズ，消費電力が優先されることもある．性能の悪さはプログラムでカバーすればよい．本章では，そのような計算機の性能を引き出すテクニックを紹介していく．

5-1　計算機資源を大事にしよう

　プログラムが活用できるコンピュータの能力を，計算機資源とよぶ．たとえば，コンピュータは一度に一つのことしかできないので，複雑な処理を始めるとほかの処理を進めることができない．このため，計算能力は計算機資源の一つといえる．メモリも計算機資源の一つである．コンピュータが積むメモリに限りがあるためである．ある処理がメモリを大量に消費すると，ほかの処理で使用できるメモリが少なくなる．通信回線も計算機資源である．一定時間に送れるデータ量に限りがあるため，特定の処理が大量のデータを通信すると，別の処理はデータが送れなくなる．計算機資源はコンピュータに関わる能力全般のことを示すので，USB ポートの数，ディスプレイの面積，ストレージ容量なども計算機資源と考えてもよいだろう（図5-1）．

　計算機資源を何か一つの処理が独占すると，システム全体が不調になる．近年のPC は計算機資源が潤沢である．メモリは数十ギガバイトもあるし CPU も矢のように速い．そういった環境では，計算機資源を気にせずぜいたくにプログラムを組んでも問題ない．一方で，組込みシステムに用いられるようなコンピュータ（マイコン）は，コストや消費電力の関係で十分な計算機資源をもてない．そのため，さまざまな工夫を行い計算機資源を大事に使わなくてはならない．

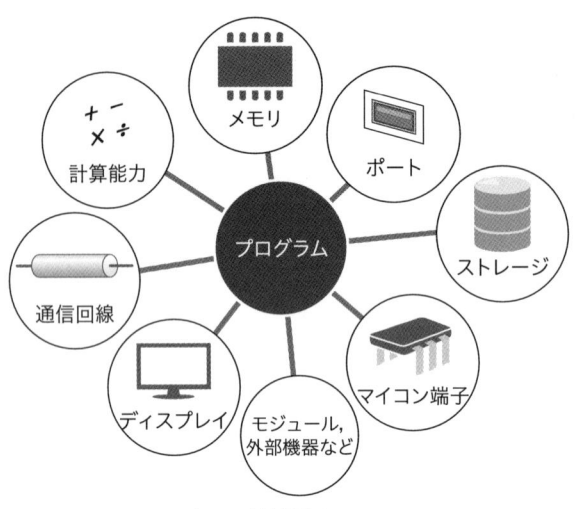

さまざまな計算機資源

もったいないの精神

　計算機資源を大事にするコツは「もったいないの精神」である．その考え方を三つの事例で紹介する．一つめは，座標 (x_1, y_1) を角度 t だけ回転させた新座標 (x_2, y_2) を求める場合である．これは，次のコードで実現できる．

```
double x2 = x1*cos(t) - y1*sin(t);
double y2 = x1*sin(t) + y1*cos(t);
```

sin() や cos() は三角関数を計算するもので，これを呼び出すとそれなりに負荷がかかる．このコードではそれを 4 回も使っていてもったいない．これを

```
double s_t = sin(t);
double c_t = cos(t)
double x2 = x1*c_t - y1*s_t;
double y2 = x1*s_t + y1*c_t;
```

のように演算結果を変数に保存し，以後それを流用すれば三角関数の演算は 2 回で済む．

　二つめは，大きさ N の配列 X の全要素の平均を求める場合である．これも，普通に書くと次のようになる．

```
double sum = 0;
for (int i=0;i<N;i++)
    sum += X[i];
double ave = sum/N;
```

このコードは変数 sum と ave の二つの領域を確保していてもったいない．もし以後の処理で sum を使わないのであれば，次のように書けば変数が一つで済む．

```
double ave = 0;
for (int i=0;i<N;i++)
    ave += X[i];
ave /= N;
```

三つめは，変数 x の値に応じて，5 未満なら 0 を，5 以上 10 未満なら 1 をと続き，95 以上なら 19 を int 型の変数に入れる場合である．文面どおり処理を記述すると，次のようになる．

```
if (x<5)
    a=0;
else if (x<10)
    a=1;
～中略～
else
    a=19;
```

しかし，これはソースコードが冗長になる．おそらくマシンコードのサイズも大きくなり，もったいない．これも，x の値が 0 以上 100 未満だと保証されているのなら，次のように書けば 1 行で書ける．

```
a = x/5;
```

これらの事例は正直どれもわかりやすさを優先したので，実践的ではない．仮に効果があったとしても，誤差レベルであろう．実践ではこれがもっと大規模になっている．コンピュータはコードをどのように実行するか，そこに「もったいない」ことはないかということを注意すれば，ちょっとした工夫や配慮で計算負荷や消費メモリを抑制できる．

　計算機資源の節約は，何かとのトレードオフである．一つめの例は消費メモリを犠牲にして計算負荷を減らし，二つめはコードの読みやすさを犠牲に消費メモリを削減した．三つめは速度を犠牲にコード量を減らした．何をもったいないと考え，何を優先するべきかは状況依存である．

⊘ コンパイラによる最適化との兼ね合い

　先の三つの事例は，要点にフォーカスしたため単純なコードである．そのためとくに前者の二パターンはコンパイラでも無駄に気づく．近年のコンパイラは非常に賢く，こういった無駄を認識し自動的に省いてくれる．すなわち，小手先のテクニッ

クは単にコードが読みにくく，ひいてはバグが出やすくなるだけで，自己満足以上の効果を生み出さない．

どう書くのがよいのかは，コンパイラの進化やプログラマの感性に左右されるため正解はない．たとえば，いまあるコンパイラなら無駄を発見できず人間が効率的な書き方をせざるを得ないが，数年後に出るコンパイラなら無駄を発見できるようになるかもしれない．それを見越して，いまはわかりやすい書き方をしたほうがよいのかもしれない．一方で，古くからプログラムを書いてきた者は，冗長な書き方のコードを読むとどこか気持ち悪くストレスを感じてしまう．

コンパイラが自動的に無駄を省く機能を，最適化（オプティマイズ）とよぶ．最適化の能力は，コンパイラによって異なる．あるコンパイラでは最適化される記述でも，別のコンパイラでは最適化されない．一般に，メジャーな CPU 向けコンパイラは最適化能力が高い．その筆頭である PC は，計算機資源が豊富なだけでなくコンパイラの最適化能力も高い．逆にマイナーな組込み向けマイコンは，計算機資源が乏しいだけでなくコンパイラの最適化能力も低いことが多い．そのため組込み分野ではコンパイラの最適化能力を過信できず，いまでもある程度人間が工夫し続けなくてはならない．

5-2　テクニック1：要求精度にあわせて計算する

5-2-1　出力に必要な精度を把握する

コンピュータプログラムは，最終的に何かを外部に出力するために計算処理を行う．そのため，最終的な出力で求められている精度があればよい．$-10 \sim 50^\circ$Cまでを 0.5°C 刻みで表示する装置で考えてみよう．温度センサのデータシートには，2バイト（16 ビット）の符号付き整数（D）を読み取り

$$T = \frac{D}{340} + 36.53$$

という計算を通せば温度 T [$^\circ$C] が求められると書かれていたとする．もちろん，この式を次のように実数型で演算してもよい．

```
double T = ((double)D)/340. + 36.53;
int Z = (int)((T+10)*2 + 0.5) - 20;
printf("%lf\n", (double)(Z)/2);
```

1行目はデータシートの式そのものである．理論的には T は $1 \div 340 = 0.003℃$ の精度となる．2行目は 0.5℃ 刻みで表示するため，温度を 2 倍（Q1）の整数値に変換している．10 を足しているのは，int 型にするときに正負で丸め方向が違うためである．正常に表示したい範囲は $-10℃$ 以上なので，10 を足せばその範囲で切り捨てとなる．また，0.5 を足しているのは，表示値をセンサ算出値の $+0 \sim +0.5℃$ でなく $-0.25 \sim +0.25℃$ にするためである．

✅ 計算式の工夫

前章で述べたように，実数型は計算負荷が大きい．苦労して浮動小数点数で 0.003℃ の精度で求めたとしても，大半の情報は捨ててしまう．それならはじめから，int 型で演算してもよい．データシートの式を変形すると，次のようになる．

$$Z = \frac{D + 340A + 170 \times 0.5}{170} + 36.53 \times 2 - 2A$$

A は丸め方向を統一するためのもので，先のプログラムでは $A = 10$ であった．今回の式では，表示下限である $-10℃$ のときのセンサ値 D は計算上 -15820.2 になるので，第一項の分子が正になるためには，A を 46.28 以上にしなくてはならない．それを満たす最小の整数として $A = 47$ を選んだのなら，次のコードになる．

```
int Z = (D + 15980 + 85)/170 + 73 - 94;
```

73.06 でなく 73 を足しているため，0.03℃ ぶん足していないことになるが，微小なので無視している．

✅ シフト命令の活用

一方で，このコードは定数 170 の割り算をしている．近年のコンパイラは優秀で，定数の割り算はうまい具合に最適化されたコードにしてくれる．そのため下手に手動で最適化してもむしろ逆効果ということが多いが，可能性として次のように書けるという考え方を示しておく．

```
int Z = (((D>>7) + (D>>6) + 2)>>2) + 73;
```

$\dfrac{1}{170}$ を $\dfrac{1}{256} + \dfrac{1}{512} = \dfrac{1}{170.666\cdots}$ と近似し，シフト命令で代用したのである．誤差はせいぜい 0.4% 程度であり問題ない．図 4-5 で示したように，シフト命令は正負にかかわらず丸める方向が固定なため，丸め方向をあわせるための A を必要とし

ない.

　ここの >>2 もまとめて (D>>9) + (D>>8) + 73 としても問題ないと思うかもしれない. しかし, それだと誤差が大きくなる. **図 5-2** は変数 D のビットの中身である. 0 ビット目の精度は $\frac{1}{340} = 0.0029℃$, 8 ビット目の精度は $\frac{256}{340} = 0.75℃$ である. D>>8 といきなり 8 ビット目以下を切り落としてしまうと, 0.75℃ 以上の精度が出せない. そこで, 0.19℃ までの精度をもつ 6 ビット目までで計算し, 最後に 4 で割るようにしている.

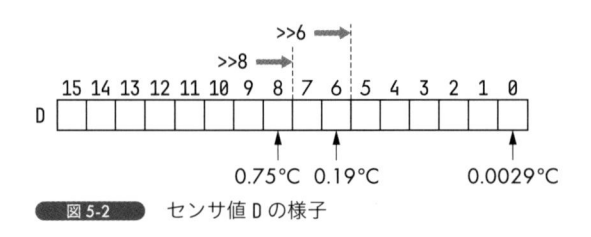

図 5-2　センサ値 D の様子

✅ 結果の比較

　三つの方式の真値と表示値の差を**図 5-3** に示す. 図のように, 実数型や整数型を定数 170 で割ったときの誤差は ±0.25℃ に入っており遜色ない. 計算負荷が小さいぶん後者が有利だろう. シフト命令で代用したものは, $\frac{1}{170.666\cdots}$ で割った影響から少し右肩上がりになっている. そもそも温度センサ自体に誤差があるし, 視認用で 0.5℃ 程度の違いは許容できるといった場面なら, これも実用的な結果である.

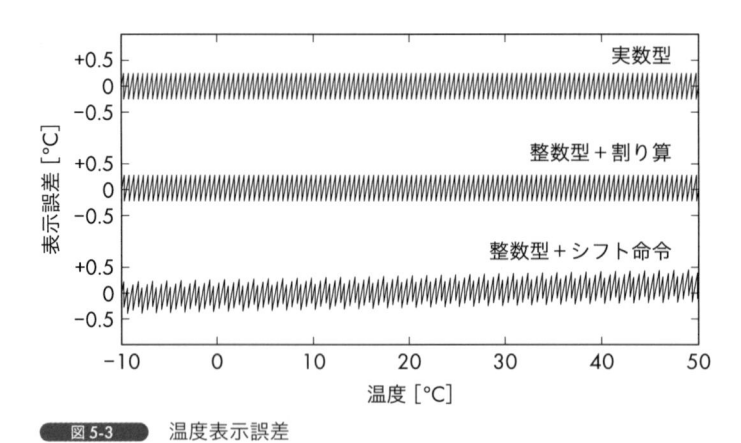

図 5-3　温度表示誤差

　無駄な計算を省略する

　12 ビットで ±4G を計測する加速度センサを用いて，物体の加速度が 0.8 m/s² 以下になったら落下していると判断する処理を考えよう．ただし，センサ値は

```
if (acc_x & 0x800) // 符号付き 12 ビット目線で負の値なら（800(16) 〜 fff(16) なら）
  acc_x |= ~0xfff; // 12 以降のビットをすべて 1 にする（例：f800(16) 〜 ffff(16) にする）
```

などと負の場合を適切に処理しているとする．文面どおり処理を書くと，コード 5-1 のようになる．

コード 5-1　0.8 m/s² 以下を検出したら通知するコード

```
1:    double x = (double)acc_x * 9.8 * 4 / 2048;
2:    double y = (double)acc_y * 9.8 * 4 / 2048;
3:    double z = (double)acc_z * 9.8 * 4 / 2048;
4:
5:    double mag = sqrt(x*x + y*y + z*z);
6:
7:    if (mag < 0.8)
8:      NotifyFalling();
```

　このコードの 1〜3 行目は，加速度センサの値 acc_x, acc_y, acc_z という整数値から単位 m/s² の x, y, z 軸の加速度に変換している．加速度の合計は $\sqrt{x^2 + y^2 + z^2}$ なので，5 行目でそれを計算して，7 行目で 0.8 m/s² 以下かを調べている．しかし，この処理には三つの無駄が隠れている．

✓ 無駄な掛け算がある

　わざわざ単位変換して m/s² で比較する必要はない．そのままセンサが出す単位系（digit）で比較すればよい．0.8 m/s² = 41.796 digit なので，次のようにしてもかまわない．

```
double mag=sqrt(acc_x*acc_x + acc_y*acc_y + acc_z*acc_z);

if (mag < 41.796)
    NotifyFalling();
```

1〜3 行目が不要となり，無駄な掛け算を三つ省くことができる（定数どうしの掛け算はコンパイル時に計算してくれるため数えていない）．

✓ 平方根演算も無駄である

　平方根の演算は，それなりに大きな計算量を要する．平方根は単調増加である．そのため，わざわざ平方根にして任意の値（ここでは 41.796）と比較しなくても，

平方根を求める前の数と，二乗した値（41.796 なら 1747）を比較すればよい．

実数型を用いている

　実数型の演算もそれなりに計算量を要するため，整数型演算で済むならそれに越したことはない．次のようにすれば，整数型で演算できる．

```
unsigned int mag=acc_x*acc_x + acc_y*acc_y + acc_z*acc_z;

if (mag < 1747)
    NotifyFalling();
```

このコードでは，アルゴリズムにフォーカスをあてるため 1747 というマジックナンバを使っているが，#define で意味をもたせた文字列にしておいたほうがよい．マジックナンバを使うにしても，その右に `// (0.8[m/s^2]*2048[digit]/4[G]/9.8[m/s^2])^2` と数字の出所をコメントで示すようにしておくことを勧める．整数型の演算では，途中の値がとりうる最大の値を超えないかも注意しなくてはならない．今回の例ではセンサの値 acc_x，acc_y，acc_z は 12 ビットなので，とりうる値は $-2048_{(10)}$〜$2047_{(10)}$ である．そのため，変数 mag に入りうる最大の値は $12582912_{(10)}$ となる．16 進法表記 $c00000_{(16)}$ で考えればわかりやすいが，符号付き整数で 25 ビット以上なければ格納できない．もし int 型が 16 ビットの環境なら，大きな加速度が発生したとき，0.8 m/s^2 以下（1747 以下）とみなされるかもしれない．事前に acc_x，acc_y，acc_z 単体で絶対値が 0.8 m/s^2 に相当する $42_{(10)}$ 以上なら，以後の計算は行わないような工夫をすべきである．

5-3　テクニック 2：見えない演算を減らす

5-3-1　関数呼び出しの負荷を減らす

　関数は通常，引数で値を指定し戻り値で受け取り，さらに関数内のローカル変数はその中しか有効にならない．この特徴を生かすと，非常に独立性の高い部品になる．あるプログラムのために作った関数を別のプログラムにそのまま組み込んで活用できるのである．プログラマはプログラム全体でなく関数という狭い範囲で正しいコードを作ればよく，そのぶんバグが入る余地が少なくなる．

　このような理由から，通常のプログラミングでは関数を多用することが推奨される．しかし，引数や戻り値を介した情報のやりとりは，**図 5-4** のようにスタックを介して行われる．関数を呼び出すたびにプログラムアドレスや引数の値をコピー

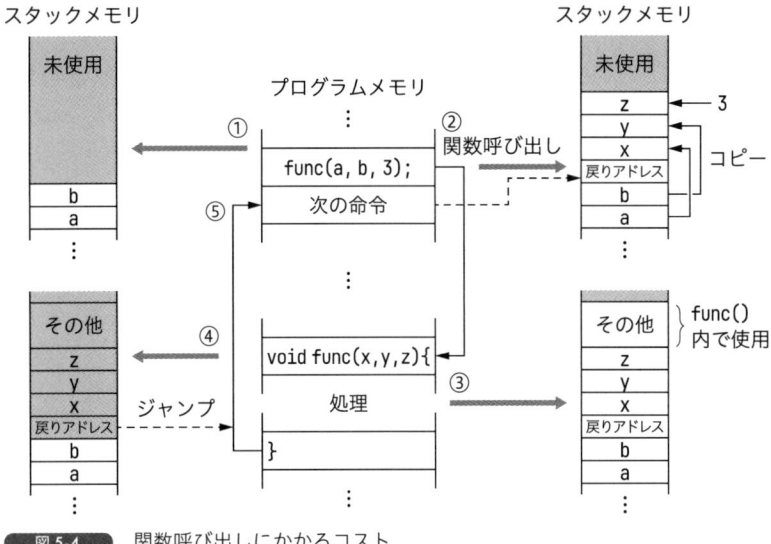

図 5-4 関数呼び出しにかかるコスト

するので，頻繁に関数を呼ぶとそのぶん負荷となる．そのため，組込みプログラムのようにコンピュータの負荷をできるだけ下げたいシチュエーションでは，データの授受にグローバル変数を用いることがある．当然，グローバル変数を乱用するとコード管理がしにくくなる．最終的には，速度と管理のトレードオフとなる．

　二つの数値のうち大きいほうを選択する処理を考えよう．コード 5-2 は，そういう処理を関数化してみたものである．

コード 5-2 大きい引数を選んで返す関数

```
1:   int max(int a, int b){
2:     return a > b ? a : b;
3:   }
```

　先述のとおり，関数の呼び出しはコストがかかる．あまりにも頻繁にあちこちから max() を呼び出すコードを書くと，プログラムは遅くなる．速度を優先するなら関数など使わず，その都度 2 行目の記述をベタ書きするしかなさそうである．ところが，うまく書けば両者を成立させることができる．ソースコードのうえでは関数呼び出しの形をとり，コンパイルして実行コードにする時点で機械的にベタ書きに変換させるのである．機械的にベタ書きに変換するには，二つの方法がある．

✓ inline 関数

　一つは inline 指定を行うことである．これは，展開してほしい関数の宣言で頭に

```
inline int max(int a, int b)
```

などと inline という修飾をつけるものである．コンパイラの種類や最適化オプションによっては inline static と，static をつけないといけないかもしれない．コンパイラはこの修飾がついた関数を，コード中に使用されている箇所であたかもベタ書きされたように扱いコンパイルする．ただし，inline はなるべく書き換えるもので，必ずしもベタ書きにならない．このあたりは少し確実性に欠ける．

✓ #define 命令

もう一つは原始的かつ確実な方法で，2-2-3 項で述べたプリプロセッサ命令の #define を使う方法である．この命令は単なる文字列だけでなく，たとえば次のような引数付きで文字列を置換できる．

```
#define max(X,Y) X>Y ? X : Y
```

この例だとソース中に max(文字 A, 文字 B) というパターンの文字列があったら，文字 A> 文字 B ? 文字 A : 文字 B という文字列に変換してから真のコンパイルが行われる．この max() はあくまで疑似関数なので，記述にはいくつか注意が必要である．まず，名前 max と左丸括弧の間には空白を入れてはいけない．また，文字パターン全体は括弧でくくっていたほうがよい．この例では括弧を入れていないため，もしソース中に max(a,b)+5 などと記述すると

```
a>b ? a : b+5
```

と，おそらく意図したものと違う文字列に展開されてしまう．同様に，個々の X や Y 部分も括弧をつけていたほうがよい．max(a&0x3ff,b) という記述が

```
a&0x3ff>b ? a&0x3ff : b
```

と展開され，0x3ff>b を先に評価してしまうためである．見た目は悪いが，((X)>(Y) ? (X) : (Y)) と書けば想定外の展開を防ぐことができる．

Column

三項演算子

コード 5-2 の 2 行目にある ? と : で構成される表記は，三項演算子もしくは条件演算子とよばれる操作で，? の前に書かれた条件式が成立したら : の前の値を，そうでなければ後ろの値をもつものである．この部分は次のようにも書ける．

```
  if (a>b)
    return a;
  else
    return b;
```

三項演算子はこういった処理を簡潔に書ける利点があるが，慣れていないと何をしているのかわかりづらい．そのため，コーディング規約で使用を禁止しているところもある．

5-3-2 配列処理の負荷を減らす

関数呼び出しに負荷がかかることは，内部の動きを知らなければ思い及ばない．似たようなものに配列処理がある．たとえば，コード 5-3 の 2 行目を考えてみる．

コード 5-3 配列 x に配列 y を逆順でコピーする処理

```
1:    for (int i=0;i<N;i++)
2:      x[i]=y[N-i-1];
```

記述はいたってシンプルだが，裏では**図 5-5** のような複雑な操作をしている．処理を数え上げると，足し算と引き算が 3 回，掛け算が 2 回，メモリの読み込みが 2 回，書き込みが 1 回になる．配列処理は意外とコストがかかるのである．

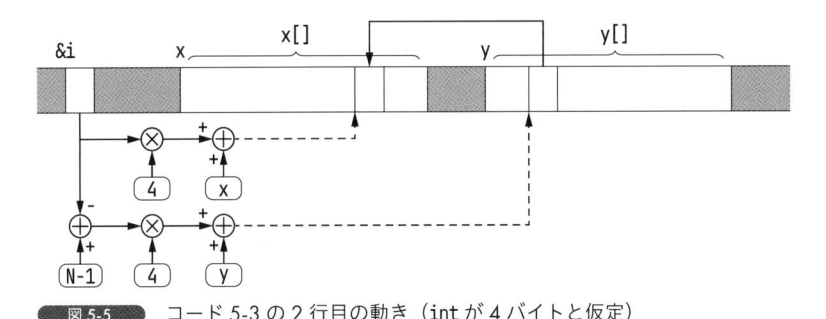

図 5-5 コード 5-3 の 2 行目の動き（int が 4 バイトと仮定）

コード 5-4 は，コード 5-3 と同じ処理をポインタで記述したものである．

コード 5-4 ポインタを用いた配列処理

```
1:    int *p=y;
2:    int *q=x+N-1;
3:    for (int i=0;i<N;i++){
4:      *p=*q;
5:      p++;
6:      q--;
7:    }
```

4〜6行目の処理を視覚化すると，**図5-6** のようになる．こちらは足し算と引き算が2回，メモリの読み込みが3回，メモリの書き込みが3回である．掛け算がないぶん負荷が少ない．さらに5,6行目で求めるpやqの値は流用できる．ループ中で y[i] を何度も使うのであれば，y[i] でなく *p を使うとその都度掛け算や足し算をしないので，ポインタを使う優位性がさらに大きくなる．

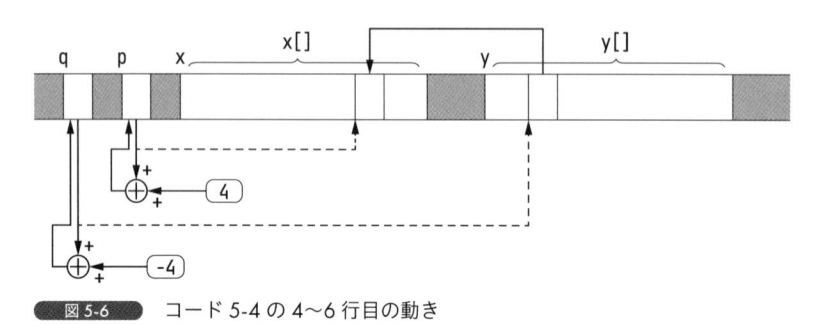

図5-6　コード5-4の4〜6行目の動き

なお，このコードでは *p（y[i]）を活用する処理が追加されるときのイメージがもてるように，4〜6行目を分けて書いている．もしこれらの行だけを処理させたいのであれば，慣用句的に一つにまとめ次のように書く．

```
*p++=*q--;
```

また，ここではかなり原理的な話をしている．何度も書くように，最近のコンパイラは賢い．掛け算は4倍なので，シフト命令で代用してくれるだろう．また，コード5-3程度の記述だったらポインタを使った処理に自動的にしてくれる．そのため少しリアリティがないように思えるが，コンパイラが類推できないような複雑な処理でこれが発生するとイメージしてもらえたらと思う．

5-4　テクニック3：事前にやれる計算はやっておく

5-4-1　テーブル参照の考え方

コンパイル時点でやっておける計算はあらかじめやっておけば，プログラムは速くなる．円周率 π も，考えようによってはその一つである．π の値はマチンの法則などでその都度求めることができるが，よほどの事情がないかぎり既知の値として 3.14159265358979 といった値を使う．テーブル参照は，その考えを拡張したものである．

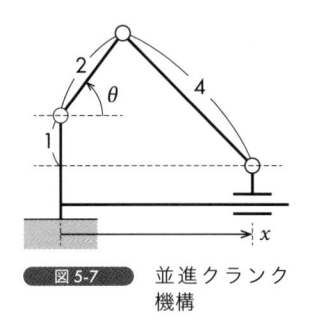

図 5-7 並進クランク
機構

　例として，**図 5-7** のようなクランク機構を考えてみよう．この機構で軸の角度 θ に対応するスライダの位置 x は，次のようになる．

$$x = \sqrt{4^2 - (2 \sin \theta + 1)^2} + 2 \cos \theta$$

この逆，スライダが x のときの軸の角度 θ を求めることを考えよう．ロボット工学分野ではこの類の計算は「シリアルリンクの逆運動学」とよばれる問題で，条件によっては解けない（式にできない）こともある．幸い図 5-7 の条件ではこれを解くことができ，x を 1.8〜5.8，θ を $0°$〜$130°$ くらいに限定すれば，次のようになる．

$$\theta = \cos^{-1}\left(\frac{-x^3 + \sqrt{-x^4 + 38x^2 - 105} - 11x}{4(x^2 + 1)}\right)$$

制御プログラム内で，x の値を計測しリアルタイムに θ に変換する必要があったとしよう．単にこの式を計算すればよいのだが，非力なコンピュータでは難しいかもしれない．その代わりに，事前に x と θ の関係を求めコードに埋め込み，プログラム実行中はそれを参照する作りにすればよい．しかし，すべての x に対応した $f(x) = \theta$ を埋め込むことは現実的ではない．そこで，粗い間隔 x_0, x_1, $\cdots$, x_N に応じた値 $f(x_0)$, $f(x_1)$, $\cdots$, $f(x_N)$ だけを事前に求め，それらの間は補間で近似値 $\tilde{f}(x)$ を求めるようにする．補間のやり方はいろいろ考えられるが，一番シンプルなのは直線的に変化すると考えることであろう．**図 5-8** のように相似の関係を考えると，$x_m \leq x < x_{m+1}$ という前提なら，$\tilde{f}(x)$ は次のような式になる．

$$\tilde{f}(x) = \frac{x - x_m}{x_{m+1} - x_m}\left\{f(x_{m+1}) - f(x_m)\right\} + f(x_m)$$

　本来曲線的に変化しているものを直線として扱うので，当然近似値 $\tilde{f}(x)$ と実際の $f(x)$ にはズレがある．このズレは x_m と x_{m+1} の差が小さいほど少なくなるが，

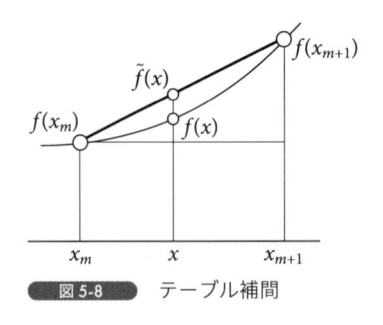

図 5-8　テーブル補間

そのぶん事前に作っておくデータ（以後「テーブル」とよぶ）が多くなる.

✓ テーブル参照のコード

コード 5-5 は，テーブルを参照し補間を行うプログラムである.

コード 5-5　テーブル参照，補間

```
 1:  double crank(double x){
 2:    double tbl[]={ // 2.0 - 5.6 step 0.4
 3:      114.936388, 97.634922, 85.755069, 75.894797, 66.940098,
 4:      58.315684, 49.602712, 40.359508, 29.889652, 16.395868};
 5:
 6:    x -= 2.0;
 7:    int n=(int)(x/0.4);
 8:    if (n<0)
 9:      return tbl[0];
10:    if (n>9)
11:      return tbl[9];
12:
13:    double xm=n*0.4;
14:    return (x-xm)*(tbl[n+1]-tbl[n])/0.4+tbl[n];
15:  }
```

　紙面の都合上，コード内に 2.0 とか 0.4 とか 9 とかマジックナンバを入れている が，本来はテーブルの細かさや大きさに応じて書き換えられるよう，#define など で定義するべきであろう．2〜4 行目は，あらかじめ計算して配列にしたテーブル である．一つめの要素が $f(2.0)$，二つめの要素が $f(2.4)$ と，0.4 ずつ上げた x に対 する θ を入れている．配列は全部で 10 個あるので，最後は $f(5.6)$ である．つまり， この関数は引数が 2.0〜5.6 までの間しか対応していない．6, 7 行目は引数 x をも とに配列の何番目の要素を参照すればよいか m を計算しているところである．テー ブルは 2.0 から始まっているのでそのぶん引き，0.4 ずつ上がっているのでその数 で割り，int 型に代入することで小数点以下を切り落としている．8 行目から 11 行目は保険である．この関数は引数に 2.0〜5.6 の範囲しか認めない仕様にもかか

わらず，範囲外の値を引数に呼び出されるかもしれない．仕様を守ることは呼び出し側の責任であり，関数側ではそういった可能性を考えないというのも一つの思想かもしれないが，ここではとりあえず領域外アクセス（異常終了となることが多い）を避けるようにしている．13 行目は x_m を計算している．本来の x_m は $2.0 + 0.4m$ なので，xm に 2.0 を加えた数となるが，6 行目で変数 x を 2.0 引いているので加えていない．14 行目は先の式に基づき直線補間の計算を行っているが，0.4 刻みのテーブルを使っているので，式の分母は定数にしている．

三角関数のテーブル参照例

組込みプログラムでも三角関数を使いたいときがある．math.h をインクルードして実数型で sin() や cos() を使うのが王道だが，精度よりもとにかく速度がほしいときもある．そういうときもテーブル参照は便利である．コード 5-6 に，sin 関数をテーブル参照で求めるコードを示す．

コード 5-6 テーブル補間

```
 1:  int Sin(int x){
 2:    int tbl[9] = {0, 799, 1567, 2276, 2896, 3406, 3784, 4017, 4096};
 3:
 4:    int sign = (x & 0x0200) ?  -1 : 1;
 5:    x &= 0x01ff;
 6:    if (x & 0x0100)
 7:      x = 0x0200 - x;
 8:
 9:    if (x & 0x0200)
10:      return tbl[8]*sign;
11:    int m = x >> 5;
12:    return (((x - (x & 0x1e0))*(tbl[m+1]-tbl[m])>>5) + tbl[m])*sign;
13:  }
```

ここではすべて整数型で計算したいと考えたため，引数（角度）は 1 周を 1024 とする単位系，戻り値は本来の値を 4096 倍した Q12 にしている．三角関数に限らず周期関数では $1024 = 2^{10}$ のように 1 周期 2^N ビットで表現すれば，下 N ビットだけ抽出すると 0 から 1 周期の間の値が得られるため都合がよい．sin 関数では，さらに以下の関係が成り立っている．

$$\sin\theta = -\sin(\pi + \theta) = \sin(\pi - \theta)$$

この関係より，テーブルは 4 分の 1 周期分だけもっていればよく，残りの 4 分の 3 周期ぶんはそこから求められる．1 周期を 2^N ビットにしておくと，それも 4 で割

り切れるため楽である。

　コードの説明に入ろう。4〜7行目で先の式の換算を行っている。4行目は引数 x の9ビット目を見て1周期の前半か後半かを調べ、もし後半なら10行目もしくは12行目で使うため変数 sign に符号を記憶する。5行目は、x を0〜半周期の値にしている。9ビット目も0にしているが、sign で符号を覚えているので問題ない。x の8ビット目は4分の1周期以上かどうかを表している。そこで6行目でそれを確認し、もしそうなら7行目で x の値を $\pi - x$ に変えている。9, 10行目はあとにして11行目の説明に移る。ここでは、x の値からテーブルの添え字 m を計算している。本来は「『テーブルの範囲』÷『テーブルの大きさ−1』」で値を求めるが、テーブルの大きさが $2^n + 1$ なのでシフト命令で代用できる。次に、12行目で直線補間の計算をしている。x & 0x1e0 と書いてある部分は、m<<5 もしくは m*32 と同義である。おそらく、どのアーキテクチャでも & で計算したほうが速い。同様の理由で、/32 と書ける部分も >>5 と書いている。なお、>>5 もしくは /32 は掛け算したあとに実行されるように書かないといけない。最初に割り算すると、端数が消えてしまうからである。また、掛け算は結果の最大値に気を配る必要がある。本例では掛け算記号 * の左側の最大値は $31_{(10)}$、右側の最大値は $799_{(10)}$ であることから、積の最大値は $24769_{(10)}$ となる。これは $60c1_{(16)}$ であり、符号付き16ビット整数でも収まる。

　ここで9, 10行目に戻ろう。もしこの2行がなければ、11行目では x が 0x200 のときのみ m が8となる。そして、そのまま12行目に入ると tbl[9] を参照することになる。これは領域外アクセスになるため、この2行で、その可能性を防いでいる。

5-5　テクニック4：CPU の機能を活用する

　ここまで述べてきたように、効率のよいコードを作る神髄は、無駄な計算をさせないことである。無駄にはループなど目に見えるものもあれば、コンピュータのしくみを知らなければ想像がつかないものもある。コンピュータは整数の足し算や引き算、ビット演算が得意で、掛け算や割り算、そして実数演算全般は苦手であるため、それらの処理を避けることがコツである。

　しかし、これはあくまで一般論に過ぎない。ハードウェアで掛け算や割り算を実現している CPU や実数の四則演算を行うハードウェア（FPU）を備えている CPU もある。FPU の中には、平方根や三角関数の演算すら行うものもある。ハードウェ

アが掛け算や割り算をしてくれるなら，シフト命令で代替せず素直に掛け算や割り算をさせたほうがよい．平方根や三角関数も同じである．テーブル参照など使わず，FPU に「この数値の平方根を求めてください」と依頼すれば圧倒的な精度と速度で計算してくれる．そういった演算を行うハードウェアを備え，かつその機能を生かすコンパイラもあるなら，普通にプログラムを組んでも遅くないし間違いがない．開発に先立ち，どういう条件でプログラムを動かすのか，動作環境のハードウェアの諸言は確認しておくべきである．

　高機能な CPU は，FPU だけでなく速くプログラムが動くようさまざまな工夫がなされている．その中で，その存在を知っておいたほうがよいと思われる技術を二つ紹介する．

⊘ キャッシュ

　プログラムで変数を宣言すると，メモリ上のどこかにその変数を格納する領域が作られる．たとえば a=b+c といった処理を行うと，b を記憶したメモリの値を CPU に取り込み，さらに c を記憶したメモリの値も取り込み，二者を足したあと a の値を記憶すべきメモリに書き込む（**図 5-9**(a)）．

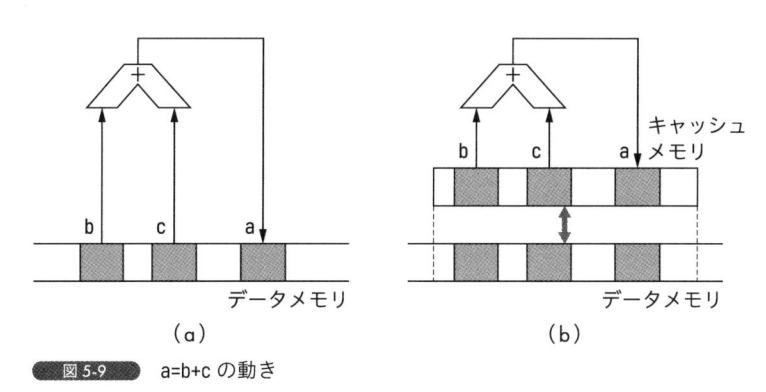

（a）　　　　　　　　　　　　　　（b）

図 5-9　a=b+c の動き

　CPU から見ると，メモリすら遅い．そのため，メモリの読み書きが発生すると，CPU はその作業が終わるまで待たないといけない．そういった無駄をなくすため，CPU の近くにキャッシュとよばれる高価だが高速なメモリを備えていることがある．外部メモリの一部をまとめてキャッシュにコピーして操作を行い，最後にメモリに戻すのである．図(b)では a, b, c 三つを含むメモリ情報をいったんキャッシュにコピーし，そこで処理したあとで外部メモリに戻している．このあたりは裏方のほうでうまくやってくれるので，プログラムを書くときは意識しなくてよい．

キャッシュはメモリに比べてかなり小さい．図 (b) の例では a も b も c もキャッシュに入りきるくらい近接していたので，すべてをキャッシュに入れることができた．しかし，キャッシュに入りきらないくらい離れた位置に格納された変数を演算しなくてはならなくなると，キャッシュが効果を発揮しない．コード 5-7 のような，二次元配列を二重ループで舐める処理を考えてみよう．

コード 5-7　二次元配列を舐める処理

```
 1:    int d[XSIZE][YSIZE];
 2:    SetData(d);
 3:
 4:    sum=0;
 5:    for (int x=0;x<XSIZE;x++)
 6:      for (int y=0;y<YSIZE;y++)
 7:        sum +=d[x][y];
 8:    printf("%d\n", sum);
 9:
10:    sum=0;
11:    for (int y=0;y<YSIZE;y++)
12:      for (int x=0;x<XSIZE;x++)
13:        sum +=d[x][y];
14:    printf("%d\n", sum);
```

　1 行目で二次元配列を宣言している．メモリは一次元なので，この二次元配列は（C 言語では）**図 5-10** のように YSIZE 個の int 型領域が XSIZE 個並んだように確保される．このため d[5][10] に対し d[5][11] は隣接するメモリに存在するが，d[6][10] は YSIZE 個ぶん離れた位置にある．2 行目で d にデータを入れたとしよう．

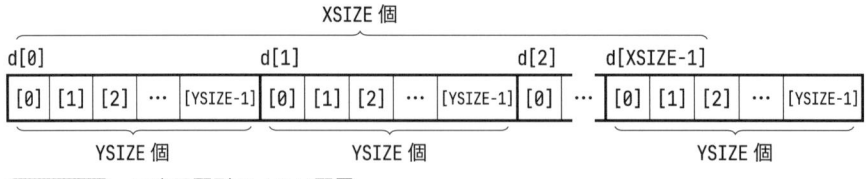

図 5-10　二次元配列のメモリ配置

　さて，このコードの 4〜8 行目と 10〜14 行目は，同じ処理をしている．しかし，前者は隣接するメモリを順に読み取っているのに対し，後者はつねに YSIZE 個ぶん以上離れた位置にあるメモリを読み取っている．YSIZE の大きさ次第ではあるが，前者のほうがキャッシュの中身を更新する機会が少ないため，速く動く可能性が高い．

⊘ パイプライン

CPU の命令は，次のセットで構成される．

A　プログラムメモリに格納された数値（マシンコード）を読み取り

B　それが何をしてほしいものなのか解析し

C　実行し

D　結果を書き込む

一つの命令を遂行するため A の回路が動いている間は，次の B の回路はその処理が終わるのを待たないといけない．C や D の回路も同様である．それをもったいないと考えた人が，図 5-11 のようにバケツリレーで処理を進める方法を考えた．ある命令が A を終え B を始めた段階で，その次の命令が A を始めるようにしたのである．このような技術をパイプラインとよぶ．

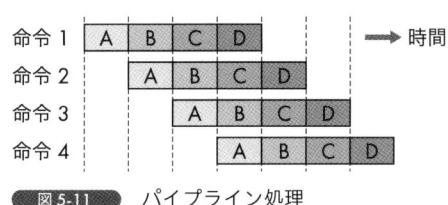

図 5-11 パイプライン処理

パイプラインはつねにうまく動くわけではない．次の命令がいまの命令の結果に依存するようなシチュエーションでは，A の回路は D の回路が処理し終えるまで待たないといけない．たとえば if 文を考えてみよう．条件式が成立するのか成立しないのかは計算してみなければわからない．A の回路が先読みするべき数値は，成立したときのマシンコードか非成立だったときのマシンコードかわからないのである．if 文は二択なので，山勘でどちらかをやってみてもよい．外れたら途中経過を破棄してやり直せば，50%の確率で速いままである．

しかし，こういった山勘が効かない処理もある．CPU の命令と C 言語の命令では粒度が異なるが，それを無視してコード 5-8 で説明してみる．

コード 5-8 パイプライン処理

```
1:      a = V + W;
2:      b = a * X;
3:      c = V + Z;
4:      d = c * Z;
```

2行目の演算は1行目の計算結果 a を，4行目の演算は3行目の計算結果 c を必要とする．そのため，2行目や4行目の命令は，1行前の演算が終わるまで実行できず，待つぶん全体が遅くなる．待ちが発生しないようにするには，実行結果をすぐ使わないコードにすればよい．具体的には，2行目と3行目を入れ替える．

Chapter 6

デバッグの手法

　プログラムの製作過程で，実際にコードを書く工程は全体の半分以下と考えてよい．残りは，プログラムが正しく動くように調整するものである．この作業をデバッグという．デバッグを行ううえで大事なことは，理想像を思い浮かべることである．理想像とは，このような入力があったらこのような結果を出すというあるべき姿のことで，目の前のコンピュータが実際にそのように動かないのであれば，プログラムのどこかにミスがある．それを探し出し修正しなければ，プログラムは完成しない．

6-1　なぜプログラムが動かないのか

6-1-1　コンパイル時点でわかる間違い

　書き上げたばかりのプログラムをコンパイルしてみると，まず間違いなくエラーが出る．単純に，プログラムを正しく書けていなかったのである．エラーの理由は，セミコロンが抜けていたり変数や関数のスペルミスだったり，関数の引数の型や数が間違っていたり，括弧やダブルコーテーションの対応があっていないなどさまざまである．

　コンパイルエラーは数十個も出てくるかもしれない．その量に圧倒されず，とにかく最初に出た一つだけに着目し解決をしてほしい．解決したと思ったら再度コンパイルしてみる．依然として，たくさんのエラーが出るかもしれない．それでも，とにかく最初のエラーが解決したのであれば一歩進んでいる．何度も繰り返せば，コンパイルエラーはなくなる．

✓ ミスの探し方

　エラーメッセージは，何行目がどういう理由でおかしいと出てくる．大半はその行にミスがある．しかし，図 6-1(a) のように前の行の最後にセミコロンがなかったとか，図(b)のように前の関数の括弧の数があっていなかったとか，修正すべきはそれより前の行ということもある．また，行番号の情報が出ないエラーもある．

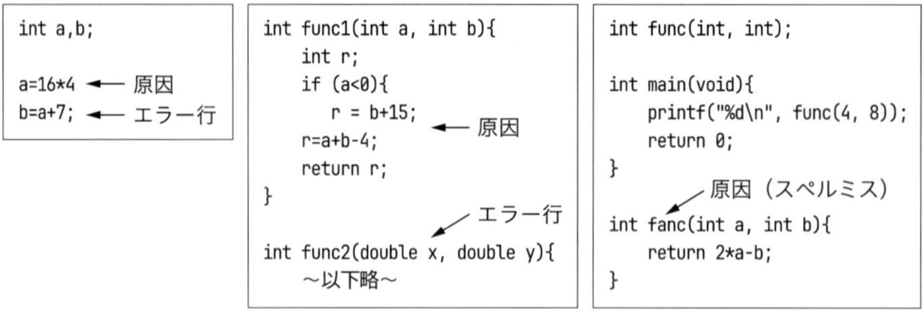

```
int a,b;

a=16*4   ◄── 原因
b=a+7;   ◄── エラー行
```

```
int func1(int a, int b){
    int r;
    if (a<0){
        r = b+15;
    r=a+b-4;      ◄── 原因
    return r;
}

                  ◄── エラー行
int func2(double x, double y){
    ～以下略～
```

```
int func(int, int);

int main(void){
    printf("%d\n", func(4, 8));
    return 0;
}
            ↙── 原因 (スペルミス)
int fanc(int a, int b){
    return 2*a-b;
}
```

（a）セミコロンがない　　（b）括弧の対応がおかしい　　（c）指定した関数がない
　　　　　　　　　　　　　　　　　　　　　　　　　　　（エラー行は提示されない）

図 6-1　　エラー行に原因がないエラー例

これは，リンク時のエラーである．図(c)のように，あるといわれた関数や変数が
ないといった原因を疑えばよい．エラーメッセージの中にあるべき関数や変数の名
前が提示されているはずなので，それを参考にコードを修正する．

✓ ワーニング

　コンパイル時には，エラーのほかにワーニングも出る．ワーニングは文法的に正
しいのでエラーではないが，書き間違いではないかとコンパイラが判断したもので
ある．たとえば，次のようなフレーズがあったとしよう．

```
if (a=b)
   func();
```

これは文法的に正しい．2-1-6 項で述べたように，if 文の中にある条件式は零か否
かの数値で示す．そして，p. 18 のコラムで述べたように，代入文は値をもつ．す
なわち，上のフレーズをくどく書くと次のような意味になる．

```
a=b;
if (b!=0)
   func();
```

文法的には正しいが，普通はこのようなトリッキーな書き方はしない．単に a==b
とすべきところを a=b と書き損じたと考えるのが自然であり，コンパイラが気を利
かせてワーニングを出したのである．ここでは前者をトリッキーと断言したが，エ
レガントと感じる人もいるかもしれない．このあたりは人それぞれである．わかっ
てやっているのであれば，ワーニングなんて無視してもよい．しかし，ワーニング
がたくさんあると本当のミスを見落としてしまう．ワーニングが出ないフレーズに

書き換えるとか，この類のワーニングは無視してよいとコンパイラに伝えるとか（#pragma をキーワードに，環境にあった方法を調べてほしい）工夫し，正常時は一つもワーニングを出さない状態にしておくべきである．

6-1-2　実行してみてわかる間違い

デバッグの本番は，コンパイルが通ってからである．実行してもおそらく思いどおり動かない．頭の中でこういうふうに動かしたいという理想と，目の前のプログラムの動きにギャップがある．それを埋めるようプログラムを修正しなければならない．

プログラムが思いどおり動かない理由は，以下の二つに大別される．

- 考え方のミス：頭の中でこうすればできると思っていたやり方に欠陥があった
- 実現方法のミス：こうすればよいと考えたやり方が具現化されていなかった

いずれにせよ，闇雲にコードをいじってはいけない．最優先すべきは，再現方法を見つけることである．「こうなってほしい」と「こうなってしまう」が乖離する場所と，そうなる手順や入力がわかれば，自分の中にある理想モデルと目の前のコードの動きを少しずつ比較し，なぜこうなっていたか，どう修正すればよいか考え試してみればよい．

再現方法はわかったが，なぜそういう状況が起こるのか説明がつかないことがたまにある．たとえば，関数から戻ろうとするとプログラムが強制終了するとか，明らかに代入していない変数の値が勝手に変わっているとかである．十中八九，原因は配列もしくはポインタの扱い方の間違いである．図 3-8 に示したように，配列や変数はコンピュータのメモリのどこかに配置されている．メモリには，この関数が終わったらどこに戻ればよいかといった情報も格納されている．間違ってこれらの情報を書き換えてしまうと，ソースコードからは論理的に説明できない謎の不具合となる．そういう場面に遭遇したら，その手のミスがないか調べてみるとよい．

6-2　クロス開発で気をつけること

6-2-1　エンジンとインタフェイスの切り分け

プログラムは，そのプログラムでやらせたい計算そのものと，人間や機械とのやりとりを行う処理に分かれる．ここでは前者をエンジン，後者をインタフェイスと

よぼう．たとえば，センサ信号から人が外出しようとしていることを把握し，玄関の照明をつけるシステムなら，センサ信号をパターン解析して外出しようとしていると推定する部分がエンジンであり，センサ信号をコンピュータに取り込んだり，コンピュータの指令に応じ照明の明滅を行う部分がインタフェイスである．

　組込みプログラムでも PC 用の GUI プログラムでも，エンジンはエンジンで，インタフェイスはインタフェイスで分けて開発したほうがよい．さらに，エンジンのアルゴリズムは PC のほうが開発しやすい（**図6-2**(a)）．後述するプリントデバッグや IDE によるデバッグ，グラフなどで視覚的に変数の動きを確認するなど，さまざまな手法が使えるためである．複数の開発環境で一つのソースファイルを開発することを，クロス開発とよぶ．C 言語のソースには互換性があるため，PC 用コンパイラでコンパイルして PC 上できちんと動くコードは，組込みマイコン向けコンパイラでコンパイルして組込み機器上で動かしてもきちんと動く（図(b)）．もし組込みにもってきてきちんと動かないのであれば，インタフェイス部分のミスか，コンパイラの互換性，すなわち移植ミスかのどちらかである．

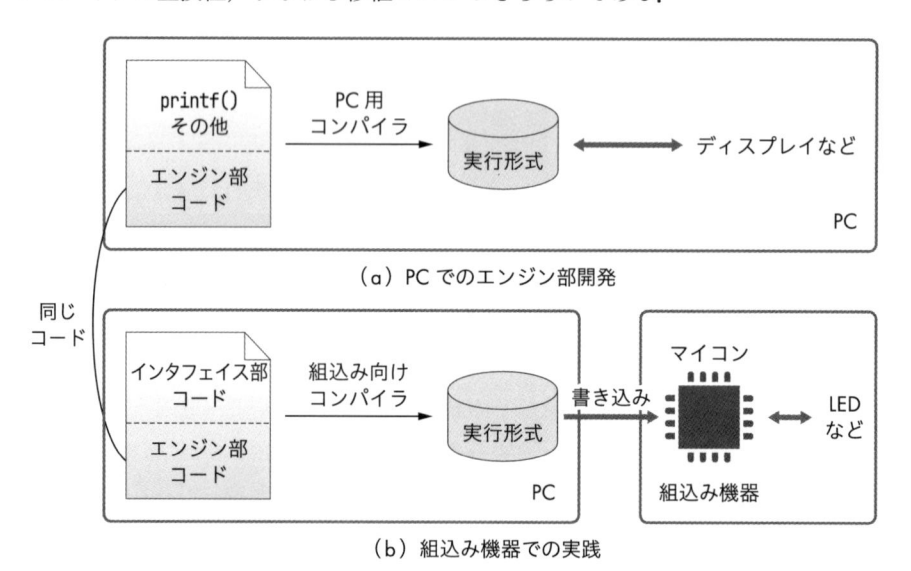

（a）PC でのエンジン部開発

（b）組込み機器での実践

図6-2　クロス開発環境

コンパイラやハードウェアのバグ

　組込み系ではごくまれに，考え方も正しく，コードもそれを忠実に具現化しているにもかかわらずうまく動かないときがある．可能性の一つとして，コンパイラのバグがある．マシンコードに正しく翻訳されなかったのである．PC などの場合，何百万，何千万人という技術者がコンパイラを活用し，不具合があってもすぐ誰かが発見して情報共有，修正される．それに対し，組込み系コンパイラは活用している者が桁違いに少ない．不具合の発見も遅れるし修正されるまでの時間もかかるため，不具合をもつコンパイラに遭遇する確率が高い．コンパイラを直すことができなければ，ソースの記述を工夫しそのバグを避けるしかない．ただし，自分は絶対間違っていない，だからこれはコンパイラのバグだと信じていたものが単なる思い違いだったということもある．コンパイラのバグは可能性として頭に入れておくべきではあるが，まず間違っていると考えるべきなのは自分のコードである．

　さらに組込み系では，ハードウェアのバグという可能性も考慮すべきである．たとえば，読み取るべきデータがおかしかったり，逆に正しく出力されないといったことがある．これも，手順とか待ち時間とかといった仕様を守っていなかったなど，ハードウェアの間違った使い方が原因のこともあるが，回路のミスが原因の場合もある．筆者の経験では，目の前で起こっているおかしな現象が，あるビットとあるビットが入れ替わっていると考えるとうまく説明できると閃き，回路図を取り寄せて回路の配線をたどってみると，本当に該当の信号線が入れ違っていたことがあった．

6-2-2　アーキテクチャの違い

　C 言語は高級言語に分類される言語なので，建前上どのような環境でも同じコードは同じように動く．しかし，実際はなかなかそううまくいかない．CPU といったアーキテクチャが違うためである．int のビット幅もその一つである．たとえば，346×231 の計算結果を int 型の変数に格納する処理があったとしよう．int 幅が 32 ビットの PC だと，正しく $79926_{(10)}$（$13836_{(16)}$）という値が入る．しかし，それを 16 ビット幅のマイコンに移植すると，同じ計算でも $14390_{(10)}$（$3836_{(16)}$）となる．

⊘ アライメント

　構造体や共用体を使うときは，アライメントにも気をつけないといけない．アライメントとは，コンパイラが高速化のためメモリ内に勝手に無駄空間（パディング）

を入れるしくみである．たとえば，次のような構造体を作ったとしよう．

```
struct {
  int a;
  char b;
  int c;
  char d,e,f;
  double g;
} X;
```

普通に考えると，この構造体は**図 6-3** のような形でメモリに展開されるように思える（この例では int 型は 4 バイト，double 型は 8 バイトとしている）．a, c で 8 バイト，b, d, e, f で 4 バイト，g で 8 バイトだから，この構造体は 20 バイトのメモリを消費するはずである．

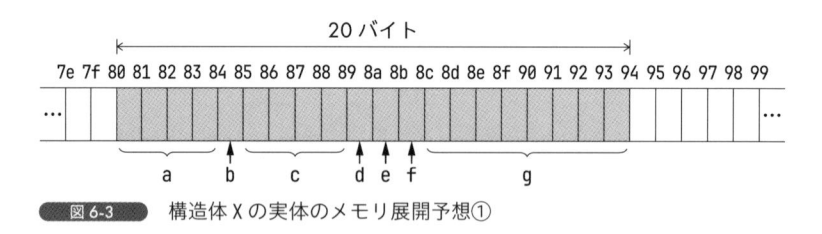

図 6-3 　 構造体 X の実体のメモリ展開予想①

　ところが，そうならないコンピュータがある．CPU によっては，2 や 4 の倍数から始まるアドレスに変数を格納していないと素直に扱えない．図 6-3 の c は $85_{(16)}$ から始まっており，2 や 4 の倍数ではない．そのため，そのような CPU 向けのコンパイラでは，自動的に**図 6-4** のように無駄空間を挿入し，c や g を 4 の倍数である $86_{(16)}$ や $90_{(16)}$ から納めたのである（e や f に関しては，char 型が 1 バイトを扱うという制約上，連続した形で格納される）．各変数を何の倍数のアドレスに格納するか，そもそも無駄空間を必要とするかは，アーキテクチャに依存する．高速化のためにメモリを直接操作するようなコードをクロス開発するときは，こういったアライメントにも気をつけないといけない．

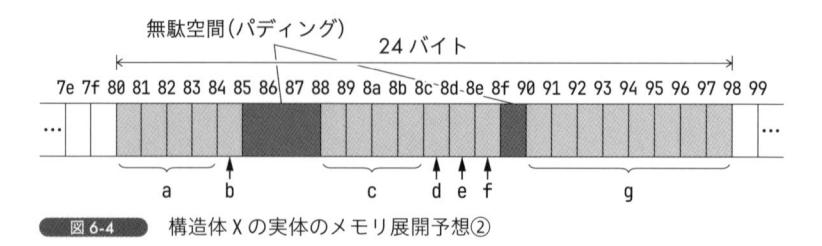

図 6-4 　 構造体 X の実体のメモリ展開予想②

⊘ エンディアン

エンディアンにも気をつけないといけない．たとえば，int 型の変数 a に $312457_{(10)}$（$4c489_{(16)}$）という数値が入っていたとする．int 型が 4 バイトなら，00-04-c4-89 という数値をメモリに入れる．われわれが普通に数字を表現するとき，大きい桁が前で小さい桁が後ろなので，それに準じて**図 6-5**(a)のように入ると思ってしまう．しかし，一部のコンピュータでは図(b)のように小さい桁を先に格納する．図(a)のような格納形式をビッグエンディアン，図(b)のような格納形式をリトルエンディアンとよぶ．ビッグエンディアンかリトルエンディアンかも，CPU のアーキテクチャによる．どちらかというと，リトルエンディアンのアーキテクチャが多い．

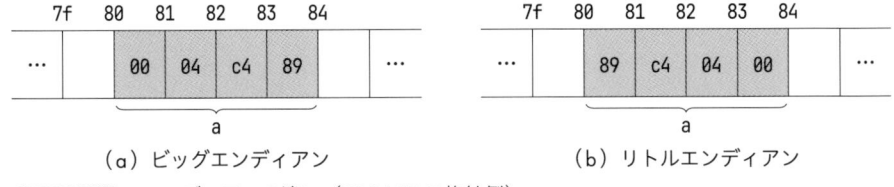

（a）ビッグエンディアン　　　　　　　（b）リトルエンディアン

図 6-5　　エンディアンの違い（312457 の格納例）

コード 6-1 は，エンディアンを確認するプログラムである．

コード 6-1　　エンディアンの確認コード

```
1:    int a=312457;
2:    unsigned char *p=(unsigned char *)(&a);
3:
4:    for (int i=0;i<sizeof(int);i++)
5:      printf("%02x-", p[i]);
6:    printf("\n");
```

1 行目で変数 a に値 $312457_{(10)}$ を入れ，2 行目でその格納アドレスを unsigned char 型のポインタとして得ている．5 行目の printf() 関数の %02x とは「必要なら頭に 0 をつけて 16 進法 2 桁で表示しろ」という指示である．筆者の環境でこれを動かすと 89-c4-04-00- と表示された．すなわちリトルエンディアンである．

6-2-3　計算機資源の違い

移植性とは，同じコードから異なるコンピュータ用の実行コードが作れることである．C 言語の利点の一つに高い移植性があり，クロス開発ではその利点を生かしている．しかし，組込みマイコンなどの少ない計算機資源で動かす C 言語のコードでは，移植性よりも効率を重視したコードを書かなければならないときがある．

通信関連では，何かの情報を 1 バイトずつに分けて送受信しなくてはならないと

きがある．16 ビットのデータを受信することを考えよう．話を単純にするため，上位データを受け取る関数を High()，下位データを受け取る関数を Low() とする．受信データを int 型の変数 d に格納するには，d=High()*0x100+Low(); もしくは d=(High()<<8)+Low(); などと書けばよい．しかし，具体的に**図 6-6** のように隣接されたメモリに書き込まれるのだから，わざわざ int 型の数値として演算する必要はなく，次のように「ここに置け」と書いてもかまわない．

```
*((unsigned char *)(&d)+1)=High();
*((unsigned char *)(&d)  )=Low();
```

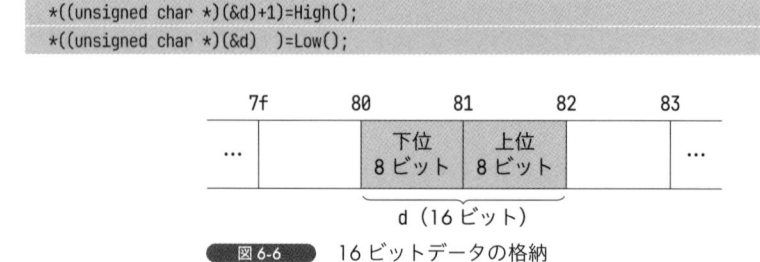

図 6-6 　16 ビットデータの格納

このコードは，int が 16 ビットのリトルエンディアンの環境でなければ動かない．ビッグエンディアンなら逆にしなければならないし，32 ビットや 64 ビットの int 型なら上位 2 バイト，もしくは 6 バイトをゼロにする処理も入れないといけない．

クロス開発の目的は，エンジンのアルゴリズムを開発することである．PC などの環境は十分速いので，計算機資源の節約は重要ではない．重要でないことに労力を割くのは無駄である．そこで，#ifdef を用いて

```
#ifdef EMBEDDED_ENV
  *((unsigned char *)(&d)+1)=High();
  *((unsigned char *)(&d)  )=Low();
#else
  d = High()*256+Low();
#endif
```

のように分ければ，アルゴリズムを開発する PC では標準的な書き方，少しでも効率的な書き方をしたい組込みマイコンでは変則的な書き方と，EMBEDDED_ENV の定義で切り替えることができる．

6-3　デバッグの手法1：プリントデバッグ

　デバッグは，ここまではうまく動いているといった確認を少しずつ積み上げていくしかない．そのためには，コンピュータ内部の状態を人の目に見えるよう変換しなければならない．PCプログラムで一番原始的かつ簡単な方法は，printf() などで何か出力してみることである．このような方法をプリントデバッグとよぶ．プリントデバッグで出力するものは変数の値でもよいが，次のように文字だけでもよい．

```
printf("A");
fflush(stdout);
```

実行中にAという文字が現れたのなら，プログラムは少なくともそこまで走っていることがわかる．各所にA, B, C, D, …と書いておいて，表示された文字列を追うとプログラムがどこまで走っているか，どういう順番で呼び出されているかなどを推定することができる．

　2行目に，fflush() という本書で初出の関数がある．実は，コンピュータにとって文字を画面に出すことは時間がかかる．Aという文字を出力せよといわれても，システムはそれをすぐには出力せず，適当なタイミングを見計らってから出す．たとえば，プログラムのあちこちに printf() を入れ，A, B, C, D, …と順に表示させるようにしたとしよう．もしCが表示されずにプログラムが強制終了したのなら，その原因は printf("C") を通過する前にあると予想してしまう．しかし実際は printf("C") 通過後，システムが画面出力を行うタイミングを探っていたときに強制終了したのかもしれない．fflush() は，時間がかかってもよいからいますぐに画面出力しろという命令で，このような推理ミスを防ぐことができる．

6-4　デバッグの手法2：統合開発環境の活用

6-4-1　統合開発環境を使うメリット

　プリントデバッグは，表示環境さえあれば使えるシンプルかつ汎用的なデバッグ方法である．しかし，いちいちコード内に printf() などの表示命令を入れ，再コンパイルしなければならない．お世辞にも使いやすいとはいえず，あくまで最終手段である．

可能なら，デバッガというデバッグを行うためのツールを使うのがよい．デバッガを使うことで，実行中のプログラムを任意のタイミングで一時停止させたり，その時点での変数の中身を確認したりできる．しかし，素のデバッガはプログラムを止める位置の指定や変数値の取得といった指示をコマンドラインで行うため操作が難しい．そのため，GUIで直観的に操作できるアプリケーションを使うのがよい．直観的な操作性を実現するため，そのアプリケーションにはデバッガそのもののほかにコード編集機能やコンパイラといった機能も組み込まれ，コード開発に関するすべての機能を備えたものになる（**図6-7**）．そのようなツールが，p.9のコラムで紹介したIDE（統合開発環境）である．

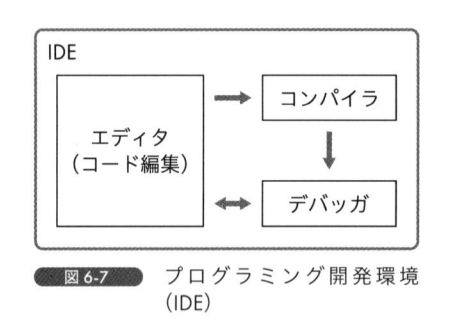

図6-7　プログラミング開発環境（IDE）

　IDEはエディタも兼ねているので，現在開発しているプログラムとはまったく関係ないファイルも開くことができる．初心者がよくやるミスに，まったく関係ないソースファイルをIDEで開き，編集，ビルド（コンパイル），実行してみるものの思った動きにならないと悩むものがある．本来のソースファイルを変えていないので，編集した内容が反映されないのは当たり前である．おかしいと思ったら，ソースファイルに"aaa"などとわざとエラーが出るフレーズを入れてみるとよい．それでコンパイルしてエラーが出なければ，間違ったソースファイルを編集している．

6-4-2　統合開発環境によるデバッグ

　IDEとよばれるアプリケーションはいくつもある．組込み分野ではそのマイコン用のIDEを各メーカが提供していることが多い．本書では何か特定のIDEに絞った話はせず，一般的な話をする．IDEの基本機能として，「コンパイル」と「実行」がある．IDEによっては，この二つがあわさり「ソースが書き換わっていなければそのまま，書き換わっていればコンパイルしてから実行」という機能になっているかもしれない．また，同じ実行でも「そのまま実行」と「デバッグモードで実行」

の2種類に分かれているものもある．デバッグモードでの実行コードは，多少肥大化し，そのぶん実行速度が落ちるが，デバッグに関するさまざまな情報を記録保持する．最終成果物を作るとき以外は，デバッグモードで動かすことを勧める．

たいていの IDE は，ソース編集画面で適当にクリックすると**図 6-8** 左のように左端に丸をつけることができる．この丸はブレイクポイントとよばれるもので，「プログラムを実行してこの行に来たら一時停止しろ」という意味である．図右では丸に矢印が重なっている．そこでいま停止しているということを示している．停止した状態でマウスカーソルをソース中の変数に近づけると，その時点で格納されている値が表示される．

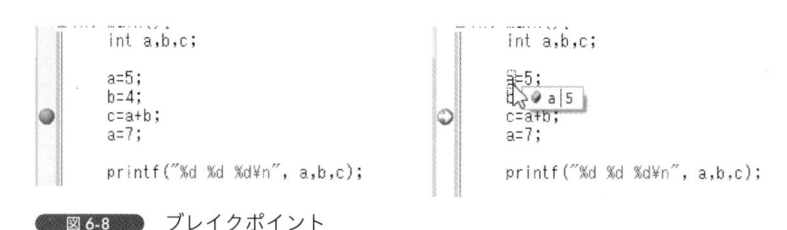

図 6-8　ブレイクポイント

ほとんどの IDE には，**図 6-9** のようなボタンがある．(a)は「続行」の操作である．このボタンを押すと，ブレイクポイントなどで停止していたプログラムが動き出す．(b)は「中断」で，プログラムを強制終了するものである．(c)は「一時停止」である．プログラムが走っているときにこのボタンを押すと，その瞬間に実行されていた行にブレイクポイントがあったかのように停止する．これらの三つは音楽プレイヤをモチーフにしているのだろう，どの IDE でも似たデザインになっている．

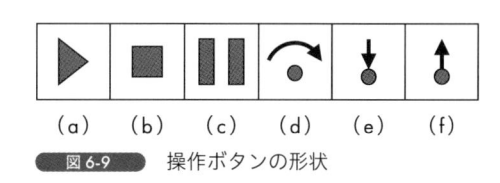

(a)　(b)　(c)　(d)　(e)　(f)

図 6-9　操作ボタンの形状

一方，(d)〜(f)のボタンは IDE によってデザインが異なる．これらは，プログラムが一時停止ボタンなりブレイクポイントなりで一時停止しているときに有効なボタンである．三者とも，ボタンを押すとコマ送りのように命令を一つ（1行）進めるが，進み方に違いがある．(d)はいま止まっている行が実行されて次の行で止まるステップオーバ，(e)は関数に入るステップイン，そして(f)はいまの関数から抜け出して呼び出し元に戻るステップアウトとよばれる動きをする．

たとえば，コード 6-2 の 8 行目にブレイクポイントを張ってプログラムを止めたとしよう．

<コード 6-2> ステップデバッグの例

```
 1:  #include <stdio.h>
 2:
 3:  int func1(int a){
 4:      return a*3;
 5:  }
 6:
 7:  int func2(int a){
 8:      int ret=func1(a);
 9:      ret += 7;
10:      return ret;
11:  }
12:
13:  int main(int argc, char *argv[]){
14:      int n=func2(13);
15:      printf("%d\n", n);
16:
17:      return 0;
18:  }
```

そのとき各ボタンを押すと，次のような動きをする．

- ステップオーバのボタン(d)を押すと，func1() は瞬時に実行され 9 行目で止まる．
- ステップインのボタン(e)を押すと，func1() に入って 3 行目か 4 行目で止まる．ただし，9 行目のように関数がないときや，15 行目のようにライブラリが提供している関数で押されたときは，ステップオーバと同じ動きをする．
- ステップアウトのボタン(f)を押すと，func2() の残り 9，10 行目は瞬時に実行され，15 行目で止まる．

これら三つのボタンをうまく使えば，プログラムの動きを 1 ステップずつ観察することができるので，意図した動きをしているか確認できる．これをステップバッグという．IDE（デバッガ）には，ほかにデバッグ作業を助けるさまざまな機能がある．紙面の都合上紹介はしないが，ここで挙げた基本的操作を覚えたら，いろいろ調べて活用することを勧める．

6-5 デバッグの手法3：ファイル入出力の活用

6-5-1 外部機器とつながったプログラムで起こる問題

　ステップデバッグを使うとプログラムの実行と停止を自由に操れるため，時間を止めた超越者のような視点を得る．しかしその神通力は，コンピュータの中だけにしか通じない．プログラムが別のコンピュータや機器とつながっていると，うまくいかない．加速度センサを用いて特定の動作を検出するプログラムのアルゴリズムを開発する場合で説明してみよう．こういったプログラムは，だいたい**図6-10**のようなタイミング処理を含んだ無限ループの構成になり，一定間隔でセンサ値の取得，処理，結果の出力をくり返す．

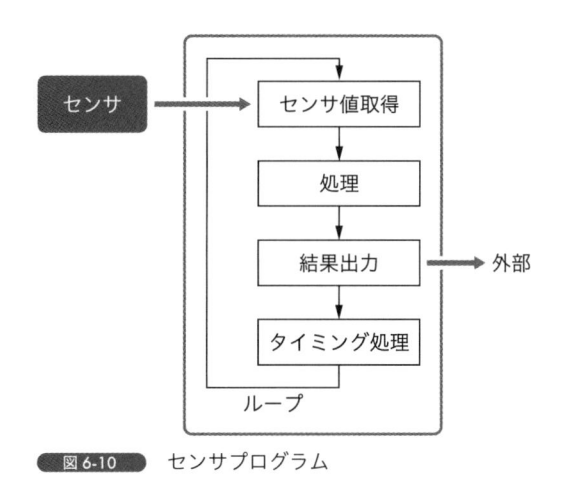

図6-10　センサプログラム

　得られるセンサデータは，**図6-11**のような離散的な値となる．ここで，もし図中(A)の時点でプログラムを止めたとする．しかし，プログラムを停止させている間も現実の時間は進む．そのため，プログラムを再開し次の「センサ値取得」で得られるデータは，(B)でなく(C)のように時間が離れたときの値となる．センサ情報の連続性が失われてしまったので，その後アルゴリズムが正しいかどうか議論するすべはなくなる．

　また，図6-10の形のままだとアルゴリズムも開発しにくい．コードを修正してうまく検出できるようになったとしても，それが修正による効果なのか，たまたまいまやった動作のセンサデータがよかったのか，はっきりしないためである．こう

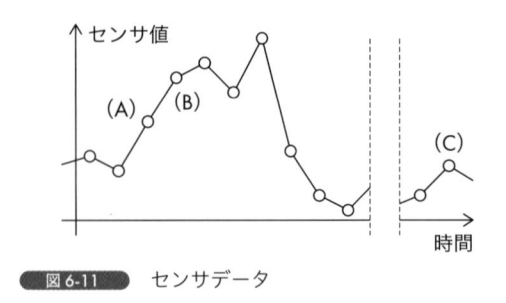

図 6-11　センサデータ

いった場合によくとられる手段は，**図 6-12** のように，取得したセンサデータをいったんファイルに保存し，プログラム開発時はそのファイルを読み込んで，あたかもいまそのデータが取得されたかのように扱うことである．さらにこの方法は，何回も何人もの動作データを使って統計的にアルゴリズムを評価できる利点もある．評価時間が短くなるのもよい．たとえば，センサ取得間隔が 50 ミリ秒だったとする．図 6-10 の構成だと，1200 サンプルのデータを処理するのに 1 分もかかる．そのほとんどの時間は，「タイミング処理」での待ち時間である．データをファイルから読み取れば，ループ内にタイミング処理を入れる必要はなく，ほぼ一瞬で 1200 サンプル分を処理した結果を知ることができる．

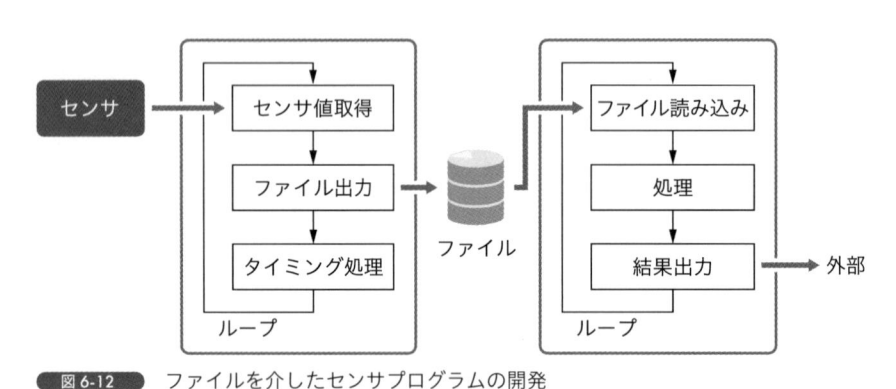

図 6-12　ファイルを介したセンサプログラムの開発

6-5-2　リダイレクト：単一ファイルの入出力

図 6-12 のような開発を行うには，データをファイルに書き出したり逆にファイルからデータを読み取ったりしなくてはならない．まずは，一番簡単なやり方としてリダイレクトを紹介する．リダイレクトは，呼び出し方を変えてファイルを使えるようにするテクニックである．仮に実行ファイルが a.exe だったとする．これに対しコマンドプロンプトで "a.exe > out.txt" と「『>という文字』＋『出力した

いファイル名』」というパラメータを加えれば，いままで printf() で画面に出ていた文字がそのままファイルに出力される．コード 6-3 は，図 6-12 の左側を実現するコード例である．GetSensor() はセンサデータを得る関数，Sleep() は適当な時間待つ関数と想定している．

コード 6-3 出力プログラムサンプル

```
1:    for (int i=0;i<1000;i++){
2:      GetSensor(d);
3:      printf("%d %d %d\n", d[0], d[1], d[2]);
4:      Sleep(50);
5:    }
```

このプログラムは

```
3425 2648 -5324
3315 2853 -4937
3209 2914 -4524
3091 2973 -4364
```

などのように，1回のセンサ取得で得られたデータを1行に連ねた出力をする．> なしに a.exe 単体で実行するとこれが画面に出るが，> out.txt をつけると画面には何も表示されず，そういった内容の out.txt が作られる．

　図 6-12 の右側のプログラムは，out.txt を読み取らなくてはならない．この処理は，fgets() と sscanf() を組み合わせて作るのが簡単である．コード 6-4 にその例を示す．

コード 6-4 入力プログラムサンプル

```
1:    char buf[256];
2:
3:    while (fgets(buf, sizeof(buf), stdin)){
4:      if (sscanf(buf, "%d %d %d", &a, &b, &c)==3)
5:        printf("%d %d\n", i++, Analize(a, b, c));
6:    }
```

　3 行目で使われている fgets() は，ファイルから1行を読み取る関数である．第1引数には，読み取った情報を格納するアドレスを指定する．ここでは，1 行目で作った配列 buf にしている．第2引数は第1引数で確保されたメモリの大きさであり，ここでは配列 buf の大きさ sizeof(buf) にしている．第3引数の stdin の解説は，次項に譲る．fgets() は，行を読み取ると真を返す．このように while 文の条件とすれば，ファイルを読み終わらないかぎりループは続くので，ファイルが何行なの

か気にしなくても済む.

　fgets() で取り込まれた情報は, "3425␣2648␣-5324" といった空白 (␣) を含んだ文字列である. それを 3425, 2648, −5324 という三つの数値だと認識し, int 型変数に格納しているのが 4 行目の sscanf() である. sscanf() は第 1 引数の文字列を第 2 引数で指示された書式に基づいて解析し, それらを第 3 引数以降に示されたアドレスに格納する. このコードでの第 1 引数 buf には, 三つの空白で区切られた数値が書かれた文字列が入っている. 第 2 引数の書式指定は, printf() のそれとほぼ同じである. 第 3 引数以降は, 取得した数値を入れる変数のアドレスである. コード 3-7 を思い出してほしい. 関数に変数の値を変えてもらうためには,「ここを変えてくれ」とアドレスを指定しなければならない. ここもそれと同じで, 変数名の前に & をつけている. sscanf() の戻り値は, 取得できた数値の数である. このコードでは a, b, c に格納する三つの数値を取得しようとしていることから, 問題なく読み取れたら 3 が戻り値となる. そこで 4 行目の if 文では戻り値が 3 かどうかを確認し, 三つの値がとれたときのみ 5 行目を実行している. 5 行目で呼び出す関数 Analize() は, 図 6-2 でのエンジン部を想定している. 組込みプログラムでは, 5-3-1 項で述べた計算コストの関係でグローバル変数を使って情報を授受するのが一般的である. Analize() の先で, 引数をグローバル変数に代入してから組込みプログラムに移植する関数を呼び, そこで書き換えられたグローバル変数を戻り値にしていると想像してほしい.

　コード 6-3 では, リダイレクト > によって出力先を画面からファイルに変えていた. コード 6-4 も, リダイレクトがないとキーボードからデータを読み取ろうとする (Ctrl-Z もしくは Ctrl-D を打つと, fgets() が偽を返して while ループを抜ける). 入力先をファイルに変更するには, 逆の向きのリダイレクト記号 < をつけて "b.exe < out.txt" などと打つ. さらに, もし printf() の出力先をディスプレイ画面からファイルにしたければ, 次のようにリダイレクト記号 < と > を同時に使う (最初の > はプロンプトである).

コマンド

```
> c.exe < in.txt > out.txt
```

6-5-3　ファイルポインタ：複数ファイルの入出力

　リダイレクトは非常に簡単に使える便利な機能であるが, 入出力それぞれ一つのファイルしか扱えない. まず設定ファイルを読み, そこに書かれた名前のデータファ

イルを読むなど，複数のファイルを扱う処理はできない．そういうときは，ファイルポインタを使うしかない．コード 6-5 に，ファイルポインタを使ったコードの例を示す．

コード 6-5 ファイルポインタの例

```
 1:    FILE *fp=fopen("data.txt", "r");
 2:    if (fp){
 3:      char buf[256];
 4:
 5:      while (fgets(buf, sizeof(buf), fp)){
 6:        if (sscanf(buf, "%d %d %d", &a, &b, &c)==3)
 7:          printf("%d %d\n", i++, Analize(a, b, c));
 8:      }
 9:      fclose(fp);
10:    }
```

　このコードの 3 行目から 8 行目とコード 6-4 との違いは，5 行目の `fgets()` の第 3 引数のみである．コード 6-4 では `stdin` と書かれた部分が，`fp` になっている．その `fp` は，1 行目で宣言と代入が行われている．`fopen()` の第 1 引数は，開こうとするファイル名である．そういった名前のファイルが存在しないなどの理由でファイルを開くことができなかったら，NULL（要は零：偽）が返る．2 行目の `if` 文は，ファイルが正常に開けたかどうか確認するためのものである．また，9 行目の `fclose()` は `fopen()` と対をなし，開いたファイルを閉じる命令である．このコードでは 1 個のファイルしか開いていないが，10 行目以降に

```
fp=fopen("file.txt", "r");
```

といった行を追加すれば，引き続き 2 個目，3 個目のファイルを開くことができる．さらに `fp1`，`fp2` など複数のファイルポインタを使えば，同時に複数のファイルを開くこともできる．

　さて，前項で中断した `stdin` の話をしよう．`stdin` は，システムがあらかじめ用意していた特殊なファイルポインタである．試しに，コード 6-5 の 1 行目を次のように書き換えてほしい．

```
FILE *fp=stdin;
```

すると，コード 6-4 と同じ動きになるはずである．`stdin` は原則としてキーボードから，もしリダイレクトされていればファイルから情報を読み取る．逆に，原則と

してディスプレイ画面に，もしリダイレクトされていればファイルに情報を書き出す stdout という特殊なファイルポインタもある．printf() は何もしなくても stdout に出力していたが，fprintf() を使って陽に stdout を指定してもよい．コード 6-3 の 3 行目だったら，次のように書くのである．

```
fprintf(stdout, "%d %d %d\n", d[0], d[1], d[2]);
```

このように，fprintf() の第 1 引数はファイルポインタである．もちろん，ここに普通のファイルポインタを指定することもできる．出力用のファイルポインタは，次のように第 2 引数を "w" にして作る．

```
fp=fopen("in.txt", "w");
```

6-5-4　バイナリファイルによる入出力

　fprintf() で作るファイル，fgets() と sscanf() の組み合わせで読み込むファイルは，文字によって構成される．このような形のデータをテキスト形式とよぶ．テキスト形式のデータは，テキストエディタを用いて手動でデータを作ったり，結果を目視することができる．また，さまざまなツールがテキスト形式に対応しているため，それらのツールと連携することもたやすい．しかし，テキスト形式には二つの欠点がある．

✓ ①データ量が大きくなる

　日本語を無視すると，テキスト形式は 1 文字 1 バイトである．たとえば，二つの int 型の数値 1 組をテキスト形式で次のように 1 行で保存したとしよう．

```
123456789 76543210
```

int 型が 4 バイトだとして，元データはその二つぶんの 8 バイトに収まっているのに対し，この行を記録するためには改行も含め 19〜20 バイトが必要である．数万組のデータを記録しようとすると，ファイルは大きくなり，そのぶん読み書きに時間がかかる．

✓ ②実数値を正確に記録できない

　コード 6-6 を例に説明する．

```
 1:    double f=0;
 2:    for (int i=0;i<10;i++)
 3:      f+= 0.1;
 4:
 5:  #ifdef VIA_FILE
 6:    FILE *fp=fopen(FILE_PATH, "w");
 7:    fprintf(fp, "%lf\n", f);
 8:    fclose(fp);
 9:
10:    fp=fopen(FILE_PATH, "r");
11:    fgets(buf, sizeof(buf), fp);
12:    sscanf(buf, "%lf", &f);
13:    fclose(fp);
14:  #endif
15:    if (f==1.0)
16:      printf("equal\n");
17:    else
18:      printf("not equal\n");
```

　このコードでは 1〜3 行目でデータを作り，15〜18 行目でそれを利用している．もし VIA_FILE が宣言されていなければ，6〜13 行目は実行されず，3 行目で計算した値がそのまま 15 行目に渡る．その場合，コード 4-5 と同じ現象が起こり，if 文は成立せず "not equal" が表示される．一方，VIA_FILE を宣言しておけば 6〜13 行目が実行される．6〜8 行目で変数 f の値をファイルに保存し，10〜13 行目でそれを再度 f に取り込む．ファイルに記録されるデータは，次のようなテキストデータである．

```
1.000000
```

この値は厳密に 1 であるため，15 行目の if 文は成立し "equal" と表示される．つまり，ファイルに保存したか否かで動きが変わってしまうのである．

　これらの問題は，文字を介さずコンピュータが内部保有していたメモリイメージをそのまま保存し読み込めば解決する．こういった形のデータを，バイナリ形式という．コード 6-7 に，コード 6-6 の 6〜13 行目部分をバイナリ形式で読み書きするよう書き換えた例を示す．

```
1:    FILE *fp=fopen(FILE_PATH, "wb");
2:    fwrite(&f, sizeof(double), 1, fp);
3:    fclose(fp);
4:
5:    fp=fopen(FILE_PATH, "rb");
6:    fread(&f, sizeof(double), 1, fp);
7:    fclose(fp);
```

　1行目および5行目の fopen() の第2引数に，バイナリ（binary）を意味する b という文字が追加されている．また，fprintf() や fgets() の代わりに，書き込みは fwrite()，読み込みは fread() が使われている．これらの関数の第1引数は，値が格納されている，もしくは格納しようとする変数のアドレスである．第2引数は，その変数一つのメモリサイズである．変数 f は double 型なので，double 型のメモリサイズという意味の sizeof(double) にしている．第3引数は，変数の数である．このコードは f 単体を記録するので1にしているが，もし配列を記録したいのならここで配列の大きさを指定する．そして，第4引数はファイルポインタである．

　バイナリ形式のセーブロードは，きちんと作ればセーブした時点のメモリイメージをそっくりそのまま復元できるし，ファイルのサイズも小さくなる．さらに，文字列への変換や解析といった処理がなくなるぶん速い．人間が読みにくいという欠点さえ目をつぶれば，理想的な形式である．ただし，変数をどのような形でメモリに格納するかは，エンディアンや変数のサイズといった動作システムのアーキテクチャに依存する．そのため，異なるアーキテクチャのコンピュータとデータをやりとりするときは注意しなければならない．

より実践的なデバッグのために

6-6-1　バッチファイルでまとめて処理する

　図 6-12 のような運用の開発をすると，さまざまな条件でとったたくさんのデータが手に入る．何かアルゴリズムを改良したときに，それが各データにどう影響するか一括で評価したくなる．このデータファイルは下手にまとめず，一つのファイルには一つの条件のデータを入れておき，それを一つずつ順に読み込んで検証するほうが融通が利く．この検証工程すべてを C 言語でプログラムとして作るのは大変だし，その必要もない．C 言語で書くべき部分はあくまでコード 6-4 レベルに抑

え，次のように一つのファイルのみ扱うようにしておくほうがよい．

コマンド
```
> sensing.exe < d001.txt > out001.txt
```

複数のファイルを一括して検証したければ，次のようなファイル（バッチファイル）を作る．

```
sensing.exe < d001.txt > out001.txt
sensing.exe < d002.txt > out002.txt
sensing.exe < d003.txt > out003.txt
...
```

拡張子は Windows 系なら bat，Unix 系なら慣習的に sh にする．そして，Windows 系ならたとえば simulation.bat というファイル名にして

コマンド
```
> simulation.bat
```

と，Unix 系なら simulation.sh というファイル名にして

コマンド
```
$ sh simulation.sh
```

と呼び出せば，一括操作が行われる．

✓ パラメータをコマンド引数で指定する

入力ファイルは必ずしもリダイレクトで指定しなければならないわけではなく，コマンド引数で指定することもできる．さらに，

コマンド
```
> sensing.exe d001.txt 245 362 11.7
```

などと，チューニングしなければならないパラメータも指定できるようにすると小回りが利く．コマンド引数の情報は，main() 関数の引数で得ることができる．コード 6-8 に，その例を示す．

コード 6-8 呼び出し時にパラメータを得る方法
```
1:   int main(int argc, char *argv[]){
2:     FILE *fp_in, *fp_out;
3:     int a, b;
4:     double f;
5:     char buf[256];
```

```
 6:
 7:    fp_in=fp_out=NULL;
 8:
 9:    if (argc==1){
10:      fp_in=stdin;
11:      fp_out=stdout;
12:      a=b=3;
13:      f=1.0;
14:    } else if (argc==5){
15:      fp_in = fopen(argv[1], "r");
16:
17:      strcpy(buf, argv[1]);
18:      strcat(buf, ".out");
19:      fp_out = fopen(buf, "w");
20:
21:      a = atoi(argv[2]);
22:      b = atoi(argv[3]);
23:      f = atof(argv[4]);
24:    }
25:    if (!fp_in || !fp_out){
26:      fprintf(stderr, "Error\n");
27:      return 1;
28:    }
29:    // main routine
```

　本書ではここまで main() の引数は void にしていたが，1 行目のように "int argc, char *argv[]" とすることもできる．argc や argv は単なる変数名であり，x でも y でもかまわない．しかし伝統的にこれら 4 文字が使われているので，ここでもそれを踏襲する．argc は引数の数，argv[] は引数の文字列が入っている．先ほどの例の "d001.txt 245 362 11.7" という引数では，argc は 5 となり，argv[1]〜argv[4] には "d001.txt"，"245"，"362"，"11.7" という文字列が入る．引数は四つしかないのに argc はなぜ 5 なのか，argv[0] はどうしたのかと思うかもしれない．argv[0] には実行ファイル名（先の例なら sensing.exe）が入っており，それも含めた数が argc に入っているのである．

　引数をつけずに呼び出すと，argc は 1 が入る．そのため 10〜13 行目が実行されデフォルト値が使われる．引数を四つつけて呼び出したときは，15〜23 行目が実行される．第 1 引数は入力ファイル名にしているので，15 行目でそれを開いている．17〜18 行目は，3-5-4 項の標準文字列操作関数（string.h）を用いて入力ファイル名に対応した出力ファイル名を作っている．ここでは単純に入力ファイル名の最後に .out という文字をつけたファイル名にしているが，工夫次第でどのようにもなる．

19行目では，作った名前のファイルを作成している．

15行目や19行目の fopen() は，失敗したら 0（NULL）を返す．そのため，25行目では両者とも成功しているかどうか確認し，片方でも失敗していたらその旨を表示し（26行目），プログラムを終了している（27行目）．ここのファイルポインタは，stderr になっている．stderr は stdout と異なりリダイレクトの有無にかかわらず出力先を画面にするもので，こういったエラー表示用途に向いている．二つの fopen() が成功した場合，ここでは書いていない29行目以降のメイン処理に進む．

ところで，本書ではここまでプログラムの終了時は return 0 としていた．しかし，27行目は return 1 にしている．main() の戻り値はいくつにしてもプログラム単体の実行には影響を与えない．しかし，その値を呼び出す側(batファイルやshファイル）で取得することができる．本コードのように，エラー終了時は 0 以外が戻るようにしておくと，呼び出し側でそれを検知し以後の動きを変えるなどの処理を入れることができる．

6-6-2 グラフでデータを確認する

リダイレクト，もしくは fprintf() や fwrite() を使えば，プログラムの出力をファイルに保存することができる．その出力を単なる数字の羅列でなくグラフに表示して俯瞰的に見れば，より多くのことに気づく．何か出力したらすぐグラフで確認する習慣をつけてほしい．

グラフにして見るやり方はいろいろある．これから3種類の方法を紹介していくが，その前に表示するダミーデータを生み出すプログラムを作ることにする．コード6-9はそのためのコードで，5〜10行目でノイズ成分が含まれるセンサ信号だとみなしたデータ a を作り，そこから二つの方法でノイズを取り除き b, c に格納している．

コード6-9 例示用データ生成コード

```
 1:    double a,b,c;
 2:    double d[6]={0.};
 3:    b=0;
 4:    for (int i=0;i<150;i++){
 5:      if (i<105)
 6:        a= 50.*(1-cos((double)i*0.03));
 7:      else if (i<120)
 8:        a= i & 1 ? 100 : 0;
 9:      else
10:        a=0;
```

```
11:
12:        b = b * 0.8 + a * 0.2;
13:        d[i%6]=a;
14:        c = (d[0]+d[1]+d[2]+d[3]+d[4]+d[5])/6;
15:        printf("%d %lf %lf %lf\n", i, a, b, c);
16:    }
```

　このプログラムの出力を，リダイレクトなどで data.txt というファイルで保存したとしよう．data.txt には，15 行目によって次のような文字列が入っている．

```
0 0.000000 0.000000 0.000000
1 0.022498 0.004500 0.003750
2 0.089973 0.021594 0.018745
3 0.202363 0.057748 0.052472
...
```

これを**図 6-13** のようなグラフにしてみると，データの特徴が把握できる．横軸 105〜120 あたりで a が激しく動いている．コード 6-9 の 8 行目で付加したノイズの影響である．b や c を見ると，ノイズをきちんと抑えているとわかる．

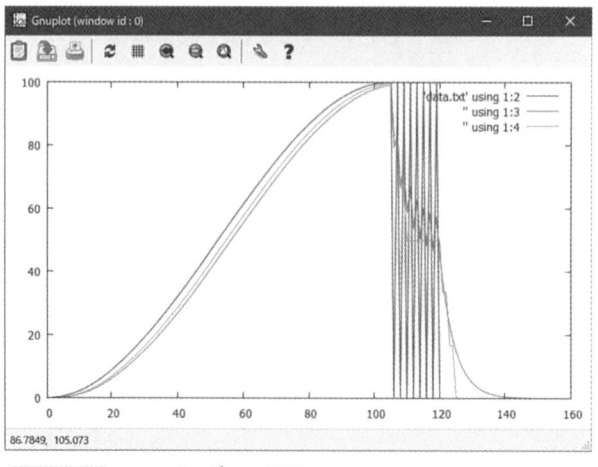

図 6-13　gnuplot グラフ画面

✓ gnuplot による表示

　図 6-13 は，gnuplot を使って描画したものである．gnuplot は歴史あるプログラムである．言い換えると，操作方法が古臭い．gnuplot を起動するといきなり図 6-13 のような画面が現れるのでなく，**図 6-14** のような操作画面が現れる（ここでは Windows 版の wgnuplot.exe を示している）．

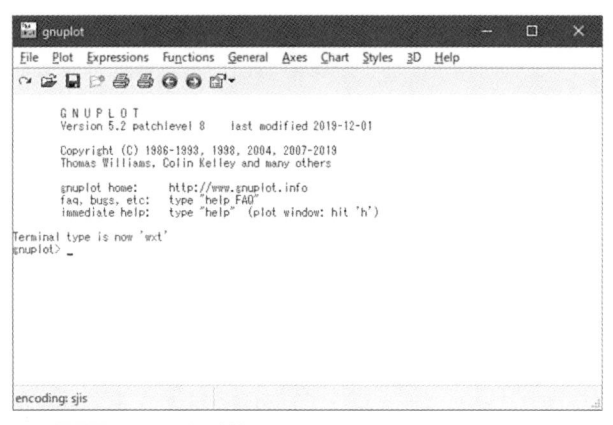

図6-14 gnuplot 制御画面

gnuplot はキーボードで操作を行う．コマンドプロンプトと同じく作業用ディレクトリという概念があるので，まずは data.txt があるディレクトリに cd コマンドを使って移動しなければならない．キーボードで cd コマンドを打ち込んでもよいが，最近の gnuplot ではファイルエクスプローラなどでフォルダをドラッグし，図6-14 の画面にドロップしてもよい．グラフを描画するには，続いて次のように打つ．

コマンド
```
plot 'data.txt' using 1:2 w l, '' using 1:3 w l, '' using 1:4 w l
```

この命令を行って初めて図6-13 のようなグラフが現れる．

この命令の書式は，次のとおりである．

plot 'ファイル名' [オプション], 'ファイル名' [オプション]

"'ファイル名'[オプション]"は何個でもカンマで書き連ねることができ，その数だけデータが表示される．今回の例では3個のデータを表示しているが，すべて同じファイルである．そのため二つめと三つめはファイル名を省略することができ，'' で「前と同じ」と指示している．ファイル名に続く "using 1:2" は，「1番目の数値を横軸に，2番目の数値を縦軸に」という意味である．コード 6-9 の 15 行目より，1番目の数値はカウンタ変数 i，2番目の数値は変数 a に対応しているため，このように書くと横軸が i，縦軸が a のグラフが描かれる．同様に二つめの線は横軸が i，縦軸が b，三つめの線は横軸が i，縦軸が c となる．最後の "w l" は "with line"（線で結べ）の略記で，図6-13 のようにデータの間に線が引かれる．

ℓ以外にはp，d，ℓpなどもある．

✓ Excelによる表示

　Excelは，事務作業を行うほとんどのPCにインストールされている．そのため，グラフを見るためだけにアプリケーションをインストールする必要がない．Excelで先述のdata.txtを取り込むには，ファイルメニューから「開く」を選びdata.txtを指定する．バージョンによって細かい違いはあるかもしれないが，筆者がいま使っているバージョンだと「テキストファイルウィザード」というダイアログが現れる．形式は「カンマやタブなどの区切り文字によってフィールドごとに区切られたデータ」，区切り文字は「スペース」を選んで進めるとよい．あとは表示したいデータを選択し「挿入」タブのグラフから「散布図」を選ぶと，gnuplotと似たようなグラフを得ることができる（**図6-15**）．

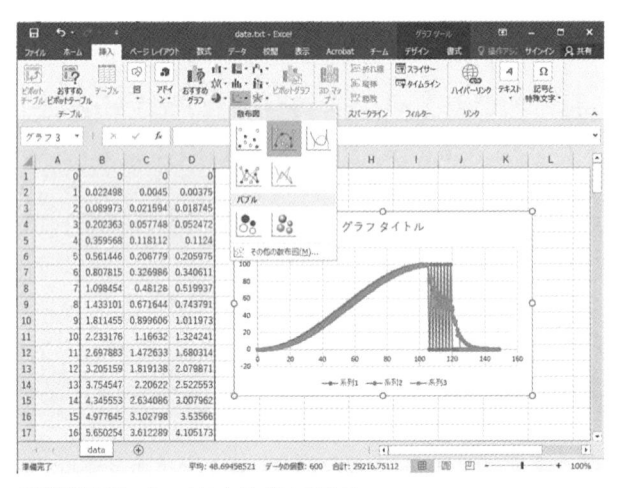

図6-15　　Excelによるグラフ表示

✓ Matplotlibによる表示

　Matplotlibは，Pythonのグラフ描画ライブラリである．近年のAIブームに伴いPython言語が躍進している．学生時代Pythonでプログラムを習ったので使い方を覚えているとか，目の前のPCに何か業務でPythonがインストールされているという読者も多いであろう．コード6-10のようなコードを作って実行すれば，今回したいことができる．

```
1:  import matplotlib.pyplot as plt
2:  import numpy as np
3:
4:  x, y1, y2, y3 = np.loadtxt("./data.txt", unpack=True)
5:
6:  plt.plot(x, y1, marker='+')
7:  plt.plot(x, y2, marker='+')
8:  plt.plot(x, y3, marker='+')
9:  plt.show()
```

図6-16が実行結果である．なお，Matplotlib は Python 標準のライブラリでない．そのため，コード6-10を動かすには Python に Matplotlib をインストールしておかなければならない（一般に "pip install matplotlib" と入力する）．

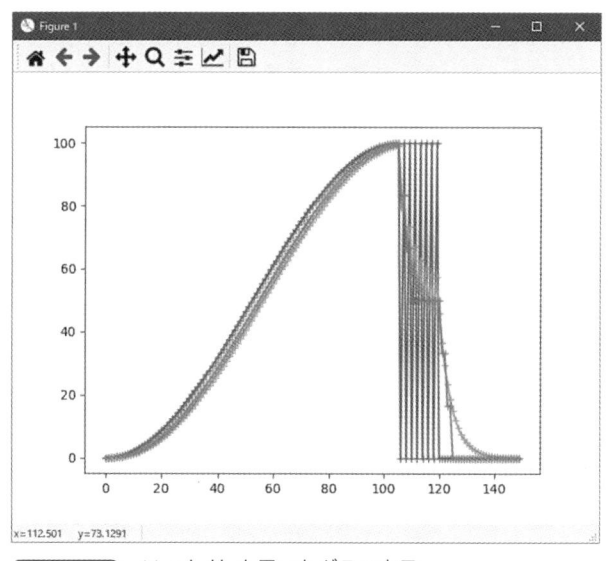

図6-16　Matplotlib を用いたグラフ表示

Column

デジタルフィルタ

コード6-9では，b，c というノイズを取り除く二つの手段を試みている．12 行目で計算している b を漸化式にしてみると，以下のような形になる．

$$out_0 = K * out_1 + (1 - K) * in_0$$

ここで in_0, out_1, out_0 はそれぞれ今回の入力値と前回算出した出力値，そして今回新しく算出する出力値である．また，K は 0 〜 1 の適当な定数であり，このコードでは 0.8 にしている．out_1 の初期値は以後の計算に影響を与えるもので，このコードでは 3 行目で 0 を入れている．

一方，15 行目の c は過去 N 回の入力（in_0 〜 in_{N-1}）の平均を求めている．これは移動平均とよぶ処理で，式にすると以下のようになる．

$$out = \frac{1}{N} \sum_{i=0}^{N-1} in_i$$

最初の N − 1 回は存在しない in_i を必要とするので，初期値として 2 行目で 0 にしている（このように書くと，すべてゼロを入れてくれる）．

このように，ソフトウェアでノイズを除去する手段をデジタルフィルタとよぶ．デジタルフィルタの世界は非常に奥が深く，それだけで 1 冊の本になるほどである．デジタルフィルタには，大きく IIR フィルタとよばれるものと FIR フィルタとよばれるものがある．それぞれを一番単純に実現してみせたのが，今回の b と c である．ただし，紙面の都合上原理的なコードなので，そのまま使うことはせず，ここで挙げた言葉をキーワードに調べてプログラムしてほしい．

6-7　実際のハードウェアで確認する

ここまで紹介したデバッグ方法は，PC 上で行うことが前提であった．PC は途中経過を画面に表示することもできるし，ファイルに出力してグラフにすることもできる．しかし，組込み機器では動作環境がマイコンである．マイコンでも，特殊な装置をつないでデバッグモードで動かしたり，適当な通信手段を使ってプリントデバッグできるときもある．しかし，手元にそういった機能を使う装置がないとか，もともと備わっていないとかいう事態もあるかもしれない．その場合，ほかの手段でなんとかしなければならない．その手段を二つ紹介する．

LED

一つめは，LED の明滅を使う方法である．マイコンを搭載する回路には，マイコンから制御可能な LED が一つは備わっているのが普通であり，それなりに現実的な方法である．一つのマイコンが制御できる LED が複数個あったら，その組み合わせでプログラムの状態を外部に出すことができる．仮に一つしかなくても，明滅パターンで示すことができる．**図 6-17** に簡単な例を示す．この話の続きは

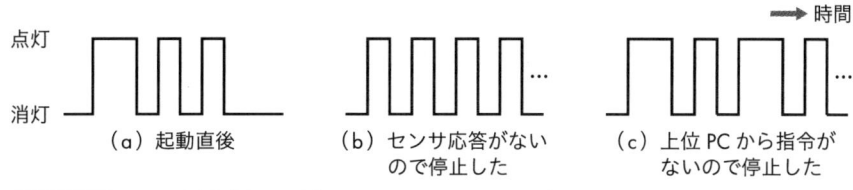

点灯

消灯

（a）起動直後

（b）センサ応答がない
ので停止した

（c）上位 PC から指令が
ないので停止した

➡ 時間

図 6-17 LED 点滅パターン例

8-1-2 項で行う．

✓ オシロスコープ

　より詳しく状況を知りたいときは，オシロスコープが便利である（より便利な機器にロジックアナライザとよばれるものがあるが，オシロスコープほど一般的でない）．誤解を恐れず言い切ると，オシロスコープは横軸を時間，縦軸を電圧にしたグラフを作る装置である．電気信号の動きはとても速い．捉えたい瞬間(イベント)を検出し，その刹那をグラフにするのである．イベントの指定は，「トリガ」という機能で行う．紙面の都合上これ以上深入りしないが，トリガをうまく操らないと何が起こったか十分に観察できないだろう．

　電圧は**図 6-18** のようなプローブを使って検出する．プローブの先端はフックになっており，ここに基板上で計測したい信号が流れているマイコン端子につなげる．一方，クリップ側は電圧の 0 V を示す基準で，基板のグランドにつなぐ．大抵のオシロスコープはグランドが共通なので，複数の信号を同時に計測するときはどれか一つのプローブのクリップだけグランドにつなげればよい．

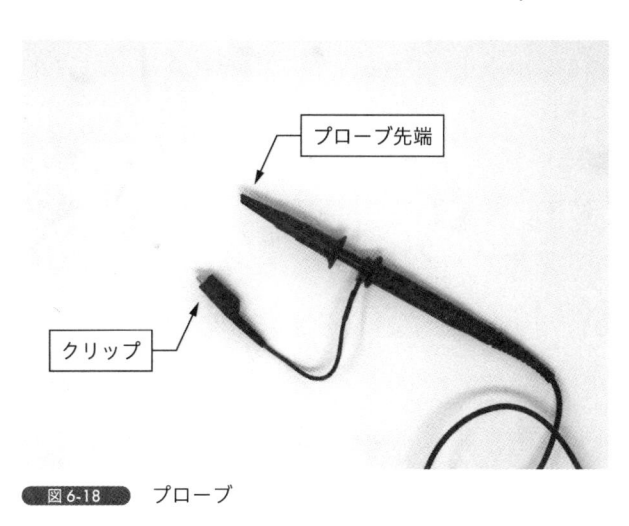

プローブ先端

クリップ

図 6-18 プローブ

LED は人が認識できる時間で明滅させる必要があるが，オシロスコープはそれがない．さらに，オシロスコープの横軸（時間軸）はかなり正確なので，どれだけ High または Low になったかも計測することができる．ある処理の前後にマイコンの端子を High または Low にする記述を追加して観測すれば，その処理にかかる時間を知ることができる．マイコンの動作周波数や，タイマ割込み間隔の確認にも使うことができる．これらの設定は値を間違えてもプログラムは一見動くが，設計と違う速度で動いているのであちこちほころびが出る．コード 6-11 は，想定どおりの動作周波数で動いているのか確認するプログラムの例である．

コード 6-11 High と Low を繰り返すコード

```
1:    for (;;){
2:        PORTAbits.RA0 = 1;
3:        _delay(20000);
4:        PORTAbits.RA0 = 0;
5:        _delay(20000);
6:    }
```

　このコードの PORTAbits.RA0 に 1 もしくは 0 を代入すると該当端子が High または Low になり，_delay() は「引数の値」×「動作周期の 4 倍」の時間待つとする．これは動作周波数 16 MHz の環境下で動かすと，該当ピンはほぼ $\dfrac{4}{16000000} \times 20000$ ＝ 5 ミリ秒で High と Low を繰り返すはずである．実際は，ループ文の処理や PORTAbits.RA0 への代入処理など，5 ミリ秒より若干時間がかかるが，目視の確認では無視してよい．**図 6-19** に，実際に端子の電圧を計測した様子を示す．この図の下のほうに M 1.00ms と書いてある．これは，横軸の一目盛が 1.00 ミリ秒という意味である．この図では 5 目盛間隔で High と Low が繰り返されており，きちんと 16 MHz で動いていることが確認できる．

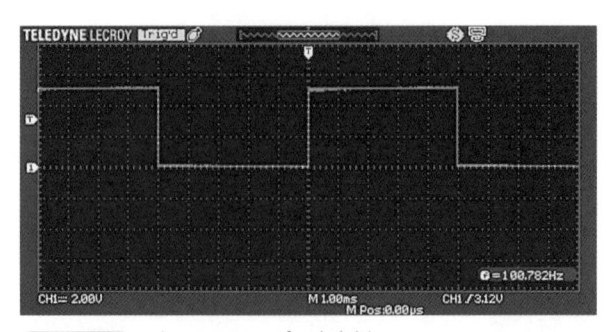

図 6-19 オシロスコープの出力例

Chapter 7

通信

組込み機器のコンピュータは，周りの回路や別のコンピュータと協調して動くものが多い．そのため，ほかの機器やコンピュータと情報をやりとりする必要がある．通信である．通信は，必ずしも期待したとおりの情報が相手に伝わるとは限らない．そのため正しく伝わらない，伝わってこない可能性を考慮し保険を入れておく必要がある．ここでは，そういった通信に関わる話を扱う．

7-1 ファイルを介した過去や未来との通信

7-1-1 テキストファイルを使った通信

画面の大きさやセンサ取得間隔，ポート番号やユーザ情報などの各種情報をGUIなどで設定する機能をプログラムに組み込むとしよう．次回起動時に再度それらの情報を設定しなくても済むよう，設定した内容を記憶し，次回はそこから情報を読み取りたい．これは，プログラムが時間を隔てて一方通行の通信をしていると考えてもよいだろう．このように時間を隔てて通信する唯一の手段は，ファイルを介することである．コード7-1に，その例を示す．

コード7-1 設定ファイルの読み書き

```
 1:  #include <stdio.h>
 2:  #include <string.h>
 3:
 4:  #define VER 1
 5:  #define PATH "config.txt"
 6:
 7:  int port = 4;
 8:  int period = 15;
 9:
10:  int LoadConfig(const char *path){
11:    FILE *fp = fopen(path, "r");
12:    if (!fp)
13:      return 1;
14:
```

```
15:    char buf[255], *p;
16:    buf[254]=0;
17:    int tmp;
18:    while (fgets(buf, sizeof(buf)-1, fp)){
19:      p=buf;
20:      while (*p==' ' || *p=='\t')
21:        p++;
22:      if (*p=='#' || *p=='\n' || *p=='\r')
23:        continue;
24:      if (!strncmp(p, "VER", 3)){
25:        if (sscanf(p+3, "%d", &tmp)==1 && tmp != VER){
26:          return -1;
27:        }
28:      } else if (!strncmp(p, "PORT", 4)){
29:        if (sscanf(p+4, "%d", &tmp)==1)
30:          port=tmp;
31:      } else if (!strncmp(p, "PERIOD", 6)){
32:        if (sscanf(p+6, "%d", &tmp)==1)
33:          period=tmp;
34:      } else {
35:        return -2;
36:      }
37:    }
38:    fclose(fp);
39:    return 0;
40:  }
41:
42:  int SaveConfig(const char *path){
43:    FILE *fp = fopen(path, "w");
44:    if (!fp)
45:      return 1;
46:    fprintf(fp, "VER %d\n", VER);
47:    fprintf(fp, "PORT %d\n", port);
48:    fprintf(fp, "PERIOD %d\n", period);
49:    fclose(fp);
50:    return 0;
51:  }
52:
53:  int main(void){
54:    if (LoadConfig(PATH) < 0)
55:      return 1;
56:    // main routine
57:    SaveConfig(PATH);
58:    return 0;
59:  }
```

このコードの 7, 8 行目のグローバル変数 port や period が設定データである.

プログラム自体は main()，すなわち 53 行目から始まる．54 行目で設定ファイルを読み込む．この戻り値が負なら不正な設定ファイルだと判断し，55 行目で中断している．56 行目の // main routine と書いた部分で，このプログラム本来の処理をする．「設定」メニューから port や period の値を変えるような処理も，ここに含まれる．その処理を終えた 57 行目で設定ファイルに書き戻し，プログラムを終了する．

42〜51 行目の SaveConfig() は，5 行目で定義した config.txt というファイル名で，設定を書き込む処理である．10〜40 行目の LoadConfig() は，逆にそれを読み込む処理である．11 行目で設定ファイルを開こうとし，それに失敗すると 13 行目で正の値 1 を返している．この戻り値を確認する 54 行目は負なら分岐という条件なので，55 行目に入ることなく 7，8 行目で設定したデフォルト値を用いて main routine を実行する．

11 行目で無事ファイルを開くと，15 行目以降に進む．18 行目で 1 行読み取り，19〜21 行目で先頭の空白文字を読み飛ばし，さらに 22，23 行目で読み飛ばした次の文字が改行もしくは # なら読み飛ばす（# から始まる行はコメントとして扱うためである）．24，28，31 行目の if 文内の strncmp() は標準文字列操作関数の一つで，第 1，第 2 引数で指定した文字列の先頭が第 3 引数で指定した文字数だけ一致していたら零を返す．たとえば，設定ファイルの "␣␣␣PORT ␣␣ 12" という行を読み込んだとしよう．24 行目に進んだ時点で p は "PORT ␣␣ 12" を示しているので，28 行目の strncmp() は先頭 4 文字が一致しているため零となり if 文に入る．さらに 29，30 行目で変数 port に数値 12 を入れる．

ここの処理には p とか *p とか，p+4 とかのポインタを使っており，慣れていないと少し読みにくいかもしれない．理解を助けるため，"␣␣␣PORT ␣␣ 12" を読み込んだときの 22 行目時点での配列 buf の状態を 図7-1 に示す．図のように，配列 buf の中には読み込んだ 1 行まるまるの文字コードが入っている．11 番目と 12 番目の "\r" や "\n" は改行コードである．図 7-1 では改行を "\r\n" としているが，歴史的な理由で "\r" のみ，もしくは "\n" のみとなっているファイルもある．そ

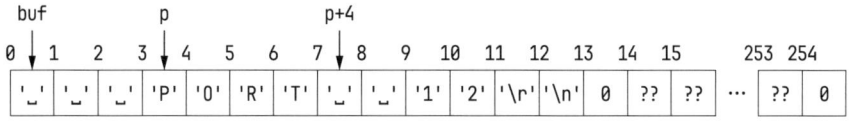

図7-1 18 行目時点での buf の状態

して，13 番目は文字列の終わりを示す 0 であり，14〜253 番目の内容は不明である．しかし，16 行目により 254 番目は 0 である．これにより，253 文字以上の行を読み取っても，少なくともメモリを破壊することはない．

7-1-2 将来的な変更に備えるには

コード 7-1 は，46 行目や 24〜27 行目で本来の動作と関係ない VER という情報を保存し確認している．これは将来プログラムのバージョンアップやバグ修正に伴い，設定ファイルの書式が改変される可能性に対する保険である．将来，新書式に対応するためプログラムを改変することを考えよう．SaveConfig() はとくに難しいことはない．新しく決まった書式に則った設定ファイルを出力するよう書き換えればよい．一方，LoadConfig() は新書式はもちろん旧書式の設定ファイルを読み込む可能性もある．考えられるパターンは次の三つである．

❶ 設定ファイルと読み込むプログラムが同じバージョンのとき
❷ 設定ファイルのバージョンが読み込むプログラムより古いとき
❸ 設定ファイルのバージョンが読み込むプログラムより新しいとき

どのパターンになっているのか判定するための細工が，キーワード VER である．設定ファイルに保存された VER の値と，プログラムが把握している自身のバージョン（4 行目で定義した VER）とを比較すればよい．❶のパターンだった場合は問題ない．❷のパターンも，ファイルの VER の値に応じて解読方法を変えればよい．❸のパターンは，未来に変更される仕様を知ることができないので解読するコードを入れることはできない．しかし，対応できないことはわかるので，その旨を通知して利用者にバージョンアップを促すことはできる．コード 7-1 では，24〜27 行目でそれを行っている．

このコードでは，キーワードを先頭の数文字の比較で区別している．そのため，書式変更で新しいキーワードを加える場合，その選定と比較順に注意しなければならない．たとえば，"PORTRAIT" というキーワードを追加したとする．何も考えず，33 行目のあとに "} else if (!strncmp(p, "PORTRAIT", 8)) {" と比較処理を加えても動かない．先頭 4 文字が 28 行目の PORT と一致しているためである．これを避けるには，if 文の順番を変えて長いキーワードから順に検索するとか，"PORT␣" など空白文字を含めたキーワードにするとかの工夫が必要である．

バイナリファイルを使った通信

テキスト形式では，$12_{(10)}$ という数値は "1" と "2" という文字でファイルに保存する．それに対し，バイナリ形式では文字でなく直接数値を保存する．バイナリ形式での保存には「行」という概念がない．テキスト形式では "\r" や "\n" で行の終わりを示すことができたが，バイナリ形式ではそれらと $0d_{(16)}$ や $0a_{(16)}$ という数値とが区別つかないためである．

バイナリ形式では，行末文字以外の方法でデータの塊を示さなければならない．その一つに，あらかじめ何バイト目は何という意味なのか取り決めておく方法がある．コード 7-2 に，そのような読み書きの例を示す．

コード7-2 バイナリ形式での設定ファイルの読み書き

```
 1:  int LoadConfig(const char *path){
 2:    FILE *fp = fopen(path, "rb");
 3:    if (!fp)
 4:      return 1;
 5:
 6:    char ver;
 7:
 8:    fread(&ver, sizeof(char), 1, fp);
 9:    if (ver!=VER)
10:      return -1;
11:    fread(&port, sizeof(int), 1, fp);
12:    fread(&period, sizeof(int), 1, fp);
13:    fclose(fp);
14:    return 0;
15:  }
16:
17:  int SaveConfig(const char *path){
18:    FILE *fp = fopen(path, "wb");
19:    if (!fp)
20:      return 1;
21:    char ver=VER;
22:    fwrite(&ver, sizeof(char), 1, fp);
23:    fwrite(&port, sizeof(int), 1, fp);
24:    fwrite(&period, sizeof(int), 1, fp);
25:    fclose(fp);
26:    return 0;
27:  }
```

このコードが想定している保存ファイルの構成を，**図7-2** に示す．図のように 0 バイト目がバージョン番号 (0)，1〜4 バイト目が port (4)，5〜8 バイト目が period (15) となっている．また，4 バイトの値はリトルエンディアンで格納され

図7-2 バイナリ形式での保存ファイルの中身

ている.

図7-2 で, 先頭の 1 バイトは 7-1-1 項の VER と同じくバージョン番号になっている. 1 バイトは 0〜255 の数値しか入れることができないため, バージョンアップできる回数に制限があると思うかもしれない. 実際問題, 書式を 250 回以上も変更するのであれば設計か運用のどちらかに問題があるだろうが, 仮にそうなったとしても, 最初の 1 バイトが $ff_{(16)}$ なら次の 1 バイトもバージョン番号を示すなど, 拡張するすべはいくつかある.

音声データや画像データなど, 大きさが定かでないデータを保存するかもしれない. そういう用途では, 最初にデータ数を示してから実体を書く方法がよく使われる. その例を次に示す.

```
int data[SIZE];
〜中略〜
fread(&len, sizeof(int), 1, fp);
if (len<=SIZE)
  fread(data, sizeof(int), len, fp);
```

ここではわかりやすくするため, 格納する変数は十分大きい配列 data としているが, malloc() を使って動的にメモリ確保してもよい.

通信経路を介したリアルタイム通信

7-2-1 異なる環境下で通信するときに気をつけること

前節では, 図7-3(a) のようにファイルを介してデータを伝えることを通信の一種と述べた. しかし普通,「通信」という言葉のイメージは図(b)のような通信経路を介したものであろう.

図(b)のような通信プログラムを作るにあたって, いろいろ留意しなくてはいけない点がある. 図7-4 は, 通信プログラムを郵便(はがき)というアナロジに対応させた絵である. 送信者がはがきを書いて, ポストに投函し, トラックで運ばれて, 郵便受けに入り, それを受信者が取り出して読む. 人間が読み書きする速度に

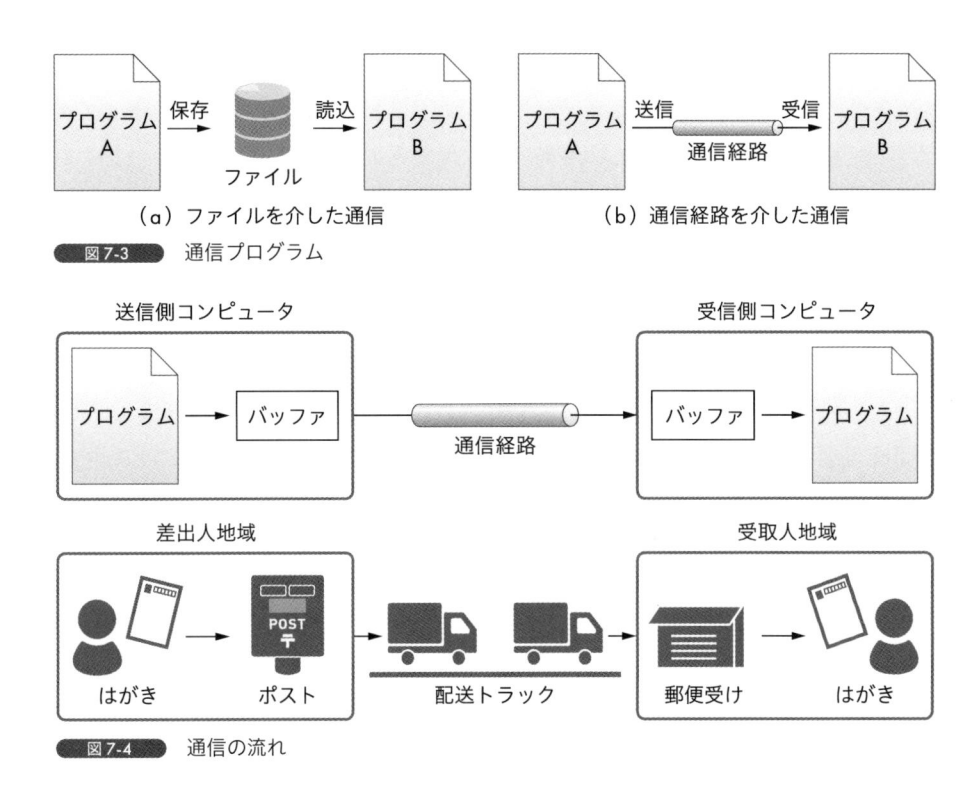

（a）ファイルを介した通信　　　　　（b）通信経路を介した通信

図7-3　通信プログラム

図7-4　通信の流れ

対し，郵便の配送は遅い．もしポストや郵便受けがなかったら，人間はつねに郵便屋の来訪を待ち構えなくてはならず，日常生活どころでない．コンピュータの通信も同じである．プログラムの実行速度に対し，通信回線の速度は非常に遅い．そこで，プログラム自体の動きを遅くしないため，システムはポストや郵便受けに相当するバッファをもつ．プログラムはバッファにデータを書き込むだけで，あとはシステムがそれを少しずつ通信経路に流すし，システムが受け取ったデータはバッファにため，プログラムが読み取るまで保管している．

　通信は，受信側が情報を受け取れなかったら失敗である．郵便でたとえると，受け手側がいつまでも郵便受けからはがきを取り出さないと，郵便受けが満杯になり以降のはがきが郵便受けに入りきらず捨てられるとか，送り手側が一度にたくさんのはがきを投函しようとしてもポストに入りきらないといったことが，コンピュータの通信でも起こる．こういった失敗を避けるには，受信側はバッファにたまった情報はできるだけ速やかに取り出し処理しなくてはならないし，送信側もバッファや経路，受け取り側に余裕がある頻度で発信しなくてはならない．

配送トラックが事故にあい，はがきがなくなったり汚れて読めなくなるようなこともある．通信データも消えたり変わったりすることがあり，この手の障害はプログラムではどうしようもない．回線品質を改善できないのであれば，そういうことは起こるものだと割り切って，プログラムで対策しなくてはならない．

（7-2-2） データの分割と結合に備えるには

　コンピュータ間の通信方法にはさまざまな種類がある．プログラムの仕方，すなわちどの関数をどのように呼べばよいかは，それぞれの方式に依存する．ここではそこは一般化して，初期設定はなく，かつ送信は send()，受信は recv() という関数で実現できるとして議論してみる．send() は，第 1 引数に格納されたデータを第 2 引数の長さぶん送るとする．たとえば

```
send("abcde", 5);
send("fghijk", 6);
send("lmn", 3);
send("opqr", 4);
```

というプログラムを書いたら "abcde", "fghijk", "lmn", "opqr" というデータが発信される．一方 recv() は，何かデータを受信すればそれを第 1 引数で示したアドレスに収めるとする．第 2 引数は，受信できるデータの大きさである．戻り値は受信したデータ量で，0 はないとしよう．つまり，一度関数を呼ぶと何かデータを受信されるまで戻らないと考える．この仕様に基づいた受信プログラムの例を，次に示す．

```
char buf[11]
for(;;){
  int n=recv(buf, 10);
  buf[n]=0;
  printf("[%s]\n", buf);
}
```

データを受信すると，それを文字列とみなし角括弧付きで表示している．recv() は受信したデータを数値として扱う．それを文字列として扱うためには終端に「おしまいのゼロ」が必要なので，4 行目でそれを入れている．

　さて，先述の送信プログラムが発した通信をこのフレーズで受け取ると，次のような表示になると期待したくなる．

```
[abcde]
[fghijk]
[lmn]
[opqr]
```

もちろん send(), recv() の作り方や通信方式次第であるが, よくある作りや方式ではなかなかそうならない. 送った文字列が結合されたり分離されたりするのである. それにより, 次のような表示になる.

```
[abcdefg]
[hijklmnop]
[qr]
```

郵便の比喩だと, 10 枚まとめてポストに投函したものの, 最初のトラックには 7 枚しか乗らず残り 3 枚は次の便になったり, その次はそのあとで投函した別のはがきと同じトラックで届いたりしたのである. この現象を防ぐことはできず, 起こる前提でプログラムするしかない. よくある対策を二つ紹介する.

⊘ 区切り文字を入れる方法

これは, 送信側で send("abcdefg\n"); など最後に区切り文字（ここでは改行コード \n）を添える方法である. 受信側では受けたデータをいったん自前のバッファにため込み, そこに \n が含まれていたら一組のデータが受信できたと判断する. コード 7-3 は, そういう動きをするプログラムの例である.

コード 7-3　行分割コードの例

```
 1:  int Recv(char *p, int n){
 2:    static char BUF[SIZE]="";
 3:    static int last=0;
 4:
 5:    for (;;){
 6:      char *q=strstr(BUF, "\n");
 7:      if (q) {
 8:        *q=0;
 9:        int len = q-BUF + 1;
10:        if (len > n)
11:          len = n;
12:        memcpy(p, BUF, len);
13:        last -= len;
14:        q++;
15:        memcpy(BUF, q, SIZE-last);
```

```
16:        return len-1;
17:      }
18:    last += recv(BUF+last, SIZE-last);
19:  }
20: }
```

　従来 recv() を使う部分を，コード 7-3 の Recv() で代用する想定である．オリジ
ナルの recv() は，18 行目で使われている．6 行目の strstr() は標準文字列操作
関数の一つで，第 1 引数の文字列内に第 2 引数のフレーズがあったらそこのポイ
ンタを返す関数である．初めて Recv() 関数を呼び出すとき，BUF は空なので
strstr() は "\n" を見つけられず，戻り値は 0（NULL）になる．0 は偽なので 7
行目の if 文には入らず，即 18 行目にたどり着く．ここで本来の受信関数 recv()
が使われる．

　この段階で "abcde\nfg" という情報が届いたとしよう．recv() が受信した文字
列は 8 文字なので last は 8 に，BUF の中身は図 7-5 上のようになって 6 行目に行く．
今回は strstr() が "\n" を見つけ 7 行目の if 文に入る．8 行目で見つけた "\n"
を 0 にする．これはおしまいのゼロである．これにより，文字列として見た BUF は
"abcde" となり "fg" は隠蔽される．9 行目は受信した 1 行ぶんのデータ長を計算
している．ここの +1 は，「おしまいのゼロ」も含めるためである．10，11 行目で
呼び出し側が用意した変数領域 p に受信データが収まりきるか確認し，12 行目で
実際にコピーしている．その後，13，14 行目で隠蔽したデータ "fg" を BUF の先
頭に移動している．

　16 行目時点での配列 BUF の中身は，図下のようになっている．変数 last は，未
処理の受信データ "fg" の文字数 2 である．これにより次に Recv() が呼び出され，

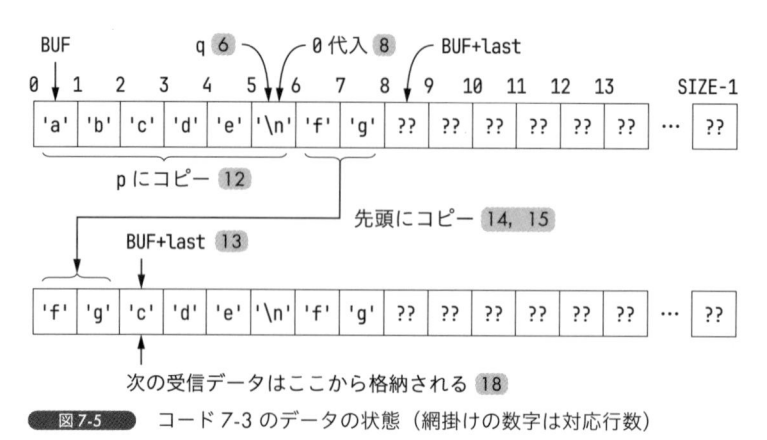

図7-5　コード 7-3 のデータの状態（網掛けの数字は対応行数）

再度 18 行目に来た段階で新たな受信データは"fg"の次から記録される．たとえば，"hijk\nl" というデータが受信されたら，配列 BUF は先頭から "fghijk\nl" という状態で 8 行目に入る．

✓ 送るデータ量を決める方法

送るデータ量を固定にしておくとか，データ先頭にこれから何バイト送るのか指定しておくやり方もある．実現例をコード 7-4 に示す．

コード7-4 文字長送信の例

```
1:   void Send(char *p, int n){
2:     if (n > 0xff)
3:       n = 0xff;
4:     char c = (char)n;
5:     send(&c, 1);
6:     send(p, n);
7:   }
```

この例では，送る量を 1 バイト目で指定している．そのため，このままだと一度に 255 バイト以上送ることができないが，必要なら適当に拡張すればよい．受信関数は，とくに説明することはないので省略する．

7-2-3 通信が正しいか確かめるには

通信経路の質によっては，データに欠損が出たり内容が変わったりすることもある．前項のテキスト形式の通信の例だと，

画面表示

```
[abxde]
[fgijk]
[lmn]
```

などと文字が変わったり（"c" → "x"），文字が抜けて（"h"）受信される．もし抜けたり変わったりした文字が区切り文字（"\n"）だと，その行と次の行の 2 行ぶんの情報がおかしくなる．バイナリ形式だともっと悲惨である．**図 7-6** でその例を示そう．ここでは 4 バイトのデータ "abcd" と 3 バイトのデータ "efg" を送ろうとしている．ここでもし "abcd" 中の 'c' が抜けたとする．すると 'a', 'b', 'd' および次のデータ長 3 までが一つめの受信データとなり，次は 'e' がデータ長となる．そのため 'e' の文字コード（$101_{(10)}$）ぶんのデータを受け取ろうとする．さらに 102 バイト目がデータ長を示す確率は低く，その次も同様のことが起こる．デー

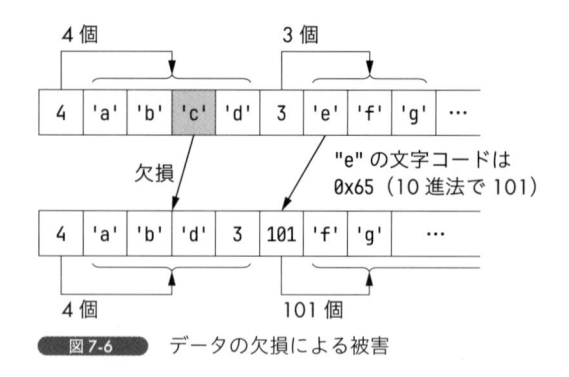

図7-6 データの欠損による被害

タの欠損による一時的な通信失敗は仕方ないとして，その被害がいつまでも修復されないのは困る．

これは，データの中に「ここから始まり」とか「これは長さを示すデータ」とかとわかる印をつければ済む．印といっても数値なので，偶然それを示す数値がデータの中に含まれていたら誤解される．あらかじめ，「この数値（たとえば $00_{(16)}$ とか $ff_{(16)}$ とか）は印なのでデータに使わない」と取り決めることができるのならそうしたほうがよいが，それが許されないなら，該当する数値をデータとして送るときは「これは印の意味ではありません」と別の印を添えなくてはならない．文字列の中にダブルコーテーションを含めるときの \\" とイメージは近い．

データは欠損するだけでなく変わることもある．冒頭の例では，"c" が "x" に変わった．起こることは仕方ないとして，起こったことは知りたい．データが変わったことがわかれば，データを捨てたり再送を要求したりできるからである．プログラムが正しく通信できたか知る方法の一つに，送信側で送るデータの要点を計算し，それも添えて送り，受信側では受け取ったデータをもとに算出した要点と受信データに添えられた要点を比較し，両者が一致しているか確認するものがある．

要点の計算方法はいろいろある．一番簡単なのは総和である．コード7-4だと，4行目の次に以下のような処理を加えれば実現できる．

```
c=0;
for (int i=0;i<n;i++)
  c+=p[i];
send(&c, 1);
```

変数 c は char 型なので，正確には総和ではなくその下位8ビットとなる．**図7-7** は，このアルゴリズムで "abcd" を送ったときの通信データである．

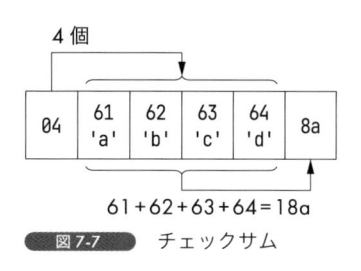

図 7-7　チェックサム

　和を用いた要点のことを，チェックサムとよぶ．チェックサムには，`+=` を用いた普通の足し算（算術和）でなく，`^=` を用いた排他的論理和（XOR）を使うときもある．算術和にせよ排他的論理和にせよ，二つ以上のデータが変わり，偶然チェックサムが正しくなる可能性はある．この可能性をゼロにはできないが，下げることはできる．その方法はチェックサムのほか，チェックデジットやハッシュ値などをキーワードに調べてほしい．

7-2-4　通信経路の遮断に備えるには

　リアルタイムに通信を行うプログラムは，互いに相手が止まる可能性も考えないといけない．ケーブルが抜けた，電波が届かなくなったなどの通信トラブルもこの類といえる．相手のプログラムが正常に動いていたとしても，通信できなければ当方にとっては止まっているのと等しいためである．

　図 7-8 のような遠隔操作ロボットを考えてみよう．もしロボットが送信側からの指令を直接モータの回転にするしくみだと，「回れ」という指令を受けたあとに不測の事故で相手が止まると，モータは延々と動き続ける．その結果，何かに衝突して壊れるとか，回収できないほど遠くに行くとかの二次災害を起こす．そのような事故を防ぐには，何かトラブルが発生したようだとロボットが気づいたら，とりあえずモータを止める作りにしておくとよい．これは，何かあったときに安全サイドで止まるフェールセーフという考え方の一つである．

　これを実現するには，現状維持でよいのか，それともトラブルが起こっているの

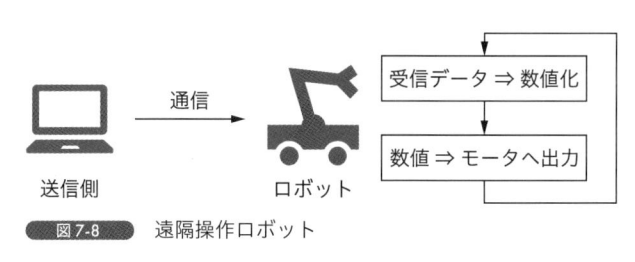

図 7-8　遠隔操作ロボット

か区別がつくようにしなければならない．シンプルな解決策は，現状を変えてほしいときだけ新しい指令を送るのではなく，現状維持でもかまわないので，とにかく1秒なり10秒なり，取り決めた時間内に必ず指令を出す取り決めにすることである．その時間が経過しても新しい指令がなければ，ロボットはトラブルが起こったことを検知し適切な処理を行うことができる．逆に，受信側にトラブルが起こったことを送信側が知りたいこともある．これは，ロボットが指令を受けたら必ず応答（ACK）を返す取り決めにしておけば，返事の有無でトラブルが起こったかどうかを知ることができる．

7-3　プログラム間での通信

7-3-1　同一コンピュータで同時に動くプログラム

　7-1節では同じコンピュータで違う時間，7-2節では異なるコンピュータで同じ時間での通信の話をした．この節では，同じコンピュータで同じ時間での通信について述べる．ここからの話は，一つのコンピュータで複数のプログラムが同時に動くことができることを前提としている．身近な例を挙げると，Windowsではウェブブラウザと IDE，それにリモート会議システムなど複数のアプリケーションを同時に動かすことができる．コンピュータは，第3章で述べたようにメモリにある命令を一つずつ読み取り，解釈し，実行することを繰り返して動作する．一つ一つの命令を順番に処理するので，複数のプログラム（命令）が同時に実行されることはない．それを図7-9のように細かい時間でプログラムを少し動かしては切り替えることで，あたかも同時に動いているように見せているのである．近年のコンピュータは，PCはもちろん組込み向けマイコンでも，命令を解釈実行する機能を複数もつマルチコアとよぶものもあり，この説明は必ずしも正しくはないが，メーカ提供のライブラリやOSがうまくやってくれているため，本書で扱うレベルのプ

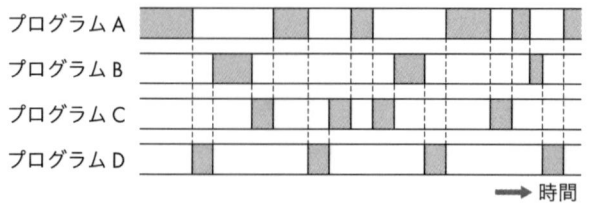

図7-9　複数プログラムの同時進行

ログラムでは気にしなくてよい．

プログラムを複数同時に動かす方法は環境によって異なるので，ここでも具体的な実現方法はあいまいのまま話を進める（p. 142 のコラム参照）．コード 7-5 には，二つの関数 funcA() と funcB() がある．

コード 7-5　同時進行プログラム 1

```
 1:  void funcA(void){
 2:    for (int i=0;i<8;i++){
 3:      printf("A%d\n", i*100);
 4:      Sleep(100);
 5:    }
 6:  }
 7:
 8:  void funcB(void){
 9:    for (int i=0;i<5;i++){
10:      printf("B%d\n", i*160);
11:      Sleep(160);
12:    }
13:  }
```

うまい具合に起動すると，funcA() と funcB() が同時に動くようになる．

なお，本来は funcA()，funcB()，およびそれらを呼び出す大元の main() も含めた全体を，一つの「プログラム」とよぶ．しかしここでは，都合上 funcA()，funcB() それぞれを「プログラム」とよぶことにする（本来はスレッドとかプロセスとよぶものである）．

このコードの 4 行目および 12 行目にある Sleep() は，引数で指定した時間だけ待つ関数と仮定している．筆者の環境でこれを実行すると，

画面表示

```
A0
B0
A100
B160
A200
A300
B320
A400
B480
A500
A600
B640
A700
```

というふうに A と B の表示が入り混じって表示される．つまり，funcA() と funcB() が同時に動いたのである．

これとは異なるパターンの同時進行もある．コード 7-6 にその例を示す．

```
 1:  void funcC(void){
 2:    printf("*");
 3:  }
 4:
 5:  void funcD(void){
 6:    for (int i=0;i<5;i++){
 7:      Sleep(20);
 8:      printf("A");
 9:      Sleep(20);
10:      printf("B");
11:      Sleep(20);
12:      printf("C");
13:      Sleep(20);
14:      printf("D");
15:      Sleep(20);
16:      printf("\n");
17:    }
18:  }
```

funcC() はすぐ終わる作りになっていることに気づいてほしい．うまい具合に立ち上げると funcC() は一定間隔で呼び出されるようになる．その結果，次のような表示になる．

画面表示

```
*A*BC*D
*AB*CD*
A*B*CD*
A*BC*D
*AB*C*D
```

時間が来たら funcD() の処理を中断し funcC() を呼び出し，funcC() の処理が終わったら funcD() を続行しているのである．

Column

二つの同時進行プログラムのタイプと動作確認

同時進行には，コード 7-5 の funcA() と funcB()，コード 7-6 の funcC() と funcD() の二つのパターンがある．その違いを図 7-10 に示す．図のように funcA()

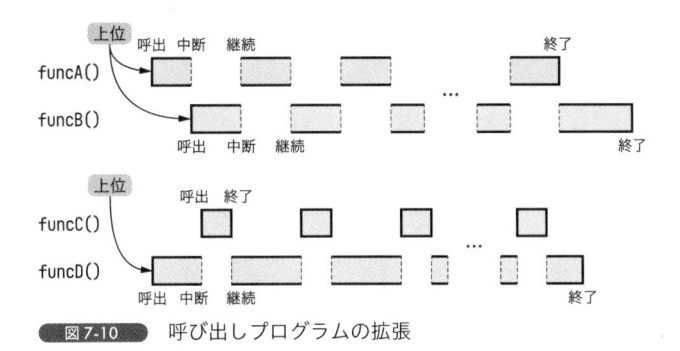

図 7-10 呼び出しプログラムの拡張

は関数の途中で funcB() に制御を戻しているのに対し，funcC() は関数内の処理が終わってから funcD() に制御を戻している．

　本文で書いたように，funcA() と funcB() や funcC() と funcD() という関係を実現する方法は動作環境によってやり方が異なる．組込みの場合だと，前者はリアルタイム OS（RTOS）の機能を使うだろうし，後者は 8-2 節で述べるタイマ割込みという機能を使うのが一般的である．しかしそれらは動作環境が特殊なため，一般的な PC で実際に動かして試してみることができない．そこで，コード 7-7 と 7-8 に，少なくとも 1-2-3 項で紹介した環境なら動作するコードを掲載する．これらのコードの中の // insert function と書いた部分に funcA() と funcB()，もしくは funcC() と funcD() を挿入する．コード 7-5, 7-6 では一般化しているため，それとの整合性を保つため少し回りくどいコードになっている．本書の範疇を超えるので細かい説明はしないが，コード 7-7 では 9 行目と 15 行目，コード 7-8 では 12 行目と 31 行目で funcA()，funcB()，funcC()，funcD() を呼び出している．

コード 7-7　funcA()，funcB() の呼び出しプログラムのサンプル

```
 1:   #include <stdio.h>
 2:   #include <pthread.h>
 3:   #include <unistd.h>
 4:   #define Sleep(X) usleep(X*1000)
 5:
 6:   // insert function
 7:
 8:   void *thread_func(void *p) {
 9:     funcB();
10:   }
11:
12:   int main(void) {
13:     pthread_t h;
14:     pthread_create(&h, NULL, thread_func, NULL);
15:     funcA();
16:     pthread_join(h, NULL);
```

```
17:    return 0;
18:  }
```

コード7-8 funcC(), funcD() の呼び出しプログラムのサンプル

```
 1:  #include <stdio.h>
 2:  #include <sys/time.h>
 3:  #include <signal.h>
 4:  #include <string.h>
 5:  #include <unistd.h>
 6:  #define Sleep(X) usleep(X*1000)
 7:
 8:  // insert function
 9:
10:  void OnTimer(int signum){
11:    if (signum==SIGALRM)
12:      funcC();
13:  }
14:
15:  int main(void) {
16:    struct sigaction action = {0};
17:    struct itimerval timer;
18:    action.sa_handler = OnTimer;
19:    action.sa_flags = SA_RESTART;
20:    if (sigaction(SIGALRM, &action, NULL))
21:      return -1;
22:
23:    timer.it_value.tv_sec = 0;
24:    timer.it_value.tv_usec = 1000;
25:    timer.it_interval.tv_sec = 0;
26:    timer.it_interval.tv_usec = 600000;
27:
28:    if (setitimer(ITIMER_REAL, &timer, NULL))
29:      return -2;
30:
31:    funcD();
32:
33:    return 0;
34:  }
```

7-3-2 共有メモリを用いたプログラム間通信

　同一コンピュータで複数のプログラムを動かすときに，互いの情報のやりとり，すなわち通信はどのようにすればよいだろうか．もちろん，物理的に離れた違うコンピュータ間で行う通信手段をそのまま用いてもよい．しかし，同じコンピュータで動いているのでもっとシンプルにもできる．たとえば，片方のプログラムが特定

のメモリに情報を書き込み，もう片方がそのメモリから情報を読み取るとかである．

ただし，高度な CPU や OS では，条件を整えなければメモリを介した通信はできない．無制限にこれを許すと，あるプログラムが故意もしくは過失によって，別のプログラムの大事な情報を盗み出したり書き換えたりできるためである．その点，同じ main() 関数から派生したプログラムの間なら，そういう煩雑さなしにメモリによる通信を行うことができる．ここではその前提で話を進める．

コード 7-9 では，コード 7-5 と同じく funcA()，funcB() が同時に動くものとする．

コード7-9 同時進行プログラム内の通信

```
 1:   int x=0;
 2:
 3:   void funcA(void){
 4:     int prev=x;
 5:     while (x<100){
 6:       if (prev!=x){
 7:         printf("%d\n", x);
 8:         prev=x;
 9:       }
10:     }
11:   }
12:
13:   void funcB(void){
14:     for (int i=0;i<100;i++){
15:       x++;
16:       Sleep(10);
17:     }
18:   }
```

1 行目のグローバル変数 x が，二者で共有するメモリである．変数 x は二つめの関数 funcB() の 15 行目で更新されている．一つめの関数 funcA() はその変化を見て，変数 x の値が以前と変わったときだけその数値を表示する．funcA()，funcB() を同時に動かすと，通信が成立し 1，2，3，…と表示される．

⊘ 共有メモリによる通信の注意

しかし，これには二つの落とし穴がある．一つめはコンパイラの最適化である．「変数 x は外部から書き換えられる可能性がある」という知識がなければ，funcA() は，「このコードは x が 100 未満なら無限ループで，そうでなければ即終了と単純化できる」と勘違いされる．実際，下手な（賢いといったほうが正確だろうか）コンパイラではそのように判断し，そういった実行コードを作る．何も表示されず，終了もしないのである．この類の問題を避けるには，1 行目で変数 x を宣言する際に，

```
volatile int x=0;
```

のように volatile 修飾子を用いて「この変数は外部で変わる可能性があるので最適化しないでほしい」とコンパイラに指示しなければならない.

　もう一つの落とし穴は, 通信用変数を書き換えている最中にプログラムが切り替わる可能性である. コード 7-9 でいえば, funcB() の 15 行目で x を書き換えている間に funcA() に切り替わるのである. このコードの場合, やりとりする情報 x はほんの少しなので, PC だと問題なく動くだろう. 構造体や配列など, スケールが大きくなると問題になりうる. 逆に, 動作環境が貧相で, 情報のスケールが相対的に大きくなっても問題になりうる. コード 7-10 は, 後者をとって 8 ビットマイコン向けにしたコードである. 関数 funcC() は定期的に呼び出される関数で, funcD() は 14 行目でグローバル変数 x を書き換え, 7 行目でそれを外部に出力している.

コード7-10 8 ビットマイコンでの同時進行プログラム

```
 1:  int x=0;
 2:
 3:  void funcC(void){
 4:    static int prev=0;
 5:
 6:    if (x!=prev){
 7:      Send(x);
 8:      prev=x;
 9:    }
10:  }
11:
12:  void funcD(void){
13:    for (;;){
14:      x++;
15:      Sleep(800);
16:    }
17:  }
```

　図 7-11 は, Send() が出力した値を受信しプロットしてみたものである. 受信側ではデータを無符号と解釈した関係上, 一つずつ上がり $65535_{(10)}$ まで達すると 0 に戻る. これにより, funcD() と funcC() の間で x が通信できていることがわかる.

　ところが, まれに**図 7-12** のように受信データがおかしくなる. 本来 38915 回目に受け取るデータは $38912_{(10)}$ となるはずが, $38656_{(10)}$ となっている. 16 進法で表現すると, 本来出力されるべきデータは $9800_{(16)}$, そして間違って受信されたデー

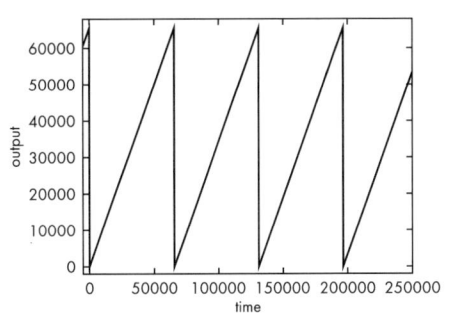

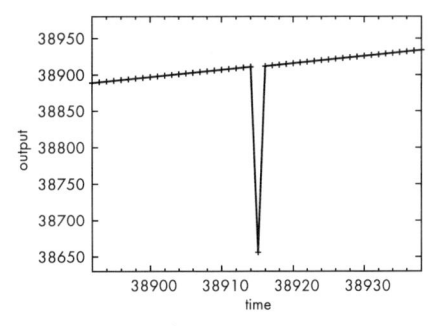

図 7-11　受信データ　　　　　　図 7-12　通信エラー

タは $9700_{(16)}$ である．8 ビット CPU は，一度に 1 バイトのデータしか処理できない．そのため，14 行目にある x++ という命令は，C 言語上では一つの命令のように見えるが，8 ビット CPU は**図 7-13** のように数命令かけて実現している．x が $97\text{ff}_{(16)}$ のとき，この x++ を行う処理に入ったとしよう．まず，「下位に 1 を足す」部分で $\text{ff}_{(16)}$ に 1 を足し x を $9700_{(16)}$ にし，次に「下位は 0 か」という判定が成立して「上位に 1 を足す」部分が動き x を $9800_{(16)}$ にする．つまり，一瞬 x は $9700_{(16)}$ になっているのである．この瞬間に制御が funcC() に移ると，図 7-12 のような現象が起こる．

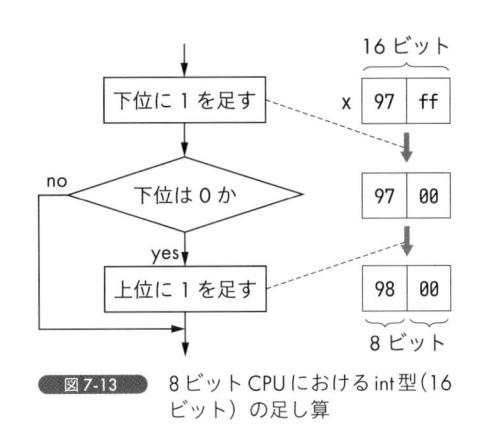

図 7-13　8 ビット CPU における int 型(16 ビット）の足し算

　この対処として一番簡単な方法は，「気にしない」ことであろう．この現象は滅多に起こらない．しかも 1 回だけですぐ正常な値に戻る．ノイズと思って差し支えないなら，そう思うに越したことはない．しかし，当然それが許されないこともある．次点は，信号伝達の方向を工夫することである．常時動いている funcD() から

相手の都合関係なく呼び出される funcC() への通信だったのを，funcC() から
funcD() への通信に変えればこのようなことは起こらない．

　しかし，この方法は通信方向が決まっているため，プログラムが表現できる幅に
限りがある．もう少し融通が利いて汎用的にするには，片方のプログラムが通信用
変数を扱う間，もう片方にはその変数の操作を禁止させるしくみを取り入れること
である．最初に誰もその変数を扱っていないことを確認し，その後すぐ「いまから
俺が扱うからお前らはこの変数を触るな」と宣言するのである．図 7-14 は，それ
をシンプルに実装してみたものである．最初の while 文は行末にセミコロンがつい
ているため，flg が非零の間はここで止まる．この flg は，「通信用変数の読み書き」
の前で 1（非零）にして，あとで 0 にしている．これにより，このフレーズに入っ
た最初のプログラムが通信用変数を読み書きする優先権をもち，遅れたプログラム
はそれが終わるまで最初の while 文で止まる．

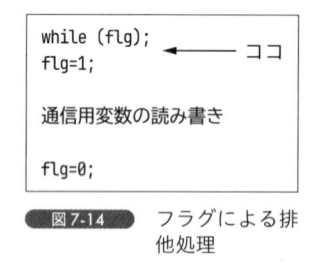

```
while (flg);          ←──── ココ
flg=1;

通信用変数の読み書き

flg=0;
```

図 7-14　フラグによる排
他処理

　一見これはうまく行きそうである．しかし，たまたま図中「ココ」と書いた位置
でほかのプログラムに制御が移り，さらにそこで「通信用変数の読み書き」を行っ
ている途中で戻ってきたら，破綻が起こる．お互いが自分が独占権があると信じて
しまうからである．確率はゼロではない．

　確率を下げる工夫はいろいろあるが，コードの力では完璧にゼロにすることはで
きず，同時進行を司るシステムに依頼するしかない．やり方はシステム依存である．
セマフォ（semaphore），ミューテックス（mutex），割込み禁止といったキーワー
ドで調べてほしい．

イベントドリブン

コード 7-6 の funcC() は，funcD() の実行中にとにかく時間が来れば呼び出されるものであった．ここで，funcD() を隠蔽し funcC() だけ存在しているようにみせかけるとしよう．隠蔽されているので，funcC() をどのように呼び出しているかは不問である．たとえばコード 7-11 のように呼び出してもよい．

コード7-11 呼び出しプログラム実装例

```
1:  int main(void){
2:    funcE();
3:    for (;;){
4:      funcC();
5:      Sleep(100);
6:    }
7:    return 0;
8:  }
```

このコードの考えを拡張して，**図 7-15** のようにしたらどうなるだろうか．プログラム起動時に funcE()，一定期間ごとに funcC()，何かが起こればそのタイミングで funcF()，funcG()，funcH()，…が呼ばれる．図 7-15 のようにするかどうかはさておき，とにかく何かが起こればそれに対応した関数が勝手に呼び出されるしくみを作ることはできる．呼び出し部分を隠蔽すれば，コード作者はそれぞれの関数に，とにかくそれが起こったときにやるべき処理を書きさえすればよい．

```
funcE();
for (;;)
  if ( 一定時間がたてば )
    funcC();
  if ( ボタンが押されたら )
    funcF();
  if ( ボタンが離されたら )
    funcG();
  if ( 通信ポートにデータがきたら )
    funcH();
  ...
}
```

図7-15 呼び出しプログラムの拡張

このように「何かが起こったら指定の関数が呼ばれる」スタイルのプログラムを，イベントドリブン型とよぶ．イベントドリブン型スタイルは，Windows や Linux，Arduino など身近なシステムのプログラムでごく普通に使われている．Windows の

アプリケーションプログラムは，GUI 上のボタンがクリックされたら，マウスが動いたら，キーボードが押されたらといった，さまざまなイベントに応じた関数を列挙して作っていく．「プログラムは main() の頭から順に実行されていく」という概念に固守しすぎると，イベントドリブン型プログラムを解読できなくなる．「内部で図 7-15 のようなしくみがあり，そこが隠蔽されている」というイメージが，何か助けになるかもしれない．

さて，図 7-15 はあくまでイメージである．実際はもう少し賢く，「このイベントが起こったらこの関数を呼ぶようにしてくれ」と登録できる作りになっている．そして，各イベントにはあらかじめ決めておいた数字を割り当てておく．Windowsの例では，マウスの左ボタンが押されたら 513，キーボードが押されたら 256，所定の時間が経過したら 275 などである．ただし，実際にプログラムでこのような数値を考える必要はなく，WM_LBUTTONDOWN, WM_KEYDOWN, WM_TIMER など適切な名前で定義された文字列を使う．イベントが割り当てられていない数値は，各プログラムで自由に扱うことができる．片方のプログラムで「ある数値」に決めたイベントが起こったら呼び出される関数を登録し，別のプログラムで「その数値」のイベントが起こったと発すると，共有メモリとは違う種類のプログラム間通信を実現することができる．このような方法を，メッセージ通信とよぶ．Windows ならSendMessage(), PostMessage(), Unix 系なら msgsnd() あたりをキーワードに調べると，詳しい使い方がわかる．

7-4　コンピュータ間の通信手段にはどんなものがあるか

7-4-1　イーサネット通信

読者の中には，コンピュータ間の通信といえば，LAN ケーブル（Wi-Fi を含む）を用いた通信を思い浮かべる方もいるかもしれない．いわゆるイーサネット通信である．イーサネット通信は，同じネットワーク内に多数のコンピュータがつながっている環境を想定している．電話でたとえてみよう．電話は電話番号を打ってかける側と，着信音が鳴って電話を受ける側とに分かれる．イーサネット通信も同じで，前者をクライアント，後者をサーバとよぶ．電話をかける側は，相手の電話番号を知っていなくてはならない．イーサネット通信でこの電話番号に相当するのが IPアドレスである．また，会社などの組織に電話をかけるときを考えると，同じ電話番号にかけても話す内容によって通話相手を変える．イーサネット通信も同じである．IP アドレスは会社の代表電話みたいなもので，一つのコンピュータを指す．コンピュータの中には，いくつものサーバプログラムが動いている．サーバプログ

ラムを指定するものがポート番号である．最近はセキュリティの観点からほとんど使われなくなったが，ウェブなら 80 番，メール受信なら 25 番，メール発信なら 110 番など定番の数値がある．それらの定番を避けつつ，サーバクライアント双方であらかじめ何番を使いましょうと取り決めておく必要がある．

図 7-16 に，イーサネット通信の概要を示す．サーバ側は取り決めたポート番号の受付窓口を開き，クライアントからの接続を待つ．一方，クライアント側はサーバの IP アドレスとポート番号を使って接続を行う．ここで，IP アドレスは数字の羅列なのでわかりにくい．www.morikita.co.jp という名前だったら，どこのどんなコンピュータか多少なりともイメージがつく．そのため，名前からどういう IP アドレスに割り振られているのか検索するしくみがある．普通はこのしくみを活用し，接続したいコンピュータの名前から，それが何番の IP アドレスなのかを調べ，わかった IP アドレスにつなぎにいく手順を踏むことが多い．

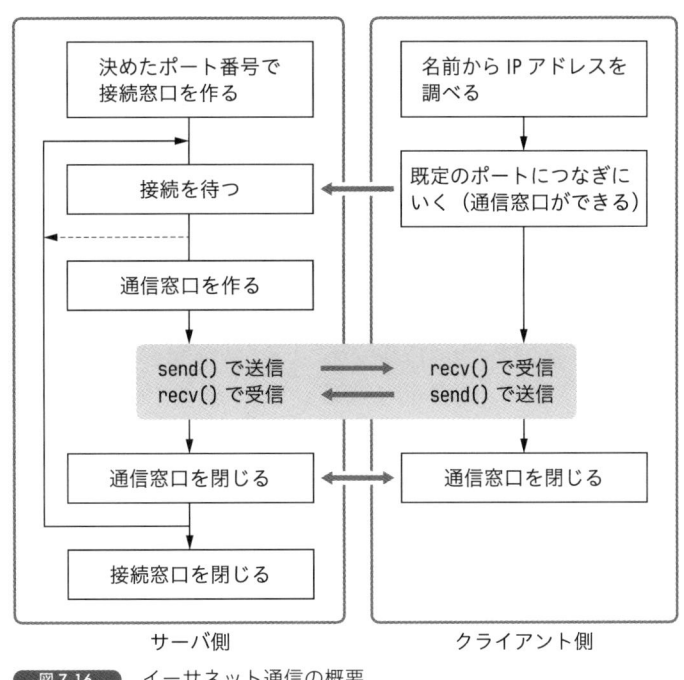

図 7-16　イーサネット通信の概要

電話のたとえに戻ると，電話システムが伝えているのは音であり，それにどういう意味をもたせるのかまでは関与していない．日本語や英語，その他の言語などどういった音を伝えるのかは，使用者の自由である．イーサネット通信も同じである．

やりとりするものはあくまで数値データであり，その数値にどういう意味をもたせるのかは関与しない．プログラム間で自由に取り決めておけばよい．ただ，とくに理由がなければ，HTML なり XML なりの既存の枠組みに則っていたほうがよいだろう．インターネットは年々セキュリティが厳しくなってきている．セキュリティシステムが理解できない通信を通すのは大変なためである．

イーサネット通信は，非常に柔軟かつ強力である．きちんと作れば，地球の裏側のコンピュータとも通信できる．しかし，その柔軟さを実現するしくみは複雑であり，図 7-17 のように，組込み機器がセンサモジュールと通信したり，組込みマイコンがホスト PC と通信するといった用途には大げさである．そういう用途には，もっとシンプルな手段がふさわしい．

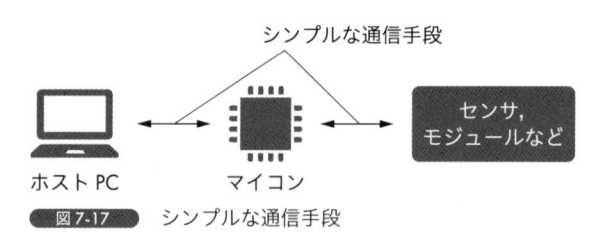

シンプルな通信手段

ホスト PC　　　マイコン
図 7-17　シンプルな通信手段

シリアル通信

シリアル通信は，シンプルな通信手段の代表格である．広義にはモールス信号のように 1 本の信号を High/Low させて行う通信手段全般を指す．そのため，USB（Universal Serial Bus）も SATA（Serial ATA）も有線 LAN も，すべてシリアル通信である．しかし，ある特定の通信方式のことを指して「シリアル通信」とよぶこともある．RS232C とか UART ともよばれる方式である．厳密には，これらの言葉もきちんと定義があり，狭義のシリアル通信方式そのものを示す言葉でない．筆者の知るかぎりこれといった呼び名はないため，その場の文脈で広義か狭義か見分けるしかない．

狭義のシリアル通信の例として，文字 "e" を伝えるときの信号線の動きを図 7-18 に示す．前後の網掛けをしている部分は，"e" には関係ない．網掛けをしていない部分に着目すると，一定間隔（t）ごとに High と Low が変化している．High を 1，Low を 0 とすると，0-10100110-1 と読み取れる．最初は必ず 0 であり，最後は必ず 1 である．文字 "e" の情報はその間の 8 ビットの 10100110 に入っている．これを逆から読むと $0110{\text -}0101_{(2)}$ であり，これは "e" の文字コード $65_{(16)}$ である．

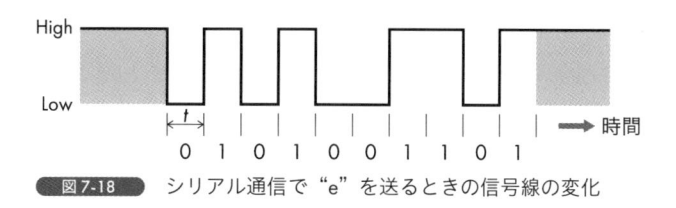

図7-18 シリアル通信で"e"を送るときの信号線の変化

前後の網掛け部分は, 送るデータがないときは High（1）となる. 図7-18のデータ 0-10100110-1 の最初は, 必ず1から変化する0で「これからデータを始めます」という意味を示している. 受信側はこの0を検知したら, その時点から $1.5t$, $2.5t$ ～$8.5t$ 後の High と Low を1と0としてデータ化すればよい. 時間 t（秒）に関しては, その逆数 $\dfrac{1}{t}$ の値を送受信側で取り決める. これをビットレートとよび, 単位は bps（bit par second）である. ビットレートは, 9600, 14400, 19200, 38400, 57600, 115200 bps などよく使われる値がある. とくに深い理由がなければ, これらの値を使うのが無難である. 受信側は $9.5t$ 後にも信号を読み取る. ここは 0-10100110-1 の最後の1である. これが1でなければ, なんらかの不具合があったと判断し, そこまで受け取った8ビットのデータを破棄する.

送信側と受信側の時計は完全に一致しているわけではない. そのため図7-19のように最初の0の検知後, 1と0の判定を行うタイミングは若干ずれる. ずれが許容される範囲なら(a)のように正常に通信できるが, (b)～(d)のように許容範囲を超えると通信は正しく行われない. (b)は受信側の時計が遅いときの例で, 違った情報として伝わっている. (c)は逆に速いときの例で, ここでは最後のビットが0だったため受信データは棄却されている. また, 最後のビットが偶然1と読み取られることもありうる. (d)ではそういった例を示しており, 異なったデータとして

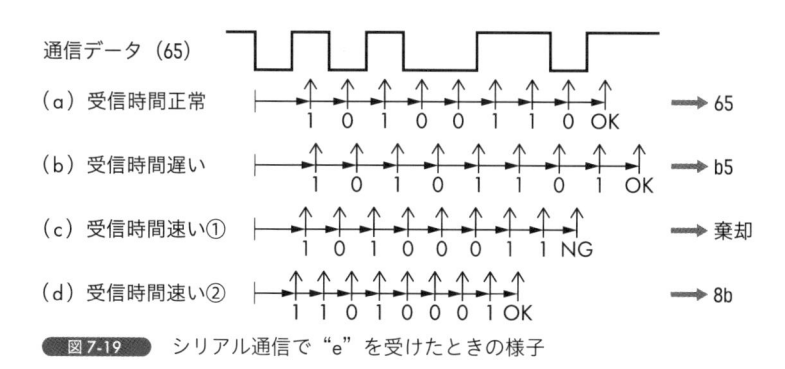

図7-19 シリアル通信で"e"を受けたときの様子

伝わる.

　普通にシリアル通信プログラムを組むぶんには，図 7-18 や図 7-19 のような知識は必要ない．Windows や Linux なら適当な API が用意されているし，組込みマイコンでもシリアル通信を行うハードウェア（UART モジュール）が実装されているものが多く，その機能を使えばよい．しかし，開発の初期段階で通信がまだ成立できないとき，こういった知識があれば，要所要所にオシロスコープを当て信号を確認することができる．信号がおかしければ発信側のミス，正しければ受信側のミスである．また，UART モジュールがほかの用途で使われていたり，そもそももっていない場合でも，この知識があればソフトウェアで実装させることもできる．データ送信の例を，コード 7-12 に示す.

コード 7-12 ソフト的シリアル送信プログラム

```
 1:    void SendSerial(unsigned char c){
 2:        PORT = 0;
 3:        Sleep(98);
 4:        PORT = c & 0x01;
 5:        Sleep(98);
 6:        PORT = c & 0x02;
 7:        Sleep(98);
 8:        PORT = c & 0x04;
 9:        Sleep(98);
10:        PORT = c & 0x08;
11:        Sleep(98);
12:        PORT = c & 0x10;
13:        Sleep(98);
14:        PORT = c & 0x20;
15:        Sleep(98);
16:        PORT = c & 0x40;
17:        Sleep(98);
18:        PORT = c & 0x80;
19:        Sleep(98);
20:        PORT = 1;
21:        Sleep(98);
22:    }
```

　このコードの変数 PORT は端子の High と Low を決めるもので，0 を代入すれば Low，0 以外を代入すれば High になる前提である．9600 bps にしたければ，$\dfrac{1}{9600}$ 秒 = 104.2 マイクロ秒くらいの時間で High と Low を変化させればよい．このコードでは，それを Sleep() で作るものとしている．ただし，Sleep() 単体で 104.2 マイクロ秒待たせてはいけない．4，6，8，10 行目での AND 演算や PORT へ

の代入操作でも，多少なりとも時間がかかるためである．Sleep()は，そのぶんを差し引いた時間だけ待たなくてはならない．どれくらい差し引けばよいか見積もるのは難しいので，素直にオシロスコープで観察し，Sleep()の引数を調整することを勧める．

7-4-3 ターミナルソフト

シリアル通信は，送信と受信の役割が決まっている．ここでは送信側をTx，受信側をRxとよぶことにしよう．片方のTxともう片方のRxをつなぐのである．もし互いに通信しあうのであれば，**図7-20**のようにそれぞれのTxとRxをつなぎあわせ，かつHighとLowの基準となるグランド（GND）もつなぐ．

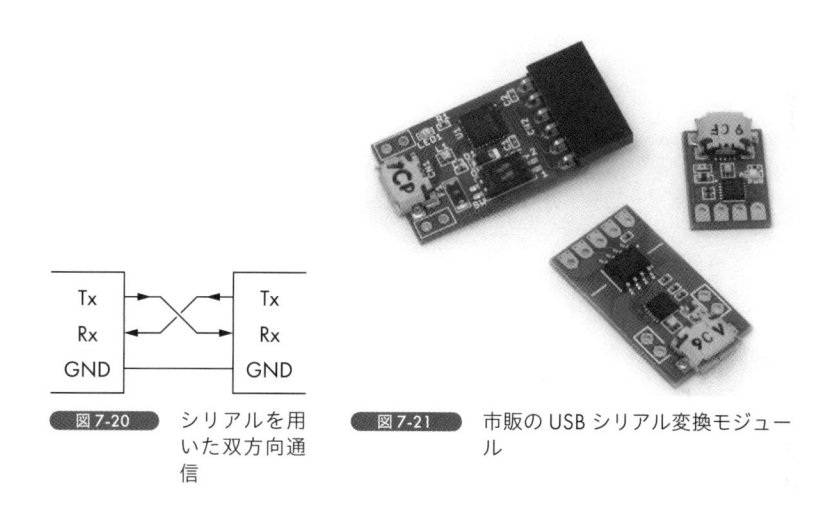

図7-20　シリアルを用いた双方向通信

図7-21　市販のUSBシリアル変換モジュール

図7-20の片方はPCでもよい．ただし，PCにはシリアル通信用端子がないため，USBポートを用いて拡張しなくてはならない．**図7-21**は，500〜1000円程度で入手できる市販のUSBシリアル変換モジュールである．このようなモジュールを使うと，PCと組込みマイコンの通信が可能となり，組込み機器で実現できることやデバッグ手段の幅が広がる．

PCとマイコンが通信するためには，PCで通信プログラムを実行させる必要がある．もちろん，C言語やその他のプログラミング言語で自作することもできる．しかし，毎回そういったプログラムを作るのは面倒で効率が悪いため，ターミナルソフトとよばれる汎用的なアプリケーションを使ったほうがよい．ターミナルソフトは本来，遠隔のコンピュータのコンソール画面を手元のコンピュータの画面に映

して操作するためのものである．コマンドプロンプトと同じくテキスト文字をベースとしているため，3-5-1 項で述べた $20_{(16)} \sim 7e_{(16)}$ 以外のデータの扱いは難しい．逆にいえば，この範囲に限定すれば手軽に使える．

　動作テストか何かで，PC（ターミナルソフト）からマイコンに何か操作させたいときを考える．マイコン側のプログラムに記述するフレーズの例を以下に示す．

```
n=RecvSerial();
if (n>='a' && n<='z')
  data = n - 'a';
```

ここの RecvSerial() は，シリアル通信で得られた 1 バイトを受け取る関数とする．PC のキーボードで英小文字を打てば，0〜25 の範囲で変数 data を操作できる．逆に，マイコンプログラム内の整数値をターミナルソフトの画面に 0 〜 9999 の範囲で出したいときは，コード 7-13 のような関数を作ればよい．

コード 7-13 　10 進数 4 桁で数値を送信

```
 1:    void SendSerialInt(int n){
 2:      int a, b, c, d;
 3:      a = n % 10;
 4:      n /= 10;
 5:      b = n % 10;
 6:      n /= 10;
 7:      c = n % 10;
 8:      n /= 10;
 9:      d = n % 10;
10:
11:      SendSerial(d + '0');
12:      SendSerial(c + '0');
13:      SendSerial(b + '0');
14:      SendSerial(a + '0');
15:      SendSerial('\n');
16:    }
```

　11〜13 行目で使っている SendSerial() は 1 バイトの情報を送信する関数で，+'0' をすることで数値を文字に変えている．このコードは，われわれに馴染みのある左側が高い位となるビッグエンディアン形式の 10 進法で表示を行うため，3 〜9 行目で変数 a，b，c，d にそれぞれ 1 の位，10 の位，100 の位，1000 の位の値を格納し，11〜14 行目で逆順に表示している．そのコストがもったいないと感じるのであれば，コード 7-14 のように低い位が左側となるリトルエンディアン形式の 16 進表示で出力させればよい．

```
 1:  void SendSerialInt(int n){
 2:    SendSerial("0123456789abcdef"[n & 0x0f]);
 3:    n >>= 4;
 4:    SendSerial("0123456789abcdef"[n & 0x0f]);
 5:    n >>= 4;
 6:    SendSerial("0123456789abcdef"[n & 0x0f]);
 7:    n >>= 4;
 8:    SendSerial("0123456789abcdef"[n & 0x0f]);
 9:    SendSerial('\n');
10:  }
```

　コード 7-13 の 15 行目やコード 7-14 の 9 行目では，ターミナルソフト上の表示を改行させるため改行文字を送信している．しかし，ターミナルソフト側が想定どおり改行されるかは設定次第である．7-1-1 項でも少し触れたように，改行を示すデータは CR（$0d_{(16)}$："\r"）と LF（$0a_{(16)}$："\n"），そしてその二つを連続させた CR+LF（"\r\n"）の 3 種類があり，このコードでは LF を出力している．ターミナルソフト内に改行をどう扱うか設定する項目があるはずなので，表示がおかしければ設定する．

Chapter 8

組込みプログラムの基本

　この本の想定読者は，すでに if 文や for 文，変数や配列，関数などプログラムのパーツを学んだ方である．それらを組み合わせると，標準偏差を求めるとか，数値積分を行うとかのプログラムを組むことができる．ここから PC やスマートフォンのアプリケーションを作るには，ファイル選択ダイアログを出すにはどうすればよいか，タップされた位置を得るにはどうすればよいかなど，純粋なプログラムとは別の知識が必要である．組込みプログラムも同じで，プログラムそのものではない，組込みに関する知識が必要である．この章では,そういった組込みシステムに関する基礎知識を話していく．なお，一概に組込みといっても幅が大きい．この章で紹介することは，ある組込みシステムでは当てはまるが別の組込みシステムでは当てはまらない．そのあたりは注意してほしい．

8-1　パソコンのプログラムと何が違うか

8-1-1　プログラムの開始と終了

　PC のプログラムは，ほかのさまざまなプログラムと同居している．各プログラムは，役割を終えたらほかのプログラムの邪魔にならないよう速やかに終了しなければならない．C 言語でいえば，main() 関数を終えるとか，exit() 関数で強制終了するとかである．それに対し，組込みプログラムはほかのプログラムがなく，プログラムを終える必要がない．むしろ，プログラムを終えてはいけない．main() 関数は終えることを許されず，最後は無限ループにしておく．

　そもそも，main() はどのように呼び出されるのだろうか．PC ではマウスの操作やコマンドプロンプトなどからの実行命令で SSD などのストレージに置かれていたプログラムがロードされ，メモリに展開されて動く．一方，組込みプログラムはなんらかの手段によってすでにメモリ上にプログラムが書き込まれている．電源供給によってマイコンが動くようになると，書き込まれたプログラムが勝手に動くのである．図 8-1 に，組込みプログラムの一生を示す．電源投入によって，プログラムが動き出す．すなわち main() が呼び出されるのである．そこから別の関数が

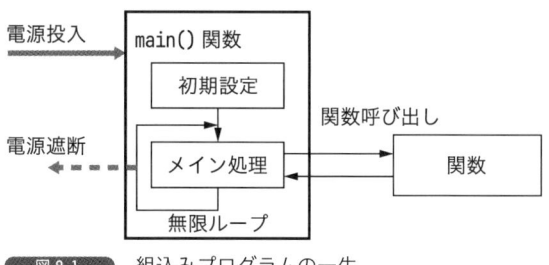

図8-1　組込みプログラムの一生

呼ばれるかもしれない．そして，電源が途絶えるとマイコンは動くことができないので，自然とプログラムが終了する．

　さて，近年のマイコンは非常に多機能であり，さまざまな動作モードをもつ．**図8-2**に，同じマイコンを使った二つの回路を示す．図(a)の回路は外部発振子がない．マイコン内部で動作クロックを作っているのである．また，端子 A は入力モードにしてスイッチに，端子 B は出力モードにして LED につなげている．それに対し，図(b)の回路では動作クロックを水晶で作っている．端子 A の先にモータをつなげて出力モードに，端子 B はボリューム（半固定抵抗器）につなげ High か Low かの二値ではなく，具体的に電圧が何ボルトあるか取得しようとしている．このように，同じマイコンでも回路に応じて細かく動作モードを変えることができる．こういった設定は，プログラムを書き込むときに行うものもあれば，プログラム自身が行うものもある．

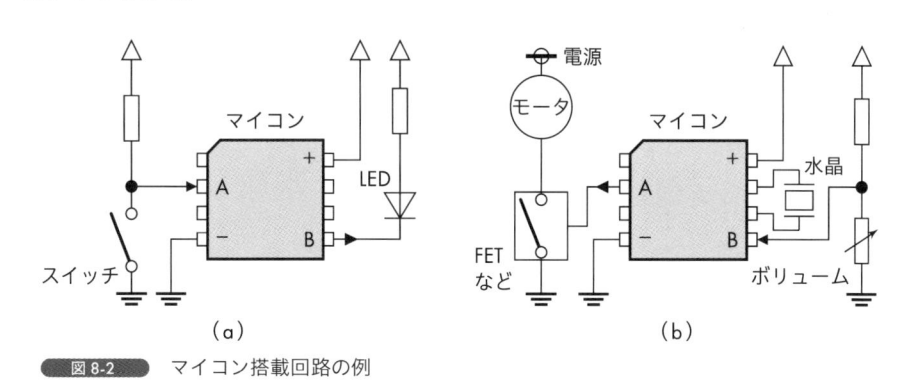

図8-2　マイコン搭載回路の例

8-1-2　プログラムと関係ないところでの間違いの可能性

　マイコンを乗せた回路が完成し，マイコンにコードを書き込み電源を入れてみても，何も反応がないときがある．ついプログラムに間違いがあると思い，そこに原

因を探ってしまう．しかしその前に，以下のようなことを確認したほうがよい．

❶ コードはマイコンに書き込まれているか，別のコードを書き込んでないか

❷ そもそもプログラムは走っているか，回路は正しいか

❸ 想定した動作モードになっているか

それらが間違いないことを確認してから初めて，プログラムの間違いを探すべきである．

　回路完成直後にまず試してほしいのは，コード 8-1 のようなシンプルなプログラムである．

コード 8-1　最初にすべき動作確認プログラム

```
1:  int main(void){
2:    portmode_B = 0; // initialize (output mode)
3:    portout_B = 0;  // low
4:    for (;;);
5:  }
```

　2, 3 行目は初期設定，そして 4 行目は何もしないメインループという構造である．実際のマイコンでは初期設定で動作周波数などさまざまなことも指定するのだが，ここでは単純化のため 2 行目で端子 B を出力モードに，3 行目でそれを Low（0 V）にするだけで完了すると仮定している．このプログラムを入れたマイコンは，電源が入ると端子 B を Low（0 V）にする．もし図 8-2(a)のように端子 B に LED がついているのなら，点灯する．電源を入れて LED が点灯するかどうかで，回路は正しくマイコンが動作している，プログラムが書き込まれている，端子の出力モード設定ができている，といったことが確認できる．

　次に，望む動作モードで安定して動いているか確認したい．そこで，コード 8-2 のようなプログラムを試してほしい．

コード 8-2　2 番目にすべき動作確認プログラム

```
1:  int main(void){
2:    portmode_B = 0; // initialize (output mode)
3:
4:    portout_B = 0;  // low
5:    Delay(1000000); // wait
6:    portout_B = 1;  // high
7:    Delay(1000000); // wait
8:
9:    for (;;){
```

```
10:        portout_B = 0;
11:        Delay(500000);
12:        portout_B = 1;
13:        Delay(500000);
14:    }
15: }
```

5，7，11，13行目の Delay() 関数は，指定されたクロック数だけ待つ動作を期待している．仮に5行目のように引数を 1000000 にすると1秒待つのなら，4〜7行目で1秒の点灯を1回，そしてそのあとは9〜14行目で 0.5 秒の点灯が繰り返されるので，**図 8-3** のようなパターンが目視できるはずである．

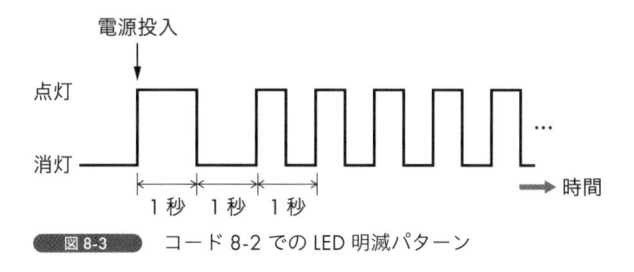

図 8-3　コード 8-2 での LED 明滅パターン

たとえば，10回点滅する時間が10秒より極端に短かかったり長かったりすると，クロック（動作周波数）の設定がおかしいことがわかる．また，1秒周期で明滅しているときに突如2秒周期の明滅が現れたのなら，不測のリセットがかかっていることがわかる．

8-2　割込み

8-2-1　イベントに応じた処理をするには

組込みプログラムを作るうえで，時間が来たら，ボタンが押されたら，通信が来たらなど，とにかく何かイベントが起こったらそれに応じる処理をさせたいときがある．起こっていないのなら，本来するべき処理を進める．プログラムは原則として1命令ずつ順番に実行されるので，通常は**図 8-4** のように何かイベントが発生していないか定期的に監視し，起こっていたらその処理を行う形にしなければならない．これをポーリングとよぶ．ポーリングは直観的な構造でわかりやすい．しかし，何か起こったらすぐに対応するためには，頻繁に確認しなければならない．図8-4のようにポーリングをループで実現させるのなら，「メインの処理」と書いた

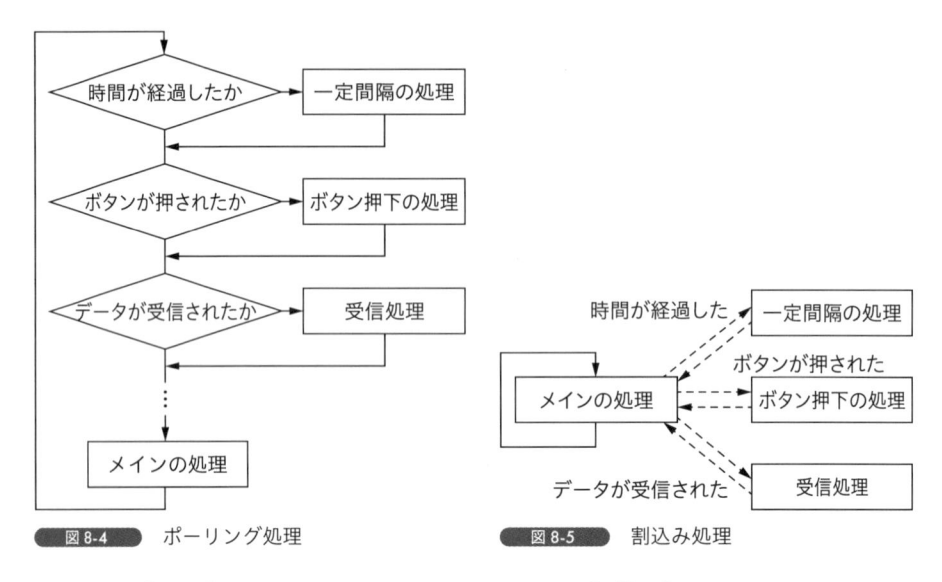

図 8-4 ポーリング処理　　　　**図 8-5** 割込み処理

部分をすばやく終えなくてはならない．もしそこで複雑な処理をさせたいのなら，内容を細かく分割しループごとに少しずつ進めるしかない．作れなくはないが，プログラムは複雑になる．

　この問題を一気に解決するのが割込みである．事前に「このイベントが発生したらこの関数を呼ぶ」よう予約すれば，プログラムは**図 8-5** のような形となり，メイン処理はそれに専念した記述にすることができる．図 7-10 の `funcD()` と `funcC()` のような関係である．

8-2-2　割込み処理を実装するときに気をつけること

　割込みは，OS などのシステムが図 7-15 のようなしくみでソフトウェア的に実現していると誤解する者がいる．しかし通常は，ハードウェアで実現される．組込み向け C コンパイラにはマイコンがもつ割込みのハードウェアを活用する機能が備わっており，その記述方法がわかりさえすればハードウェアの構成を意識せずに使うことができる．

　イベントが発生したときの処理（割込み処理）は，同じイベントがもう一度発生するまでに終えることができる内容でなければならない．処理に手間取っている間に同じイベントが発生したら，二つめのイベントは無視される．異なるイベントのときは状況次第である．たとえば所定時間経過とボタン押下をそれぞれ割込みで処理するプログラムで，ボタン押下処理中に所定時間が経過したときを考える．よく

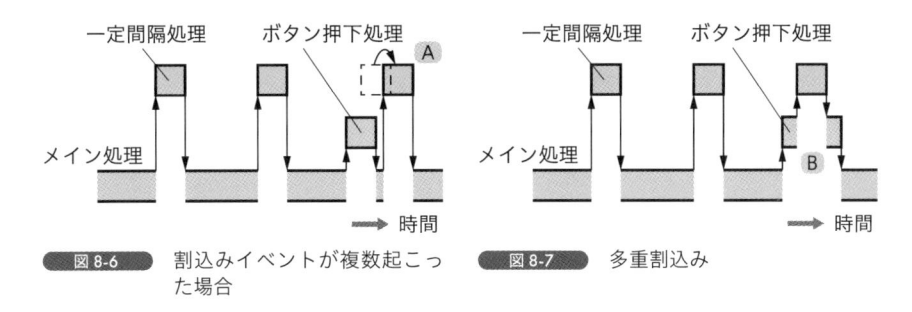

図 8-6 　割込みイベントが複数起こった場合

図 8-7 　多重割込み

ある作りだと，ボタン押下処理を終えてメインに戻ったらすぐ時間経過の処理へ飛ぶ．この場合，時間経過処理は**図 8-6** の A のように後ろにずれるため，一定間隔でなくなる．

　この遅れが許されない使い方があるかもしれない．そのときは，割込みの優先度で調整する．ボタン押下処理より一定間隔処理の優先度を上げておけば，**図 8-7** の B のように優先的にその処理を実行する．このように割込み中に別の割込みが発生，処理することを多重割込みとよぶ．また，所定の時間が経過したことをイベントとする割込みを，タイマ割込みとよぶ．

　割込み機能の記述方法はコンパイラの仕様依存である．よくあるのは，以下のように同じ優先度の割込みを一つの関数とし，その中で何が起因で呼ばれたかを判断し対応する処理を行うものである．このコードは，それらを IF_TIMER, IF_IPCHANGE, IF_RECVDATA で区別できると仮定している．

```
void OnInterrupt(){
  if (IF_TIMER) {
    時間経過処理
  } else if (IF_IPCHANGE) {
    ボタン押下処理
  } else if (IF_RECVDATA) {
    通信受信処理
  }
}
```

なお，イベントに関する処理を終えたとシステムに告げるため，各 if 文ブロックの最後で要因（IF_TIMER, IF_IPCHANGE, IF_RECVDATA）を 0 に戻さなければならないものもある．

　次に，割込みされる側に視点を移してみよう．割込みされる側にとって，イベントが発生すると気づかぬうちに処理が中断され，その後あたかも何もなかったかの

ように続行する．C言語ではうまく隠蔽しているが，書かれた処理を遂行するためコンピュータはいくつもの情報をレジスタに入れている．割込みが発生し，割込み先でレジスタの値を書き換えてしまうと，それまで築き上げてきたレジスタの内容が変わってしまい，処理が続行できない．それを防ぐため，割込みが発生したら割込み先の処理に入る前にレジスタの内容をデータメモリのどこかに退避し（pushとよぶ），最後に復元（pop もしくは pull とよぶ）して続行している．CPU がもつレジスタは多く見積もっても 50 バイトくらいしかなく，退避や復元にほとんど時間を要さない．しかし，FPU（図 4-9）などの外部機器の中には，レジスタとよべるようなメモリを数百バイトもつものもある．割込み時にそれらもすべて退避復元するのは現実的でないと考え，外部機器のレジスタは退避や復元をしないことが多い．そのときは，その外部機器が提供する機能を割込み外もしくは中どちらかでのみしか使わないようにする．FPU の例だと，割込みの外で実数型を使うなら，割込み処理の中では使用しないようにする．あるいは，その逆でもよい．

マイコンの入出力の制御

8-3-1　デジタル出力を指示するには

マイコンの入出力は，端子（ピンまたはポートともよぶ）を通して行う．通常，入出力はピンの電圧が高いか（High）低いか（Low）かのデジタル形式である．ピンの High と Low は，1 と 0 の 1 ビットの情報である．コード 8-1 の 3 行目では，0 か 1（零か非零）しか格納できない特殊な型の変数としてこれを扱っていた．このように 1 ビットを収める変数として扱うこともあるが，複数のピンを 8 ビットなり 16 ビット，32 ビットなりの組にして一つの整数型変数として扱うこともある．**図 8-8** は 8 ビットにした例で，個々のビットに名前がついているが，8 ビット全体にも名前がついている．このピン群に対し，仮に次のような処理を行いたいとしよう．

```
portout_A=1;
portout_B=0;
portout_C=1;
portout_D=1;
```

もちろんこのとおり書いてもよいが，4 行も要する．portout_E〜H を使っていないとか，入力モードなので書き換えてよいのなら，このフレーズは次のように一括に指示することもできる．

名前	ビット	個別の名前
portout	7	portout_H
	6	portout_G
	5	portout_F
	4	portout_E
	3	portout_D
	2	portout_C
	1	portout_B
	0	portout_A

図 8-8 ビットごとの名前と全体の名前

```
portout=0x0d;
```

8-3-2 スイッチによる入力を実装するには

デジタル入力の先に押しボタン型のスイッチをつけるには，図 3-3 の(b)や(c)のように，電源もしくはグランドどちらかに抵抗をつけなくてはならない．電源側につけるものをプルアップ抵抗，グランド側のものをプルダウン抵抗とよぶ．マイコンの中には，こういった抵抗を内蔵し設定で有効にできるものがある．

コード 8-3 は，図 8-2(a)の回路をターゲットとして，ボタンが 1 回押されたら LED をつけ，もう 1 回押されたら LED を消すコードである．

コード 8-3 ボタンを押すたびに LED の明滅を変えるコード

```
1:    int cnt = 0;
2:    char prevA = 1;
3:    portout_B = 1;
4:
5:    for (;;){
6:      if (!portin_A){
7:        if (prevA){
8:          cnt++;
9:          portout_B = cnt & 1;
10:       }
11:       prevA = 0;
12:     } else {
13:       prevA = 1;
14:     }
15:     Delay(500);
16:   }
```

2行目の変数 prevA は以前のスイッチ状態を記憶するもので，初期値はスイッチが押されていないことを示す High（1）である．3行目で LED を消灯にしてから，5〜16行目の無限ループに入る．無限ループ内では，まず6行目の if 文でスイッチが押されているか，さらに7行目で前ループ時にスイッチが押されていなかったかを調べている．これら二つの if 文により，スイッチが押されたら1回だけ8，9行目が実行される．8行目の cnt はスイッチが押された回数を記憶し，9行目はそれが奇数なら LED をつける．11，13行目は，次のループのためいまのスイッチ状態を記憶している．15行目の Delay() は無駄時間を作るものである．話の都合上入れたもので，なくてもよい．

⊘ チャタリング

　このコードのアルゴリズムに不備はなく，正しく動きそうに見える．しかし，安価なスイッチを使ってみると思うように動かない．理由はスイッチにある．スイッチは内部にバネのような接点があり，それが接触することで通電する．質の悪いスイッチは接点が接触した瞬間，まるでボールを床に落としたときのように何度も跳ね返り，接触と非接触を繰り返す．それにより，端子電圧は**図 8-9** のように High と Low を繰り返してしまう．何回繰り返すかは運次第である．この現象をチャタリングとよぶ．

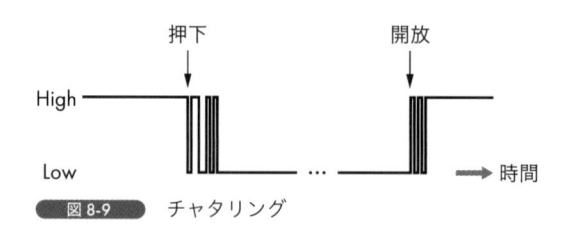

図 8-9　チャタリング

　チャタリングはせいぜい数ミリ秒の現象であり，人間の反応速度に比べて短い．そのため，コード 8-3 の15行目にある Delay() の引数を大きくして，チャタリングが起こるより長い間隔でボタンの変化を見るようにしてもよいが，反応が悪くなる．反応をよくするためには，ボタンの変化を検知したら，それからチャタリングが収まるであろう数ミリ秒は新しい入力を無視する作りにすればよい．その実現例をコード 8-4 に示す．

```
 1:     int deadtime= 0;
 2:     int cnt = 0;
 3:     char prevA, currentA;
 4:     portout_B = 1;
 5:
 6:     prevA = 1;
 7:     for (;;){
 8:       currentA = portin_A;
 9:       if (prevA != currentA && !deadtime){
10:         if (!currentA) {
11:           cnt++;
12:           portout_B = cnt & 1;
13:         }
14:         deadtime = 20;
15:         prevA = currentA;
16:       }
17:       if (deadtime)
18:         deadtime--;
19:       Delay(500);
20:     }
```

8行目ではいまのスイッチの状態（portin_A）を変数 currentA に保存し，9，15 行目で用いている．もし9，15 行目で直接 portin_A を参照してしまうと，10〜14 行目を実行している間にスイッチ入力が変わったとき不具合となるからである．9 行目の if 文は前ループと現ループでスイッチ状態が変わっており，かつ deadtime が零のときに成立する．この deadtime が，スイッチが切り替わっても反応しない 不感時間を司っている．スイッチが変化したことを検知すると，14行目で適当な 数値（ここでは20）にする．17，18行目によって，この値が非零の間ループごと に一つ引いている．これにより，「『Delay(500) にかかる時間』×『deadtime の初期 値（20）』」が不感時間となる．deadtime の初期値が小さいとチャタリングを防ぎ きれず，大きいとすばやいボタン操作に反応できない．

チャタリングは，ボタンの on と off の状態が変わったときのみに発生するノイ ズである．ノイズの中には，唐突に発生するものもある．そのタイプのノイズを除 去する方法としてまず思いつくのは，たとえば20回連続で on と検出されなけれ ばスイッチが切り替わったと確定しないものだろう．しかしこのやり方は，15回 目くらいで一瞬 off というノイズが入ると，そこからまた20回の確認が始まると いった動きをするため応答が悪い．コード 8-5 は，そういった問題を解決する一手 段である．

```
1:    int gauge = 0;
2:    int cnt = 0;
3:    portout_B = 1;
4:
5:    for (;;){
6:      if (!portin_A){
7:        if (gauge<20){
8:          if (++gauge==10){
9:            cnt++;
10:           portout_B = cnt & 1;
11:           gauge=20;
12:         }
13:       }
14:     } else {
15:       if (gauge>0){
16:         if (--gauge==10){
17:           gauge=0;
18:         }
19:       }
20:     }
21:     Delay(500);
22:   }
```

　6行目の if 文により，スイッチが押されていたら 7〜13 行目が実行される．7，8 行目の if 文は変数 gauge が 20 以下なら 1 を足し，それが 10 に達したなら 9〜11 行目を遂行するものである．ここでは，コード 8-4 の 11，12 行目と同じく，奇数回目だと LED を消し，gauge を 20 にしている．

　図 8-10 は，このコードの入力と変数 gauge の動きを示したものである．時刻 A で一瞬だけ信号が Low（portin_A が 0）になっている．それに伴い gauge の値が増加するが，閾値（10）に達する前に信号が High に戻ったため「on になった（スイッチが押された）」という判断にならなかった．続く時刻 B でも信号が Low に

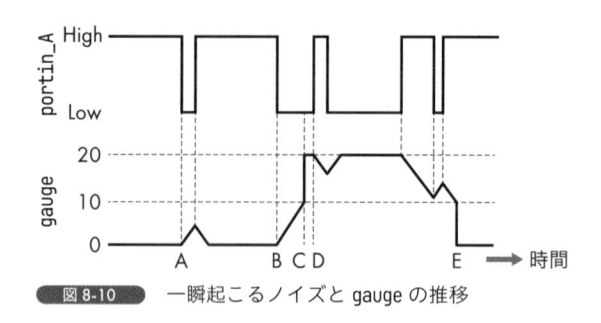

図 8-10　一瞬起こるノイズと gauge の推移

なり，今度は閾値に達する十分な時間が経過したので，時刻 C で「on になった」と判断し gauge を 20 に上げている．その直後（時刻 D）で一瞬信号が High になっても「off になった」と判断せず，時刻 E まで保留が続く．

8-3-3　High でも Low でもない第 3 の出力形式

図 8-11 にマイコン端子の模式的構造を示す．デジタル出力の High と Low を決定するスイッチ I と，入力と出力を切り替えるスイッチ II がある．コード 8-1 に対応させると，スイッチ I は portout で，スイッチ II は portmode で制御されていたことになる．portmode を 1 にするとスイッチ I は開くので，端子電圧はスイッチ I（portout）の状態に依存せず，マイコン外にあるスイッチやセンサなどの回路で作った値となる．その High と Low を portin を通して知ることができる．

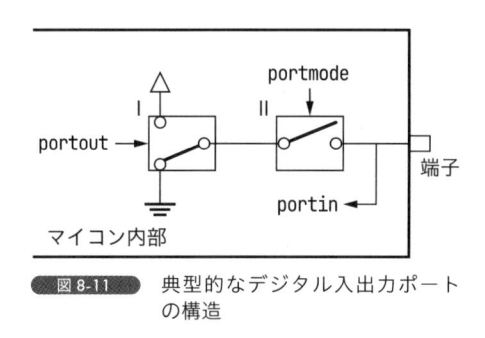

図 8-11　典型的なデジタル入出力ポートの構造

あるマイコンが出力した High と Low を，別のマイコンで知る構成を考える．発信側と受信側それぞれの端子を，出力モードと入力モードにすればよい．ただし，もしかすると受信側のプログラムのミスや暴走で，端子が出力モードになるかもしれない．発信側と同じ電圧（High か Low）なら問題ないが，異なると図 8-12 のように電源とグランドが短絡する．その結果大きな電流が流れ，経路中の一番弱いところ（たぶんマイコン内のスイッチ素子）を焼き切ってしまう．このような事故

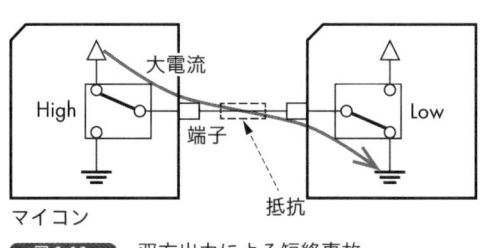

図 8-12　双方出力による短絡事故

を未然に防ぐために，図中の破線のように100Ω前後の抵抗を挟んでおくとよい．この抵抗はプログラムが正しければいらないのでコスト面で不利かもしれないが，回路を保護するだけでなく，回路自体にミスがあったときに抵抗を外して信号を遮断させたり，そこにジャンパ線で別の信号をもってこれたりと何かと便利である．コストをかけるだけの価値はある．

ハイインピーダンス

図8-13のように，端子の先を電源とグランドそれぞれに同じ値の抵抗を挟んだとしよう．この状態で端子を入力モードにすると（図8-11のスイッチⅡを開くと），端子電圧はHighの半分になる．つまり一つの端子の電圧をHighとLow，そしてその中間と三つの状態が作れるようになるのである．スイッチⅡを開いた状態を，ハイインピーダンスとよぶ．

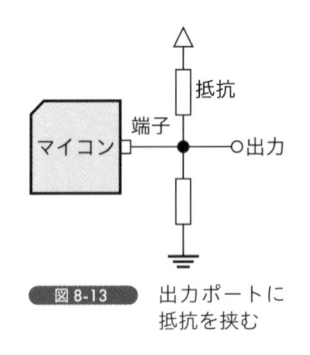

図 8-13　出力ポートに抵抗を挟む

ハイインピーダンスの用途は，図8-13のように中間電圧を作るだけではない．図8-14のように，一つの信号線を複数のマイコンで情報共有するときも使う．この回路の端子電圧は，すべてのマイコンがハイインピーダンスならHighになるが，一つでもLowにするとLowになる．このため，多数のマイコンが情報を伝えあう

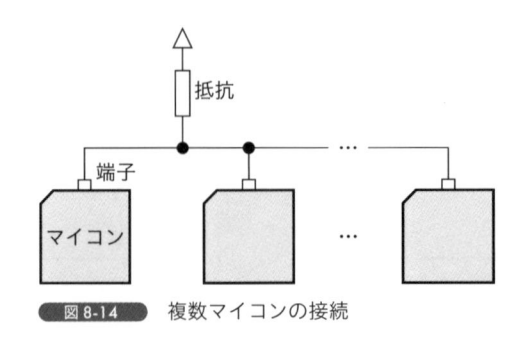

図 8-14　複数マイコンの接続

のに使える．たとえば，ストレージとか通信回線とか複数のマイコンで共有している計算機資源を考える．各マイコンプログラムで共有資源を活用する関数をUseResource() として，次のようにその関数を呼ぶ前後で端子を制御すればよい．

```
while(!portin_A); // ほかが使っているなら使い終わるまで待ち
portmode_A=0; // 自分が使っていると宣言し
UseResource(); // 実際に共有資源を使い
portmode_A=1; // 使っているという宣言を取り下げる
```

これは，7-3-2 項の図 7-14 と同じフレーズである．そこで述べたように，この書き方は複数のマイコンが同時に 1 行目の while 文を抜ける可能性をゼロにできない．さらに各マイコンは完全に独立しているので，セマフォやミューテックスなどの技術も使えない．

⊘ ハイインピーダンス出力を用いた複数マイコンの同期

一方で，各マイコンは完全に並列に動いており，かつ正確に時間を刻んでいることは期待してよい．その前提を使うと，コード 8-6 のような対応をとることができる．

コード8-6 資源独占を行うコード

```
 1:    void MonopolizeResource(){
 2:      do {
 3:        while (!portin_A);
 4:        portmode_A = 0;
 5:        Delay(MY_UNIQ_DELAY);
 6:        portmode_A = 1;
 7:      } while (!portin_A);
 8:      portmode_A = 0;
 9:      UseResource();
10:      portmode_A = 1;
11:    }
```

3 行目でほかのマイコンが使い終わるのを待ち，4 行目で自分が使うと宣言するまでは先のコードと同じである．しかしその後，5 行目で少し待ったのち，6 行目で自ら宣言を取り下げている．ほかのマイコンも同じ処理に入り Low にしているようなことがなければ，端子は High に戻る．7 行目ではそれを確認し，以後 8 行目で再宣言，9 行目で活用，10 行目で取り下げという手順を踏む．

重要なのは，5 行目の待ち時間である．この MY_UNIQ_DELAY を，各マイコンで異なる値にする．図 8-15 にその効果を示す．最初，マイコン A が共有資源を使用している状態でマイコン B，C が使いたいと考えたとする．二つのマイコンはともに

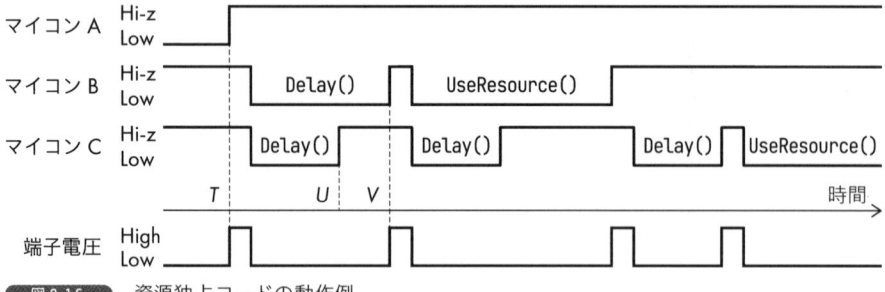

図8-15 資源独占コードの動作例

3行目の while 文から抜け切れず，待機状態となる．時刻 *T* でマイコン A の共有資源の使用が終わり，10行目により端子電圧が High に戻る．それを察知したマイコン B，C がともに4行目を経由して5行目に入る．5行目の MY_UNIQ_DELAY はマイコンごとに違うため，たまたま小さい値をもつマイコン C が時刻 *U* で6行目により端子電圧を High に戻そうとする．しかし，マイコン B はこの端子を Low にし続けているため端子電圧は High にならない．マイコン C は，7行目の while 文を抜け切ることができず3行目に戻る．時刻 *V* で，マイコン B が端子電圧を High に戻すことに成功する．マイコン B は while 文を抜け，8行目で端子電圧を Low に戻し活用する．マイコン C は，時刻 *V* で端子電圧が一瞬 High になったのを見逃さないかもしれない．4行目でもう一度宣言を行い，5行目で待っている間にマイコン B の使用が終われば8行目まで進むし，終わらなかったら3行目に戻って再度終わるのを待つ．

　この例では，単純化のため MY_UNIQ_DELAY をマイコンごとに異なる値にした．しかしそれだと，マイコンごとにソースが変わり管理が面倒になる．さらに，MY_UNIQ_DELAY の値が長いマイコンが優先的に共有資源を使えることになり，不平等である．別の問題として，あるマイコンが UseResource() にかける時間と別のマイコンの Delay(MY_UNIQ_DELAY) の時間が偶然一緒になり，互いに自分に使用権があると錯覚して事故を起こす可能性もゼロではない．これらは MY_UNIQ_DELAY という固定値でなく乱数を使うとか，8行目と9行目の間に全マイコンの MY_UNIQ_DELAY より大きい値の Delay() を入れるとか，チェックを1回でなく数回行うとかいろいろな方策がある．

オープンコレクタ

　図 8-14 のような回路において，マイコンの端子が図 8-11 のような構造になっていたのなら，どれかのマイコンが誤って High 出力を行ってしまうかもしれない．そうすると，図 8-12(a) と同様に High と Low が短絡し大電流が流れる．**図 8-16** のように High にできない Low だけの端子なら，何が起こっても絶対 High にならないので安全である．このような端子をオープンコレクタとよぶ．オープンコレクタの端子では，High を実現するためにはプルアップ抵抗が必要である．しかし，その抵抗の先は必ずしも論理回路（マイコン）の電源電圧と同じでなければならないわけではない．逆にいうと，オープンコレクタをうまく使うと High の電圧が変えられるのである．

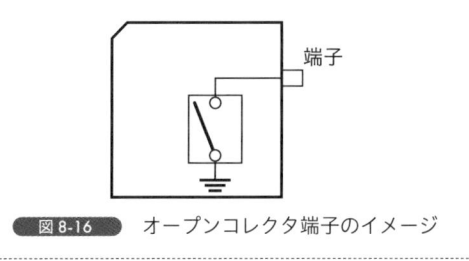

　　図 8-16　オープンコレクタ端子のイメージ

8-4　アナログからデジタルへの変換

8-4-1　アナログな電圧をデジタルで取り込むには

　コード 8-3 や図 8-11 では，`portin` の値が 0 なら Low，1 なら High とデジタルで状態を得ていた．Low や High は電圧のことで，Low なら 0 V，High なら 5 V など適当な値である．しかし，電圧は High と Low の間の値もとりうる．中途半端な電圧でも High か Low どちらかに決めないといけないので，High の半分の 2.5 V といった閾値を設け，それ以上か未満かで判定する．High は High，Low は Low と劣化なく情報を伝えることができるのがデジタルの強みである．

　しかし，端子の電圧が何ボルトなのか具体的に知りたいときもある．たとえば，温度や湿度，障害物までの距離などに応じた電圧で出力するセンサの電圧をプログラムに取り込むことができれば，温度や湿度，距離に応じた処理などが実現できる．コンピュータはデジタルの世界である．電圧（アナログ）をデジタルに変換して取り込む機能のことを，AD（Analog/Digital）変換とか AD コンバータ（ADC）とよぶ．

ADコンバータはセンサの出力を取り込むだけでなく，複数のスイッチの状態を取り込むのにも使われる．マイコンは貴重な計算機資源である．N個のスイッチのonとoffをN個の端子でデジタルに読み取るのではなく，ADコンバータを用いて一つの端子で読み取るのである．図8-17に，四つのスイッチの状態を取得する回路の例を示す．この回路において，スイッチの開閉と端子電圧の関係を知るには，中学校で習ったであろう電気回路に関する三つの知見が必要になる．図8-18を使って少し復習しよう．

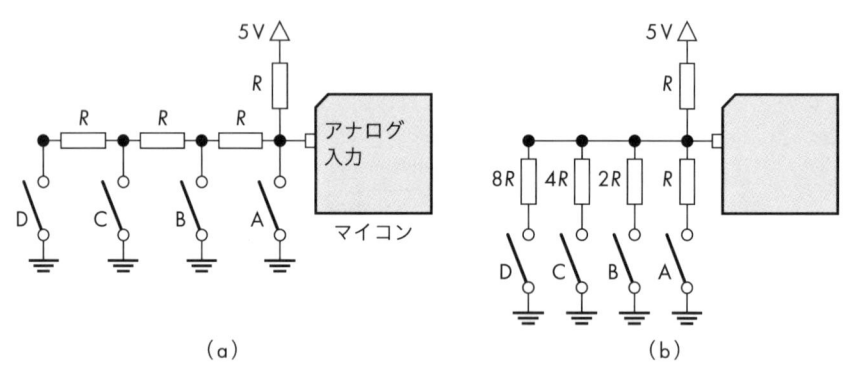

図8-17　複数スイッチの状態を一つの端子で読み取る回路

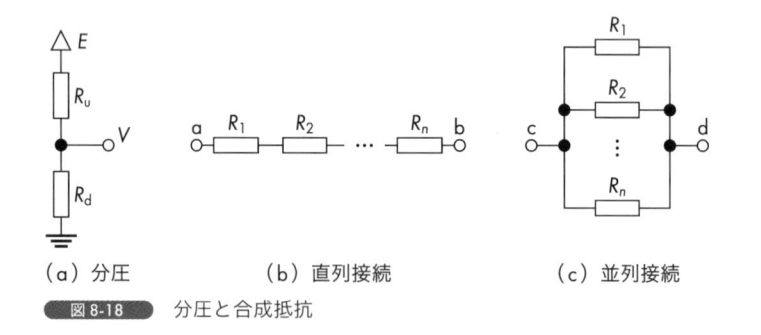

（a）分圧　　　　　（b）直列接続　　　　（c）並列接続

図8-18　分圧と合成抵抗

⊘ 分圧の式

　図(a)の回路では，端子に対し電源側にR_u，グランド側にR_dという二つの抵抗がつながっている．このとき端子電圧Vは

$$V = \frac{R_d}{R_u + R_d} E \tag{8-1}$$

となる．

✅ 直列接続の合成抵抗

合成抵抗とは，該当する部分を一つの抵抗とみなしたものである．図(b)の回路では，ab 間に複数の抵抗 R_1，R_2，$\cdots$，R_n が直列につながっている．この合成抵抗の値 R_{ab} は

$$R_{ab} = R_1 + R_2 + \cdots + R_n \tag{8-2}$$

と書ける．

✅ 並列接続の合成抵抗

さらに図(c)の回路では，cd 間に複数の抵抗が並列につながっている．この回路の合成抵抗の値 R_{cd} は

$$\frac{1}{R_{cd}} = \frac{1}{R_1} + \frac{1}{R_2} + \cdots + \frac{1}{R_n} \tag{8-3}$$

と書ける．

これらの式をもとに，図 8-17(a) の回路の端子電圧 V を考える．スイッチ A～D すべてが開いているときの V は電源電圧 E と等しい．$E = 5\,\mathrm{V}$ とすると，V も 5 V である．次に，スイッチ A が閉じているときの V はグランドの電圧，すなわち 0 V となる．それでは，スイッチ B, C, D が閉じたときはどうなるだろうか．式(8-2) に基づくと，R_d はそれぞれ R，$2R$，$3R$ になる．それらを式(8-1) に適用すると，端子電圧 V は 2.5 V，3.3 V，3.75 V と計算できる．つまり，

```
double f=ADInput(); // AD 入力（単位 V）
if (f<2.0)
    switchA_on();
else if (f<2.9)
    switchB_on();
以下略
```

などと AD コンバータで得た電圧値（1 行目の `ADInput()` で取得できたと想定）に基づいて分岐する処理を行えばよい．A が押されたときの端子電圧は計算上 0 V なので，`f` は 0.0 を示すはずである．しかし，このコードではそれを 2.0 未満かどうかで判定している．同様に，B が押されたときの判定も，2.5 でなく 2.0 以上 2.9 未満で判断している．これは，AD コンバータが読み取る値に誤差が入るためである．そのため，`==` を使わずこのようにある程度幅をもたせて判定させなければならない．

図8-17(a)の回路はスイッチに優先度がある．たとえば，スイッチ A が押された
のなら端子電圧は 0 V に落ちるため，B〜D が押されているかどうかわからない．
つまり，複数入力に対応できないのである．それを改善したのが図(b)の回路であ
る．抵抗が R, $2R$, $4R$, $8R$ と異なっていることに注意してほしい．閉じたスイッ
チの数を n，それにつながっている抵抗値を R_1, R_2, $\cdots$, R_n とすると，式(8-3)お
よび式(8-1)より端子電圧は次のように求められる．

$$V = \frac{\dfrac{1}{1/R_1 + 1/R_2 + \cdots + 1/R_n}}{\dfrac{1}{1/R_1 + 1/R_2 + \cdots + 1/R_n} + R} E$$

$$= \frac{1}{R/R_1 + R/R_2 + \cdots + R/R_n + 1} E \tag{8-4}$$

四つのスイッチがすべて開いていれば $n = 0$ なので $V = E$，A と C だけ閉じていれ
ば $n = 2$ で $R_1 = R$, $R_2 = 4R$ なので $V = \dfrac{4}{5}E$ となる．図(b)の回路ではスイッチ
が四つついているので n の最大は 4，その on と off の組み合わせは全部で 16 通り
ある．それぞれの状態で端子電圧がいくつになるか手で計算するのは大変なので，
プログラムで求めてみよう．コード8-7のようなプログラムでできるはずである．

コード8-7　端末電圧計算シミュレーション

```
 1:   #include <stdio.h>
 2:
 3:   int main(void) {
 4:     double C[4] = {1./8, 1./4, 1./2, 1.};
 5:
 6:     for (int i=0;i<16;i++){
 7:       double g=0;
 8:       for (int j=0;j<4;j++){
 9:         if ((1 << j) & i)
10:           g += C[j];
11:       }
12:       printf("%x %lf\n", i, 5/(g+1));
13:     }
14:     return 0;
15:   }
```

　4 行目は式(8-4)の $\dfrac{R}{R_1} \sim \dfrac{R}{R_4}$ の値である．6 行目の for 文は，全パターン（四

つのスイッチなので16通り）を計算するためのループである．ループカウンタ i を2進法で考えたときに1だったビットをスイッチ閉と考え，7〜11行目で式(8-4)の分母にある $\dfrac{R}{R_1} + \dfrac{R}{R_2} + \cdots + \dfrac{R}{R_n}$ を計算し，12行目で $E = 5\,\text{V}$ としたときの端末電圧を表示している．

　各組み合わせで端子電圧がどれくらいになるかは，プログラムを実行してみればわかるだろう．すべてのパターンを判別するためには，0.079 V 程度の電圧差を識別できなくてはならない．これを十分判別可能な大きな値と捉えるか，誤動作するかもしれない微小な値と捉えるかは，AD コンバータの性能や回路に乗るノイズの大きさ，使用する抵抗の精度などに依存する．

8-4-2　AD コンバータのしくみと使い方

　AD コンバータには，いくつかの実現方法がある．その選定は精度や速度，そしてコストなどに依存する．図 8-19 は，マイコン内によく搭載されるタイプの AD コンバータの簡単な模式図である．電圧（アナログ）をデジタル化する「AD 変換ユニット」そのものは一つで済ませ，複数端子を「スイッチ A」で選択できるようになっている．いまは端子1，それが終われば端子3と，時分割で AD 変換ユニットが利用する端子を切り替えれば，いくつもの端子の電圧を計測できるようになる．

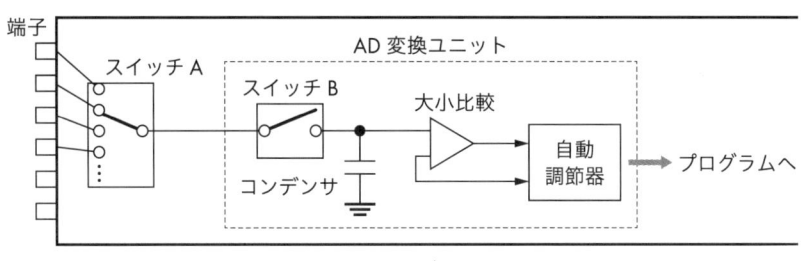

図 8-19　典型的なマイコン内の AD コンバータの構造

　ここの AD 変換ユニットの動作原理は，小学校の理科の実験で体験したであろう上皿天秤と似ている．現実の天秤は「計測対象側の皿が重い」「分銅側の皿が重い」のほかに「釣り合う」という事象も計測できたが，このユニットの天秤（大小比較）は重いか軽いかしかわからない．そのため，手持ちの中で一番軽い分銅を追加すると天秤が逆側に傾くような分銅の組み合わせを選ぶ．傾く前の分銅の総質量を M，手持ちで一番軽い分銅の質量を Δm とすると，対象物の質量は M 以上 $M + \Delta m$ 未

満だとわかる．Δm が小さければ小さいほど精度は高くなるが，それを乗せて初めて天秤が傾くような総質量 M の分銅を選択するには，何度も分銅を乗せたり取り除いたりしなければならない．それには時間がかかるし，その間は対象物側の皿の状態を保っておく必要がある．

AD 変換ユニットにおいて皿の状態を保つはたらきをするのが，スイッチ B とコンデンサである．まずスイッチ B を閉じてコンデンサを充電し端子電圧と同じにしたあとに，スイッチ B を開いて電圧を保持した状態で電圧を測るのである．以上を踏まえると，このタイプの AD 変換を遂行するには次の六つのステップがいる．

❶ スイッチ A を切り替える
❷ スイッチ B を閉じる
❸ コンデンサの電圧が端子電圧と同じになるまで待つ
❹ スイッチ B を開く
❺ 自動調節器を起動し，比較が終わるまで待つ
❻ 自動調節器で得た値を読み取る

ステップ❸や❺にどれくらいの時間がかかるのかは AD 変換ユニットの性能次第であるが，とにかくプログラムの実行速度に比べても長い（一般的に数〜数十マイクロ秒）．単に while 文などで処理が終わるのを待つのでなく，その間に別の処理を少しでも進めれば効率的なプログラムとなる．

前項で AD 入力の関数に使った ADInput() は，3.61 V などという物理量を返す前提で議論した．しかし本来 AD コンバータから得られる値は「基準電圧 E を $2^N - 1$ としたときのいくつ」という整数値である．たとえば $E = 5$ V, $N = 12$ だとすると，3.61 V は $\dfrac{3.61}{5} \times 4095 = 2956.59$ だから，2956 か 2957 という値になる．物理量を得るには，この値に $\dfrac{5}{4095}$ を掛ければよい．回路上の基準電圧 E はとても重要である．たとえば，電池が弱くなってきたなどの理由で $E = 4.8$ V になってしまったら，3.61 V の AD 値は 3079〜3080 となる．$E = 5$ V を前提としているプログラムなら，この値は $\dfrac{3080}{4096} \times 5 = 3.76$ V と認識される．この差 0.15 V が問題となるような用途なら，基準電圧 E を一定にするよう工夫しなければならない．マイコンによっては基準電圧を①電源電圧にする，②内部の基準電圧発生装置の出

力にする，③特定の端子の電圧にする，のうちどれか好きなものに選択できるので，②や③の機能になるよう設定してもよい（③の場合，別途定電圧回路が必要）．

　ADコンバータがどれくらい細かい電圧まで見分けられるかは，図8-19の自動調節器が比較を繰り返す回数に依存する．これを分解能とよぶ．分解能は実質的な値（ADコンバータなら電圧）のほかにビット数で表現することもある．たとえば「12ビット」などである．これは基準電圧が5Vならば $\dfrac{5}{2^{12}-1} = 1.2\,\mathrm{mV}$ まで区別することができることを意味する．ただし，1.2 mVの細かさで見ることができるポテンシャルをもっているという意味であって，実際にその細かさで得られるかはわからない．得られる数値の下1〜2ビットはほとんどノイズで安定しないため，それらのビットは使わず，$N-2$ ビット程度のADコンバータとして使うのが一般的である．

8-5　デジタルからアナログへの変換

8-5-1　デジタル情報を電圧で出力するには

　AD変換とは逆に，コンピュータから任意の電圧を出したいときがある．コンピュータ内部の情報（デジタル）を電圧（アナログ）に変換することから，これをDA変換とかDAコンバータ（DAC）とよぶ．**図8-20**に，DA変換を実現する回路の例を示す．

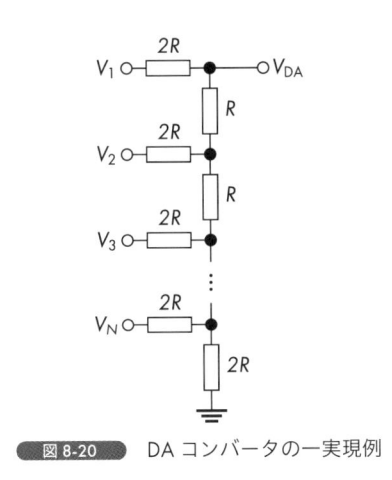

図 8-20　DAコンバータの一実現例

算出方法は割愛するが，この回路の左側端子に電圧 V_1, V_2, V_3, $\cdots$, V_N を与えたときの右側の端子電圧 V_{DA} は，次のようになる．

$$V_{\mathrm{DA}} = \frac{1}{2} V_1 + \frac{1}{4} V_2 + \frac{1}{8} V_3 + \cdots + \frac{1}{2^N} V_N$$

左側端子をマイコンなどのデジタル出力ピンにつなげると，$V_1 \sim V_N$ は High と Low の二択となる．High を 5 V，Low を 0 V として，それら N 個の High と Low を適切に選択すれば，0〜5 V 弱の間を $\dfrac{5}{2^N}$ V の精度で出すことができる．

8-5-2　PWM のしくみと使い方

図 8-20 のような DA 変換回路は任意の電圧を生み出すことができるが，必要な端子が多い．マイコンの端子は貴重な資源であるため，なかなかこういったぜいたくはできない．その代替として，**図 8-21** のように 1 本の端子の on と off を短時間で切り替えることで疑似的な電圧を出す手法がある．

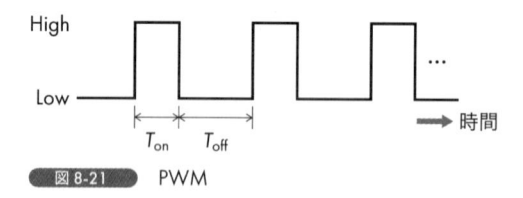

図 8-21　PWM

on にした時間を T_{on}，off にした時間を T_{off} とすると，生み出される疑似電圧 V_{pseudo} は，平均の

$$V_{\mathrm{pseudo}} = \frac{T_{\mathrm{on}}}{T_{\mathrm{on}} + T_{\mathrm{off}}} E$$

と考えてよいだろう（E は High の電圧）．この方式を，PWM（Pulse Width Modulation）とよぶ．PWM では $T_{\mathrm{on}} + T_{\mathrm{off}}$ を固定値にするのが普通である．この時間（周期）を PWM 周期，その逆数を PWM 周波数とよぶ．さらに，on の割合 $\dfrac{T_{\mathrm{on}}}{T_{\mathrm{on}} + T_{\mathrm{off}}}$ をデューティ比とよぶ．

図 8-2(a) の回路のように，LED をつないだ端子に PWM を使うと明るさを調整することができる．人間の目の反応速度はコンピュータに比べ遅い．そのため，高速で明滅を繰り返しても人間は暗いとしか認識できないのである．図(b)のモータ

駆動も同様である．モータの中にはコイル（インダクタ）が，また軸には慣性があるため，PWM ですばやく on と off を繰り返すとモータは低い電圧がかかったときのようにゆっくり回る．さらに，FET などのモータ駆動素子にとって中途半端な電圧をかけるより，High か Low のようにはっきりした電圧で指令したほうが効率がよいので，モータの制御には率先して PWM 方式が選ばれる．

PWM はとてもよく使われるテクニックのため，7-4-2 項で挙げた UART モジュールのように PWM を行う専用のモジュールを搭載しているマイコンもある．そういったマイコンでは起動直後に 1 回，周波数や出力ポートの指定を行えば，あとは適宜デューティ比を指定すれば勝手に PWM 信号を出せる．

PWM は，周波数をそこまで高くしないのであればプログラムでも実現できる．コード 8-8 にその例を示す．

コード 8-8 ソフトウェアによる PWM 実装例

```
 1:   void OnTimeInterrupt(){
 2:     static int PWM_Counter=0;
 3:     if (PWM_Counter < PWM_Duty)
 4:       portout_B = 0;
 5:     else
 6:       portout_B = 1;
 7:
 8:     if (++PWM_Counter > 9)
 9:       PWM_Counter = 0;
10:   }
```

ここで，関数 OnTimeInterrupt() はタイマ割込みなどで一定間隔で呼び出される関数，PWM_Duty はグローバル変数とする．このコードは 8 行目を通るたび（タイマ割込みが発生するたび）に PWM_Counter を 1 上げ，10 になったなら 0 に戻している．これにより 3〜6 行目の PWM_Counter は 0，1，2，3，…，9，0，1，2，…と 0〜9 を繰り返す．この PWM_Counter が PWM_Duty より小さければ，ポート B を Low にする．図 8-2(a) の回路なら LED が灯る．この割込み関数外で PWM_Duty を 0〜10 の範囲で設定すれば，10% 刻み 11 段階でデューティ比を指定することができる．もっと細かくデューティ比を制御できるようにしたければ，8 行目の 9 を大きくすればよいが，そのぶん PWM 周波数は低くなる．

8-6　タイミング処理のポイント

8-6-1　長いもしくは短い間隔で処理するには

　組込みプログラムでは，タイミングが重要になることが多い．コード8-8で使ったタイマ割込みは，正確にタイミングをとる方法の一つである．しかし，タイマ割込みは呼び出せる間隔に制限がある．それよりも長いもしくは短い間隔で何か処理をさせるには工夫がいる．

　長いほうは問題ない．たとえば，コード8-8の9行目はタイマ割込み10回に1回しか実行されない．1回で行う内容がタイマ割込みの間隔以内で完了する計算量なら，このやり方を踏襲すればよい．それ以上の時間を必要とする計算なら，割込みする側ではなく，される側で処理を書かなくてはならない．そのような例を，コード8-9に示す．

コード8-9　メインで行う長時間間隔処理

```
1:    for (;;){
2:      while (TIME_Counter < 10);
3:      TIME_Counter=0;
4:      HeavyProcess();
5:    }
```

　グローバル変数 TIME_Counter は，タイマ割込み関数内で単に

```
TIME_Counter++;
```

などと毎回1上げる．TIME_Counter が10以下ならば2行目で留まり続け，10になった時点で3行目に移動して0に戻される．その後，4行目の重い処理(HeavyProcess())を開始する．HeavyProcess() 処理中にタイマ割込みが発生しても，TIME_Counter 値が上がるだけである．この記述なら，HeavyProcess() にかかる時間が変動しても呼び出される間隔は変わらない．

　今度は逆に，タイマ割込みでは難しい短い間隔で処理を行う方法を考える．原則として内容はコード8-9と変わらない．異なるのは，ここの TIME_Counter の代わりにもっと速く動くカウンタを使う点である．このカウンタはハードウェアが勝手に更新するもので，ほとんどのマイコンでタイマレジスタといった名称で実装されている．初期設定でカウントアップさせるのかカウントダウンさせるのか，どのく

らいの速度にするかといった設定が必要だが，それさえ行ってしまえば自動的に更新される．

　タイマレジスタが存在しないとか，別の用途で使われているとかの理由で使えないときは，無駄な処理をさせてその時間でタイミングをとるしかない．コード 8-10 はその例で，3 行目と 5 行目で意味のない 10 回のループをしている．

　無駄な命令によるタイミング調整

```
1:    for (;;){
2:        portout_B = 0;
3:        for (i=0;i<10;i++);
4:        portout_B = 1;
5:        for (i=0;i<10;i++);
6:    }
```

　もっと短い間隔が必要なときは，ループ処理でなく

```
dummy=0;
```

などと単に無駄な処理をさせて時間を稼いでもよい．ただし，このやり方もいくつか気をつける点がある．

✓ コンパイラの最適化

　コード 8-10 の 3 行目と 5 行目は，一目で無駄な処理だとわかる．コンパイラもそう判断し，最適化オプションによっては 3, 5 行目は省略され，期待した時間待ってくれないことがある．「この部分は最適化するな」といった指示などが必要である．

✓ 割込みが使えない

　この方法は，同じ処理を行う時間は変わらないという前提で動いている．3 行目や 5 行目といった無駄処理を行っている途中で割込みが発生したら，その処理にかかる時間が追加され想定より長い時間がかかる．割込みは使わないか，それによって生じる遅れを許容するかしかない．

✓ 見えない処理時間がある

　コード 8-10 は，一定間隔でポート B を High と Low にするプログラムである．無駄時間を生成する 3 行目と 5 行目は同じフレーズなので，High になる時間と Low になる時間はぴったり同じになるように思える．しかし厳密には

　❶ portout_B を 0 にする（コード 2 行目）

❷ 無駄な処理をして少し待つ（コード 3 行目）

❸ portout_B を 1 にする（コード 4 行目）

❹ 無駄な処理をして少し待つ（コード 5 行目）

❺ ❶に飛ぶ

という処理を行うため，portout_B が 0 になっている時間に対し 1 になっている時間は「❶に飛ぶ」処理のぶんだけ長い．このわずかな差さえ許したくないのなら，❷（コード 3 行目）の待ち時間に「❶に飛ぶ」と同じくらいの時間がかかる無駄処理を追加しなければならない．

8-6-2　機械語を書いて時間を調整する

　コード 8-10 を記述するにあたって，3 行目や 5 行目で待たせたい時間を実現するにはどのような処理を書けばよいだろうか．一番簡単な方法は，端子にオシロスコープをつなげて信号を観察しながら調整する方法である．しかし，この方法は確実であるがその場しのぎで，コンパイラがバージョンアップするなど，ちょっとしたことでせっかく調整した時間が狂う．そういったときは，もっと原始的な言語を使用するしかない．それが機械語である．

　C 言語のコードは，最終的にコンパイラを通して機械語（マシンコード）に変わる．機械語の各命令を実行する時間は，明確に決まっている．C 言語のコードの中に「この間は自分でやるから翻訳しなくてよい」と直接機械語を書けば，正確に時間を調整することができる．C 言語コードの中に直接機械語を書くことを，インラインアセンブリとよぶ．インラインアセンブリは C 言語の正規な機能ではないので，書き方はコンパイラに依存する．たとえば

```
__asm {
    命令
    命令
    ...
}
```

と書くものもあれば

```
asm ("命令");
asm ("命令");
asm ("命令");
...
```

と書くものもある．「命令」は CPU に対応した機械語（正確にはアセンブリ言語）である．その中の nop という命令を使って記述してみた例をコード 8-11 に示す．

インラインアセンブリの記述例

```
1:    for (;;){
2:        portout_B = 0;
3:        asm("nop");
4:        asm("nop");
5:        portout_B = 1;
6:        asm("nop");
7:    }
```

インラインアセンブリを活用するには，多少の覚悟と注意が必要である．インラインアセンブリは，C 言語の利点である移植性をスポイルしている．コード 8-11 はあるマイコン，あるコンパイラなら期待した動きが得られるが，別の環境ではコンパイルすら通らない．また，C 言語は裏でさまざまな情報をメモリやレジスタに蓄えている．インラインアセンブリを用いて不用意にそういった情報を書き換えると，プログラムの動作がおかしくなる．インラインアセンブリを使うにあたって，このレジスタは使ってよいとかここのメモリ空間しか使ってはならないとかさまざまな取り決めを調べ，確実に守らないといけない．

なお，インラインアセンブリで命令遂行時間を見積もれるのは古典的な CPU に限られる．5-5 節で述べたように，近年の CPU は，少し高機能なマイコンになると，パイプラインや先読み，メモリキャッシュなど速く動く工夫を入れている．こういった CPU でも，内部状態の変化をきちんとシミュレーションすれば処理時間を正確に見積もることができるだろうが，あまり現実的ではない．

8-7　仮想マシンを用いた組込みプログラム開発

8-7-1　メモリの種類と使い分け

コンピュータの構成要素の一つにメモリがある．図 3-1 ではプログラムメモリとデータメモリという分け方をしたが，RAM（Random Access Memory）と ROM（Read Only Memory）という分け方もできる．RAM は電源が供給している間のみ情報を記憶し，電池の交換などで電源供給が途絶えると失われる．対する ROM は，電源が途絶えても中身を失わない．そこで，RAM は変数を格納する場所，ROM はプログラムそのものやパラメータを保存する場所として使われる．

RAM や ROM 自体にもいくつか種類がある．RAM は速いものと遅いものと区別できる．速い RAM は高価なので，データメモリ全体に使わず数百〜数千バイトといった一部だけを速い RAM にするマイコンもある．頻繁に値を変える変数を優先的にそこに割り当ててプログラムを速くするのである．対する ROM にも種類がある．ここでは以下の 3 種類に分類しよう．

❶ 工場出荷時にデータを入れ，二度と変更できない ROM
❷ 特殊な機器を使えば開発者でも変更できる ROM
❸ プログラムからも書き換えできる ROM

❶のタイプはマスク ROM とよばれ，マイコン工場（メーカ）に書き込むデータを添えて発注する．大量生産の効果で一つあたりの値段はほかの方式に比べ安い．しかし，万一書き込んでもらったデータに間違いがあった場合，大量の不良品を抱えるリスクがある．その点，❷のタイプの ROM はデータが間違っていたとしても書き換えられるため，救いがある．ただし，物理的に可能というだけでどのように実現するかは別である．製品に搭載された数十万〜数百万個のマイコンを書き直すことは容易ではない．このタイプの ROM に書き込むには，書き込み器とかライタとかとよばれる装置を使う．それに対し❸のタイプの ROM は，プログラムで書き直すことができる．そのため，サーバの IP アドレス，センサ取得条件，LED の色味など，使用者が設定した情報を保存するのに適している．しかし，一般に書き込み速度は RAM に比べ格段に遅い．さらに，書き込みできる回数に制限がある．プログラムを作るにあたっては，どのデータをどのようなタイミングで記録するか十分検討する必要がある．

8-7-2 仮想マシンによる開発工程

マスク ROM（前項タイプ❶）にプログラムを書き込むことを考えよう．このタイプは，書き込むデータに間違いがあると大量の不良品を抱えてしまう．スケジュール的なリスクもある．マスク ROM は，**図 8-22**(a)のようにメーカにプログラムを納めて生産する．そのため，工程のかなり早い段階でプログラムを完成させていなければならず，ソフト開発者にとってなかなか負担が大きい．

この問題を解決する手段の一つが仮想マシンである．マスク ROM には仮想マシンのコードを入れる．そして，同じマイコン内にあるタイプ❷や❸の ROM に仮想マシン用のコードを置くのである．スケジュールは図(b)のようになる．工程の最

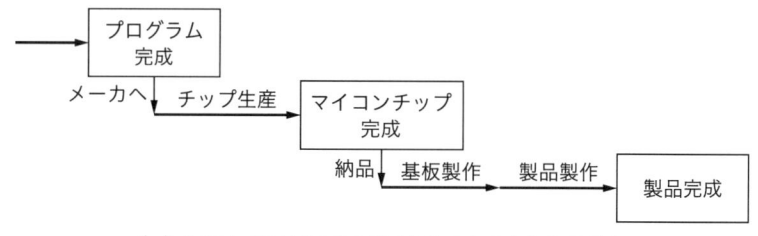

（a）マスク ROM にプログラムそのものを入れる場合

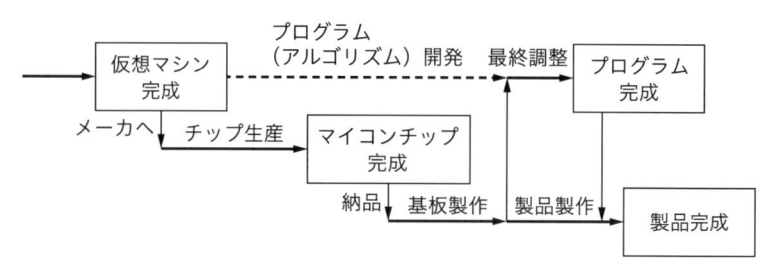

（b）マスク ROM に仮想マシンを入れる場合

図 8-22 組込みプログラムの開発スケジュール

後までプログラム（アルゴリズム）開発を行うことができ，より高品位な製品に仕上げることができる．仮想マシンとは，要はインタプリタである．Ruby や Pythonのようなものを想定するかもしれないが，そこまで大がかりである必要はない．作ろうとする製品に特化すると，かなりコンパクトになる．

8-7-3　プログラムの例

コード 8-12 に仮想マシンのサンプルを示す．このうち 36〜40 行の配列 data[]が仮想マシンのコード（以後本書では V-Code と略す）である．紙面の都合上，このように初期値のある配列の形で書いているが，実際には前述したタイプ❷や❸のROM から読み取るようにする．

コード 8-12 仮想マシンのコード例

```
1:   #include <stdio.h>
2:
3:   int mem[16];
4:   int pc;
5:
6:   void set(int a, int b){
7:     mem[a]=b;
8:   }
```

```
 9:
10:  void add(int a, int b){
11:    mem[a] = mem[b>>4] + mem[b & 0x0f];
12:  }
13:
14:  void out(int a, int b){
15:    printf("[%d]\n", mem[a]);
16:  }
17:
18:  void jmp(int a, int b){
19:    pc = b;
20:  }
21:
22:  void leq(int a, int b){
23:    if (mem[a] > b)
24:      pc++;
25:  }
26:
27:  void nop(int a, int b){
28:  }
29:
30:  void (*func[16])(int, int) = {
31:    set, add, out, jmp, leq, nop, nop, nop,
32:    nop, nop, nop, nop, nop, nop, nop, nop
33:  };
34:
35:  int main(void){
36:    unsigned char data[][2] = {
37:      {0x00, 0x00}, {0x01, 0x00}, {0x02, 0x01}, {0x21, 0x00},
38:      {0x13, 0x12}, {0x11, 0x20}, {0x12, 0x30}, {0x41, 0xff},
39:      {0x30, 0x02}, {0x30, 0x08}
40:    };
41:
42:    pc = 0;
43:    for (;;){
44:      int a = (data[pc][0] >> 4) & 0x0f;
45:      int b = data[pc][0] & 0x0f;
46:      int c = data[pc][1];
47:
48:      func[a](b, c);
49:      pc++;
50:    }
51:  }
```

このコードでは 3-3-5 項で述べた関数のポインタを使っている．関数のポインタ
は，30〜33 行目にて配列 func[] として宣言している．配列の大きさは 16 個にし
ているが，実質的には set()，add()，out()，jmp()，leq()，nop() の 6 個である．

これらの関数の実体は6〜28行目にある．27，28行目の nop() は何もしない関数であり，配列 func[] の5〜15番目で指されている．これは保険である．44行目で変数 a の値は0〜15の範囲に保証されているので，どんな間違った V-Code でも何かの関数が呼び出される．

3行目の mem[] は，仮想マシンがもつ16ワードのメモリである．そして，4行目の pc は現時点で実行している，もしくは次はどこを実行するかを示す V-Code の位置である．V-Code は37〜39行目に示すように2バイト（16ビット）で構成されている．1バイト目の最初の4ビットが命令である．44行目ではそれを抜き出し変数 a に代入し，48行目で関数を呼んでいる．残り12ビットの解釈は，各関数の作り方次第である．このコードでは，原則として1バイト目の残り4ビットを b にして演算結果の格納先にし，2バイト目は c にして各関数で自由に解釈させている．

図8-23 は，コード8-12の37〜39行目にある V-Code を解説したものである．4列目はどの関数がどんな引数で呼び出されたかを，5列目はそれを C 言語風に直訳してみたものを示している．このコードを読み解くにあたって，少し説明しておいたほうがよいと思うところを三つ補足する．一つめは，V-Code を始めてすぐ0番目のメモリに0を入れているところである．メモリ0の値は実行中0から変化しない．この仮想マシンにはメモリをコピーする命令がなく，任意の二つのメモリを足す add() 命令で代用させている．それには0が入ったメモリが必要なので，作っ

アドレス	V-Code	a	b	c	関数	C 言語風に直訳	意訳
0x00	0x00, 0x00	0	0	0x00	set(0, 0x00)	m[0]=0	
0x01	0x01, 0x00	0	1	0x00	set(1, 0x00)	m[1]=0	x=0;
0x02	0x02, 0x01	0	2	0x01	set(2, 0x01)	m[2]=1	y=1;
						loop:	do {
0x03	0x21, 0x00	2	1	0x00	out(1, 0x00)	print(m[1])	print(x);
0x04	0x13, 0x12	1	3	0x12	add(3, 0x12)	m[3]=m[1]+m[2]	z = x + y;
0x05	0x11, 0x20	1	1	0x20	add(1, 0x20)	m[1]=m[2]+m[0]	x = y;
0x06	0x12, 0x30	1	2	0x30	add(2, 0x30)	m[2]=m[3]+m[0]	y = z;
0x07	0x41, 0xff	4	1	0xff	leq(1, 0xff)	if (m[1]<=0xff)	} while (x<=0xff);
0x08	0x30, 0x02	3	0	0x02	jmp(0, 0x02)	goto loop	
						infinite:	for (;;);
0x09	0x30, 0x08	3	0	0x08	jmp(0, 0x08)	goto infinite	

図 8-23 仮想マシン用コード（V-Code）の内容

ているのである．二つめは，out() で b のみを，jmp() で c のみを使っているところである．使っていないほうはどんな値を入れてもよい．ここではゼロにしているが，たまたま以上の理由はない．使わない情報を格納することはメモリの無駄である．しかし，無駄が出ないようパラメータ数を可変にすると，命令解釈が複雑になる．ここでは単純さを優先させたのである．三つめは，jmp() の動きである．jmp() は，19 行目によって pc を第 2 引数の値にすることで実現している．プログラムの構造上，pc は jmp() を抜けた 49 行目でも 1 足される．そこで，V-Code では飛び先より 1 少ないアドレスを設定している．

　図 8-23 の最右列には，C 言語風に意訳したコードも示してみた．2 ループ前と 1 ループ前で表示した値の和を表示することを繰り返している．すなわち，これはフィボナッチ数列（1-1-2 項）を計算，表示するコードである．

Chapter 9

機械語の基本

　C言語で書いたコードは，コンパイラを通して最終的に機械語になる．C言語を使うことで，機械語を生成する煩雑な作業をコンパイラに一任できるのである．しかし，現実はなかなかそううまくいかない．組込みシステムでは，コンピュータの性能の極限まで引き出さなければならない．そのため，コンパイラが生成した機械語が適切か確認したり，コンパイラより賢く機械語を紡がなければならないこともある．この章では，そもそも機械語とはどういうものなのか，C言語プログラムがどのように機械語に対応されているのかといったイメージを獲得することを目標とする．

9-1　なぜこの時代に機械語を学ぶのか

9-1-1　機械語・アセンブリ言語とは

　コンピュータの命令の一つ一つはマシンコード，すなわち数値である．CPUはプログラムメモリから数値を読みとり，その数値に基づき動く．仮想マシンを実現したコード8-12を思い出してみよう．あのコードの37〜39行目で列記した数値データがマシンコードだった．本物のCPUのマシンコードもあれに似ている．マシンコードは単なる数値の羅列であり，人間にとって何を意味しているのかわかりづらい．その数値を少しだけ人間にわかりやすい単語で記述したものをアセンブリ言語，そしてそれを数値化するプログラムをアセンブラとよぶ．図8-23で「C言語風に直訳」という列があったが，あれがイメージとしてアセンブリ言語とかなり近い．

　図9-1はC言語とアセンブリ言語，コンパイラとアセンブラの関係を示したものである．普通にコンパイラを使うぶんには，アセンブリ言語とかアセンブラとかは意識しなくてもよい．コンパイラはマシンコードを生成するもので，かつアセンブリ言語はマシンコードを直訳したものと考えると，コンパイラがマシンコードを生み出す過程でアセンブリ言語で記述された中間生成物があっても不思議ではない．実際，中間ファイルとしてアセンブリ言語で書かれたファイルを生成するコンパイラもあるし，オプションで指定すればファイルにしてくれるコンパイラもある．

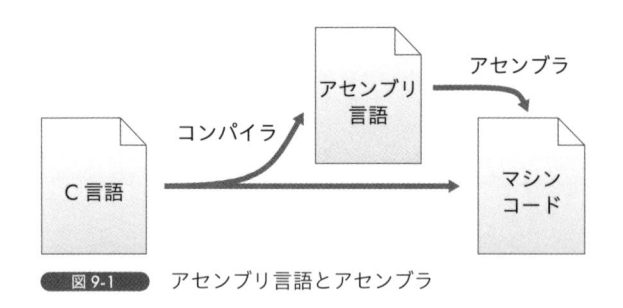

図 9-1　アセンブリ言語とアセンブラ

✓ 本書における機械語の定義

アセンブリ言語とマシンコードは1対1で対応しており，プログラマにとってほとんど同義である．たとえば，数値 $26_{(10)}$ に対し $1a_{(16)}$ や $32_{(8)}$，二十六，XXVI，と表現したとしても，アルファベットがもつ文字の種類の数という本質は変わらない．それと同じである．

本章のタイトルにも含まれる「機械語」という言葉は，一般的に本書でマシンコードとよんでいる整数値の羅列を指す場合が多い．しかし上述したように，アセンブリ言語とマシンコードを区別する必要は少なくとも本書の範疇ではなく，二つを包括したものを示す言葉がほしい．本来「低水準言語」という言葉がそれなのだが，一般性に欠ける．

一方で，たまに「機械語入門」とか「昔は機械語で書いていた」といったフレーズを目にする．このときの機械語は低水準言語のことを示している．本書でもそれを踏襲し，アセンブリ言語とマシンコードの二つを含む概念を機械語とよぶことにする（図9-2）．

9-1-2　組込みエンジニアが機械語を学ぶメリット

C言語もしくはC言語を祖とする各種プログラミング言語で普通にプログラムを作るのなら，機械語の知識は必要ではない．「コンピュータ（CPU）は億オーダ個のトランジスタが組み合わされたものである」と同じ程度で「コンパイラを用いればこのソースが機械語に変化されて動く」といった理解でかまわない．しかし組込みエンジニアとして活動していくなら，機械語に関する知識を少しでももっているとさまざまな場面で役に立つ．以下にその例を示そう．

❶ 組込み系ではタイミングがシビアなときがある．C言語だとどうしてもそれを記述できないときがある．8-6-2項で述べたように，そのときはインライ

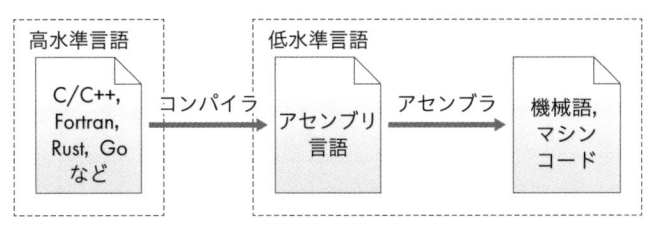

（a）よく見かける機械語の定義

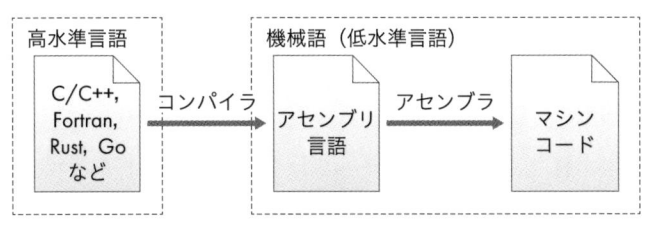

（b）本書での機械語の定義

図 9-2 機械語とマシンコード

ンアセンブリで書かざるを得ない．また，コンパイラが生成したアセンブリ言語の命令サイクルを数え，C言語で書いた処理が何マイクロ秒かかるか確認したいこともある．

❷ C言語で書いた内容と現実の動きにどうしても乖離があり，コンパイラが正しく機械語に変換していないのではと疑うときがある．コンパイラが出力したアセンブリを読めれば，正しいか正しくないか確認することができる．

❸ 各種モジュールのデータシートや古い文献では，アセンブリ言語の作例しか載っていないときがある．これも，アセンブリを読めれば何をしているのか理解でき，それと同じ動作をするC言語のソースコードを書くことができる．

 9-2 機械語のポイントを押さえよう

9-2-1 CPU の構造と機械語

よく機械語は難しいといわれる．一つ一つの命令がシンプルなぶん，どのように組み合わせればよいか，もしくはその組み合わせで何をさせようとしているのかわかりづらいためである．しかも，機械語の命令セットはCPUによって異なる．コードの見た目がCPUによってガラリと変わることも，難しいと思われる要因である．

これからの話を読むにあたって，**図 9-3** に示したCPUの構造をイメージしておいてほしい．図3-1でレジスタと一括りにしていたものから，フラグとプログラム

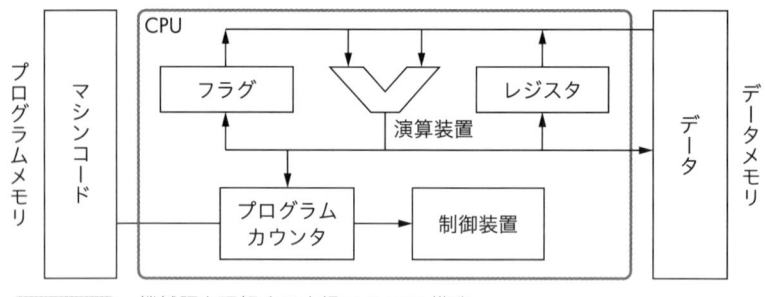

図9-3 機械語を理解する立場での CPU 構造

カウンタを分けたのである．プログラムカウンタは CPU がいまプログラムメモリ上のどの命令を実行しているか，次に実行すべき命令はどれかを指し示すもので，コード 8-12 の変数 pc に近いはたらきをするものである．フラグは命令によって生じた結果を 0 と 1 の 1 ビットで格納するものである．フラグの種類は，演算した結果がゼロだった，負だった，オーバーフローが発生した，といくつもある．フラグが 1 になることを「立つ」とか「セットされる」とよび，逆に 0 になることを「下がる」とか「クリアされる」とよぶ．レジスタは CPU 内でデータを一時的に保持しておくためのもので，個数やビット幅などは CPU に依存する．特定の機能をもつレジスタをアキュムレータとよぶこともあるが，最初は同じものという理解で差し支えないだろう．

演算装置は機械語の命令を遂行するものである．遂行する命令はとてもシンプルで，C 言語風に書くと次のようなはたらきしかしない．

❶ A=8
❷ B=MEM[18]
❸ MEM[X]=A
❹ A+=MEM[94]
❺ B<<=1
❻ A-18

ここで A, B, X はレジスタ，MEM[*N*] は *N* 番地のメモリ値としている．❶の A=8 は，定数 8 をレジスタ A に代入している．❷は，定数でなく 18 番地のメモリの値をレジスタ B に代入している．アドレスは，18 のように固定値ではなく❸のように別のレジスタ（ここでは X）の値で指示することもできる．❹ではレジスタ A に 94 番地のメモリの値を加えており，❺ではレジスタ B を左シフトしている．❻の命令

は，C言語的には意味がない．A-18 の結果をどこにも反映していないからである．しかし機械語では異なり，命令が遂行されるとフラグが勝手に書き換わる．演算結果がゼロだと立つフラグを Z だとして，❻の命令を遂行した直後に

```
if (Z)
    goto xxxx
```

という処理を行う命令をおけば，レジスタ A が 18 か否かで動作を変えられる．機械語の分岐は，すべて goto 文のようなもので実現されている．コード 2-10 では分岐すべてを goto 文で書いたが，機械語のプログラムはあのような抽象度で書かれているのである．

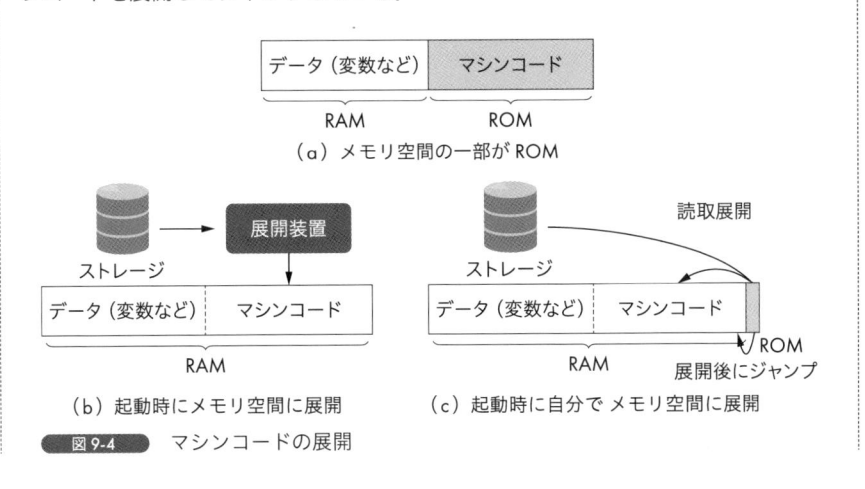

図(b)や(c)の形態では，マシンコードは RAM に存在する．そのため，プログラムが自身のコードを書き換えることもできる．こういった自己書き換えはリバースエンジニアリング対策として難読化させるためや，マシンコードを圧縮して少ないメモリに詰め込むために使われる．いまの時代に率先して行う方法ではないと思うが，そういったテクニックが存在することは知っておいてもよいだろう．

9-2-2　アセンブリ言語の基本

　前項では，機械語の命令を C 言語風に書いた．最終的な生成物は数値（マシンコード）なので，マシンコードと 1 対 1 で対応して見やすく書きやすければ，命令の表現は本来どうでもよい．ただし，一般的な書き方があり，それがアセンブリ言語である．たとえば，A=8 に相当する命令をアセンブリ言語で書くと，次のような表現になる．

```
lda #8
```

前半の lda という英字で表現された部分が命令（これをニーモニックとよぶ）で，後半の #8 など適当な記号がパラメータ（オペランドとよぶ）である．このニーモニック lda は，"<u>l</u>oa<u>d</u> <u>a</u>" が語源である．繰り返しになるが，最終的に得たいものはマシンコードである数値であり，それに 1 対 1 で対応していれば書き方は好みである．実際，CPU メーカやアセンブラ（ソフト）によって「lda #8」相当の命令は

- ld a #8（レジスタをオペランドで指示）
- mov a #8（load ではなく "<u>mov</u>e" が語源）
- mv a #8（さらに <u>mov</u>e と略した）
- mov #8, a（代入先を後ろに書く．これを AT&T 形式とよぶ）

などさまざまな表記方法がある．MEM[X]=A 相当の命令も「sta ,x」（"<u>st</u>ore <u>a</u>" が語源）や「ld (x), a」や「mov [x] a」などの派閥がある．

　このように，データの移動命令は ld/st 系と mv 系という二大派閥があるが，そのほかの命令はだいたい同じである．たとえば足し算をする命令は，"<u>add</u>ition" を語源とした add という名前がつく．もちろん，「adda #5」と書くものもあれば「add a #5」と書くものがあるなど，細かい違いはあるが雰囲気は同じであろう．同様に引き算は sub，掛け算は mul，割り算は div，論理演算は or や and, xor という名前がついている（排他的論理和は eor と書くものもある）．

　C 言語には i++ や ++i と，1 を足す専用の命令があったが，頻繁に 1 を足すのは

C言語に限ったことではなく，機械語でも同様である．そのため，CPUの多くは1を足す専門の命令をもっている．1の足し算をインクリメント（increment）とよぶことから，incという名前がついている．インクリメントはあまりにもよく使う処理なので，ほかの演算のついでに何かをインクリメントすることもある．たとえば，あるCPUでは「adda ,x+」と書くとC言語風にA+=MEM[X++]といった処理をしてくれる．機械語は原則として命令単位で動くので，一つの命令でさせることを詰め込むと，コードが速くそして短くなる．

プログラムカウンタを書き換える命令は，jumpからjmpやjp，またはgotoと名づけられるが，branchを語源とするbra系の名前と使い分けるときがある．アセンブリ言語では，命令（ニーモニック）を3文字に短縮することが多い．そのため，jumpのjやbranchのbに条件を表す2文字をつけjnz（直前に行った演算結果がゼロでなければジャンプ：not zero），bge（直前に行った演算結果が非負ならジャンプ：greater than or equal to）といった表記を行うこともある．

(9-2-3) サブルーチンコールと割込み

C言語には関数というしくみがあり，プログラムのあちこちから呼び出すことができた．関数は，処理が終わったら呼び出したところに戻ってくる．関数自体は，自分がどこから呼ばれ戻らなくてはいけないのか気に留めなくてよい．汎用的な関数を作りプログラムのあちこちから呼ばれるようにすることで，見通しがよくすっきりしたプログラムが作れる．アセンブリ言語も同様である．アセンブリ言語では，あちこちから呼ばれる部分をサブルーチン，それを呼び出すことをサブルーチンコールという（**図9-5**）．

サブルーチンコールを行う命令は，callと名づけられることが多い．call命令が実行されると，CPUはその次のアドレスを戻るべきところとして記憶し，指定されたアドレスにジャンプする．ジャンプ先で戻れという命令（returnからretという名が多い）に出会うと，元のアドレスに飛ぶ．callとretは必ず対で使わないといけない．callを何度も呼んでretせずにいると，戻るべきアドレスがたまりメモリを圧迫するし，逆にcallせずにretを呼ぶと，とんちんかんなところに戻ろうとする．

割込みは，ハードウェア的なcallである．何か割込みを発生する事案が生じた場合，CPUはcall命令と同じく戻るべきアドレスを記憶して割込み先へジャンプする．call命令のようにオペランドで飛び先を指定することができないので，飛

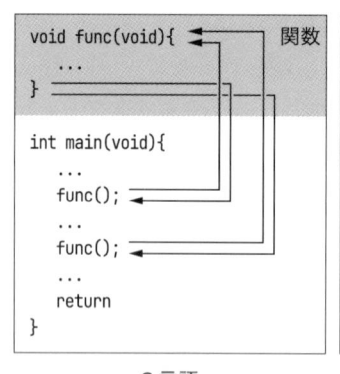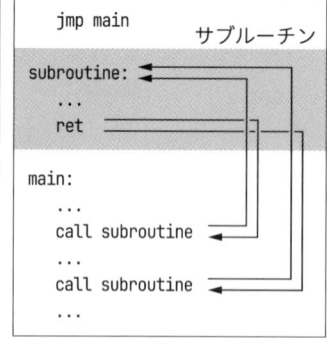

C 言語　　　　　　　　　　アセンブリ言語

図 9-5　サブルーチンコール

び先はあらかじめ定めていないといけない．指定方法は，CPU によって異なる．「割込みが発生したら 2 番地」などと決まっているものもあるし，「データメモリの fffc$_{(16)}$ 番地に記載されている番地」などと間接的に指定するものもある．割込み（interrupt）処理を終えて元に戻るには，ret でなく rti といった命令を使う．

9-3　具体例：PIC マイコン

9-3-1　PIC マイコンの構造と命令セット

　ここまで，どの CPU でも通じるであろう一般的な機械語の話をしてきたため，話がどうしてもおおざっぱになった．そこで，ここでは Microchip 社の PIC マイコンを具体例に取り上げてみる．実は，PIC マイコンの命令形態は一般的な CPU と少しずれている．しかし，80x86 や ARM といった有名な CPU は命令が複雑で，Z80 や 6809 など古典的な CPU は現在そこまで見かけない．その点，PIC マイコンは入手しやすく，いまでもちょっとした実験装置や試作などで使われている．性能が低いぶん，シビアな処理はアセンブラで効率化する事例も多い．

　図 9-6 は，PIC16F1 シリーズマイコンの命令セットである．全部で 39 個の命令がある（話の都合上省略した命令がさらに 12 個存在する）．この図を読み解くには，図 9-7 のような PIC マイコン固有の構造を知っておくほうがよいであろう．この図の要点は以下のとおりである．

命令		機能	フラグ	サイクル
addwf	f, d	[W か f] ← W + f	C, DC, Z	1
addwfc	f, d	[W か f] ← W + f + ~C	C, DC, Z	1
andwf	f, d	[W か f] ← W & f	Z	1
asrf	f, d	[W か f] ← (signed)f >> 1	C, Z	1
lslf	f, d	[W か f] ← f << 1	C, Z	1
lsrf	f, d	[W か f] ← (unsigned)f >> 1	C, Z	1
clrf	f	[f] ← 0	Z	1
clrw		[W] ← 0	Z	1
comf	f, d	[W か f] ← ~f	Z	1
decf	f, d	[W か f]--	Z	1
incf	f, d	[W か f]++	Z	1
iorwf	f, d	[W か f] ← W	f	Z	1
movf	f, d	[W か f] ← f	Z	1
movwf	f	[f] ← W		1
subwf	f, d	[W か f] ← f - W	C, DC, Z	1
subwfb	f, d	[W か f] ← f - W - ~C	C, DC, Z	1
swapf	f, d	[W か f] ← (f<<4) + (f>>4)		1
xorwf	f, d	[W か f] ← W ^ f	Z	1
decfsz	f, d	[PC] ← --f==0 ? PC+2 : PC+1		1 (2)
incfsz	f, d	[PC] ← ++f==0 ? PC+2 : PC+1		1 (2)
bcf	f, b	[f] ← f & ~(1<<b)		1
bsf	f, b	[f] ← f	(1<<b)		1
btfsc	f, b	[PC] ← !(f & (1<<b)) ? PC+2 : PC+1		1 (2)
btfss	f, b	[PC] ← f & (1<<b) ? PC+2 : PC+1		1 (2)
addlw	k	[W] ← W + k	C, DC, Z	1
andlw	k	[W] ← W & k	Z	1
iorlw	k	[W] ← W	k	Z	1
movlw	k	[W] ← k		1
sublw	k	[W] ← k - W	C, DC, Z	1
xorlw	k	[W] ← W ^ k	Z	1
bra	k	[PC] ← PC + k		2
brw	k	[PC] ← PC + W + 1		2
call	k	⟨TOS⟩ ← PC, [PC] ← k		2
goto	k	[PC] ← k		2
retfie		{GIE} ← 1, [PC] ← ⟨TOS⟩		2
retlw	k	[W] ← k, [PC] ← ⟨TOS⟩		2
return		[PC] ← ⟨TOS⟩		2
nop		何もしない		1
sleep		スリープモード		1

図9-6 PIC マイコンのおもな命令

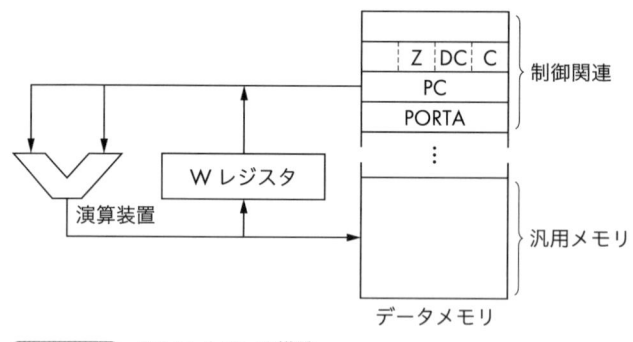

図 9-7 PIC マイコンの構造

- 純粋なレジスタは，W レジスタ一つだけである．
- 演算装置の出力先は，W レジスタとデータメモリのどちらかを選択できる．
- フラグは C，DC，Z の三つがある．
- 制御を司るレジスタのようなものとして，フラグとプログラムカウンタ（PC），そして入出力関連（図では PORTA）があり，これらはデータメモリに割り当てられている．

　以上のことを踏まえて図 9-6 を見てみよう．この図の「命令」の列は，命令（ニーモニック）とパラメータ（オペランド）の書式を表している．パラメータは f, b, k, d のどれかの文字で表現されている．これは，指定した値をアセンブラがどう解釈するかという意味である．たとえば k は定数であり，書かれた値そのものと解釈される．「movlw 0x20」なら W レジスタの内容を $20_{(16)}$ にする，「goto 0x100」ならプログラムカウンタ（PC）を $100_{(16)}$ に，すなわち $100_{(16)}$ 番地にジャンプするという意味となる．一方，f はデータメモリのアドレスであり，「clrf 0x20」なら，データメモリの $20_{(16)}$ 番地の中身をゼロにするという意味になる．d は出力先をデータメモリにするか W レジスタにするかを選択するスイッチで，f か W を指定できる．たとえば「addwf 0x20, f」，「addwf 0x20, W」はどちらもデータメモリの $20_{(16)}$ 番地と W レジスタの値を足す命令だが，前者はその結果を $20_{(16)}$ 番地に戻し（W レジスタは変化しない），後者は W レジスタに戻す（$20_{(16)}$ 番地の内容は変わらない）．そして，b は何ビット目かを指定するスイッチで，0〜7 を指定できる．「bsf 0x20, 3」と書けば，$20_{(16)}$ 番地のデータメモリの 3 ビット目を 1 にする．「フラグ」の列は，その命令で変化するフラグの種別を示している．図のように C，DC，Z フラグすべてが変わる命令もあれば，何も変わらない命令もある．そして「サイクル」の列

は，その命令を遂行するのにかかる時間を示している．この部分は，9-3-3項で説明する．

9-3-2 プログラムの例

コード8-3と同じ処理をPICマイコンの機械語で記したものをコード9-1に示す．なお，セミコロン";"以降はC言語の"//"と同じようにコメントを示す．

コード9-1 PICマイコンプログラムの例

```
 1:  cnt       equ     0x20
 2:  prevA     equ     0x22
 3:  tmp       equ     0x23
 4:
 5:  RESET_VEC         code    0x0000
 6:            goto    start
 7:
 8:  start
 9:            clrf    cnt           ; cnt=0
10:            clrf    cnt+1
11:            movlw   1             ; prevA = 1
12:            movwf   prevA
13:            movlb   1             ; portout_B = 0 //RA1
14:            bcf     TRISA, 1
15:            movlb   0
16:  loop                            ; for (;;) {
17:            btfss   PORTA, 0      ;   if (!portin_A){ //RA0
18:            goto    skip2
19:            btfsc   prevA, 0      ;     if (prevA) {
20:            goto    skip1
21:            movlw   1             ;       cnt++
22:            addwf   cnt, f
23:            clrw
24:            addwfc  cnt+1, f
25:            movlw   1             ;       portout_B = cnt & 1
26:            andwf   cnt, w
27:            btfss   STATUS, 2
28:            goto    $+3
29:            bcf     PORTA, 1
30:            goto    $+2
31:            bsf     PORTA, 1      ;     }
32:  skip1
33:            bsf     prevA, 0      ;     prevA = 0
34:            goto    skip3
35:  skip2                          ;   } else {
36:            bcf     prevA, 0      ;     prevA = 1
37:  skip3                          ;   }
```

```
38:          movlw      0xfa           ;    Delay(500)
39:          movwf      tmp
40:          decfsz     tmp, f
41:          goto       $-1
42:          goto       loop           ; }
43:          end
```

　1〜3行目は "xxx equ yyy" という形になっている．この equ は PIC マイコンの本来の命令ではなく，アセンブラに情報を伝える疑似命令である．C 言語の #define みたいなものと考えればよい．5 行目も疑似命令で，ここからのコードは 0 番目に展開する前提でマシンコード化しろという意味である．PIC マイコンは，電源が入ったりリセットがかかると 0 番地から実行される．このコードが書き込まれた PIC マイコンは，電源が入ると 6 行目の「goto start」から始まる．これは start に飛べという意味で，start は 8 行目である．7 行目は空行なので，要は次の命令である．それをわざわざ goto 文を使っていることになる．PIC マイコンは，割込みが発生すると 4 番地に書かれた命令を始める．普通はまず間違いなく割込みを使う．その場合，**図 9-8** のように 4 番地から割込み処理を書き，その後の N 番地からメインの処理を書き始める作りとなる．今回は割込みを使っていないため，0 番地からいきなりメインの処理を書き始めてもよいが，フレーズを紹介したいのでこのように書いた．

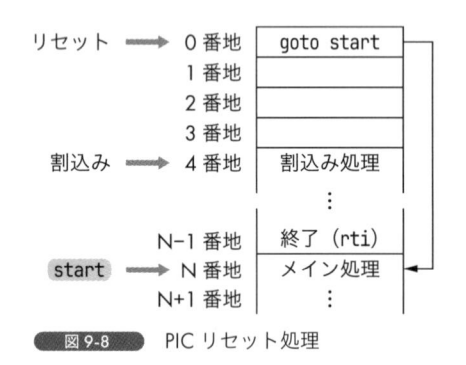

図 9-8 PIC リセット処理

　本コードは，実質的には 9 行目の「clrf cnt」から始まる．図 9-6 によると，clrf はデータメモリをゼロにする命令である．cnt は 1 行目より $20_{(16)}$ なので，これは $20_{(16)}$ 番地のデータメモリを 0 にするものである．同様に，10 行目では $21_{(16)}$ 番地を 0 にする．コード 8-3 でいうところの int 型変数 cnt を $20_{(16)}$ 番地と $21_{(16)}$ 番地とをあわせた 2 バイト（16 ビット）で格納するためである．続く 11，12 行目

では変数 prevA を 1 にしている．図 9-6 の中に，データメモリを 1 にするという命令はない．そこで，11 行目で W レジスタに 1 を入れ，それを prevA（$22_{(16)}$番地）に移動している．C 言語だと int cnt=0; とか char prevA=1; とかのように一つに見える命令でも，複数の機械語の命令を組み合わせて実現しているのである．13 行目と 15 行目は PIC マイコンのしくみから生じる記載なので，説明は省略する．気になる方は，「バンク」という言葉を調べてほしい．

21〜24 行目は変数 cnt を 1 足している．先述したとおり，変数 cnt は 2 バイトである．21，22 行目でまず cnt の下位を 1 足している．この結果が 0 なら C フラグが 1 になる．結果が 0 とは $\mathrm{ff}_{(16)}$ ＋ 1 をしたことを示しているので，24 行目で cnt の上位に C フラグ，それに 23 行目で 0 にした W フラグを足して繰り上がりを実現している．図 7-13 で示した書き方もできるが，PIC マイコンには「C フラグも足す」という addwfc 命令があるので，それを活用した．

25〜31 行目では，portout_B = cnt & 1 相当の処理をしている．ここの 25，26 行目は cnt & を演算している部分である．演算結果を W レジスタに入れているが，それは使わず勝手に変わる Z フラグを利用する．Z フラグは，**図 9-9** のように STATUS レジスタの 2 ビット目にある．そこで，この行では Z フラグを見て，もしそれが 1 ならば（すなわち cnt & 1 の計算結果が 0 なら）次の命令をスキップする．スキップした先の 29 行目で portout_B の実体である PORTA の 1 ビット目を 0 にしたあとに，30 行目で次の次，すなわち 33 行目に飛んでいる．30 行目のオペランドの中の "$" という文字は「ここのアドレス」という意味であり，+2 により「次の次」を指し示している．ここは，$+2 でなく「skip1」と書いてもかまわない．ただ，skip1 のように飛び先をラベルで指定するなら，28 行目や 41 行目も同じようにラベルで飛び先を指定しなければバランスが悪い．31 行目や 40 行目に適当なラベルをつけてもよいが，ラベルが過多になると逆にコードが読みにくくなる．明らかに命令を追加する余地がないときは，このように飛び先を相対的な値で書くこともある．

···	4	3	2	1	0
その他のフラグ			Z	DC	C

図 9-9 STATUS レジスタ

9-3-3 プログラム実行時間の推定

コード 9-1 の 17 行目から 38 行目直前までを実行するには，どれくらいの時間がかかるのだろうか．機械語では，これを正確に見積もることができる．図 9-6 の

「サイクル」列の数値は，命令を遂行するのに必要な時間を示している．図より値は 1 か 2 しかない（あくまで PIC マイコンの場合である）．btfsc や btfss の部分は "1 (2)" と書いている．これは，次の命令をスキップしなければ 1，スキップすれば 2 という意味である．

図 9-10 に，17〜38 行目にかかる時間を示す．このコードは，ボタンが押されていないとき，ボタンが押されているとき，ボタンが押されたとわかった偶数回目，そして奇数回目の全 4 パターンがある．図のように，それぞれの分岐でどの命令が遂行され，そのときのサイクル数の合計値はいくつかを数え上げることができる．この例では，分岐によってそれぞれ 4，8，17，18 とサイクル数に差があるが，処理させたい内容によっては，どのルートをたどっても同じ時間がかかるようにしたいときもある．そのときは，1 サイクルの無駄時間を作る何もしない命令 nop や，2 サイクルの何もしない無駄時間を作る goto $+1 を挿入して，すべての分岐で実行時間を一致させればよい．

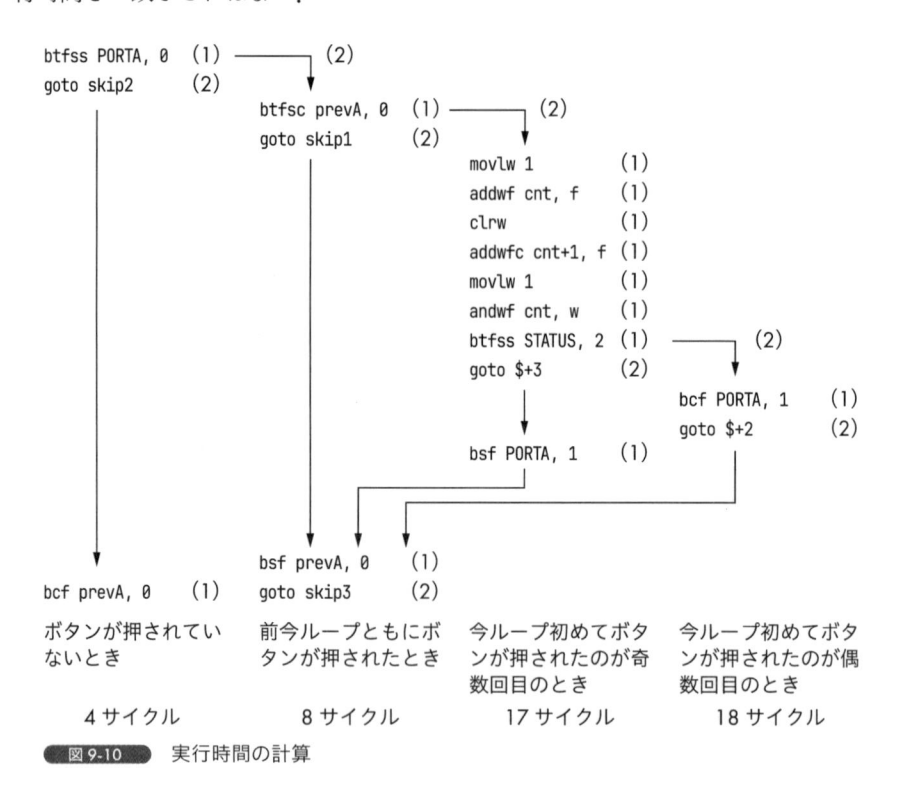

図 9-10 実行時間の計算

1サイクルで具体的にどれだけの時間がかかるのかは，CPU の動作クロック周波数 f [Hz] に依存する．PIC マイコンの場合 $\dfrac{4}{f}$ 秒である．たとえば 16 MHz で動かした場合，1 サイクルは $\dfrac{4}{16000000}$ 秒 = 250 ナノ秒である．つまり，図 9-10 の各分岐にかかる実際の時間はそれぞれ 1，2，4.25，4.5 マイクロ秒となる．マイコンのクロック周波数が高いと速く動くが，そのぶん電力を必要とするし，いいかげんな回路だと安定しない．組込みシステムではクロック周波数が高いことは必ずしも正義ではなく，必要とされる能力や駆動時間，電池のタイプそしてコストなどのバランスから決めなくてはならない．

Chapter 10 組込み機器の例

　ここまで本書は，書いた内容がなるべく陳腐化しないよう，そして特定の機材をもっていないと読み進められないということが起こらないよう，できるだけ一般論で書いてきた．しかし，逆にそのせいでイメージできずわかりづらいかもしれない．そこでこの章では，実際の機器を使った実装例を述べていく．読者のみなさんが実際作ってみようと思ったときのため，できるだけ入手しやすい部品を選んだつもりである．ターゲットマイコンは，実験装置や試作などでよく使われている PIC マイコンと Raspberry Pi Pico，そして Arduino UNO にした．おそらく，みなさんが仕事で使わなくてはならないマイコンはこれらではない．しかしそういう方も読み飛ばさず，ぜひ一度目を通してほしい．組込みプログラム共通のこと，マイコンごとに変えなくてはいけないところ，マイコン外部の電子回路の構成など，今後の糧となる感覚が得られるはずである．

10-1 機器とプログラムの構成

10-1-1 機器の構成

　本章で作ろうとするターゲットは，**図 10-1** のようにエンコーダで軸の回転量を測り，それを 7 セグメントを使って数字 2 桁で表すものである．

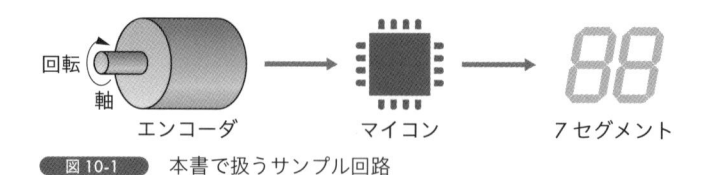

図 10-1 本書で扱うサンプル回路

✓ 7 セグメント

　7 セグメントは，数字を出すため 7 個の LED（小数点も含め 8 個あるものが多い）で構成されている素子である．端子数を節約するためプラス側（アノード），もしくはマイナス側（カソード）が共通になっている．共通（common）という言葉から，前者のタイプをアノードコモン，後者のタイプをカソードコモンという．使い

方は，LED 単品の場合と同じである．単に LED が束ねられているだけなので，**図 10-2** のように直列に抵抗をつなげばよい．抵抗の値は本来，LED に流したい電流，電源の電圧，使う LED の順方向電圧などによって決めるのだが，ここでは 1.5 kΩ と決め打ちにしておく．

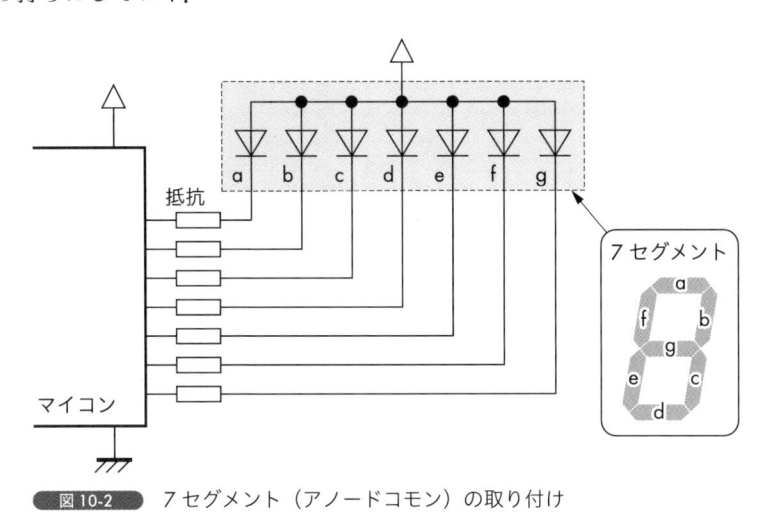

図 10-2 7 セグメント（アノードコモン）の取り付け

7 セグメントの中にある 7 個の LED を，図 10-2 のように a〜g と名づけよう．これらの LED で 0〜9 の数字を出すためには，**図 10-3** のようなパターンで LED をつければよい．図 10-2 では，LED のマイナス側（カソード）にマイコンの端子をつなげている．そのため，マイコンの端子を Low にすれば LED がつく．0 を表示したければ abcdef だけを Low に，7 を表示したければ abcf だけ Low にすればよい．

図 10-3 7 セグメントでの表示

さて，図 10-1 のように，今回のターゲットは 7 セグメントを 2 個使っている．そのためマイコンは $7 \times 2 = 14$ 個の LED を制御しなくてはならない．図 10-2 の考えをそのまま拡張すると，端子が 14 個も必要である．**図 10-4** は，それを少しでも減らすよう工夫した回路である．二つの 7 セグメントのマイナス（カソード）側は a〜g ごとに共通とし，プラス（アノード）側も電源でなくマイコン端子につなぐ．こうすれば，端子 X のみ High にすれば左側の 7 セグメントだけが光るし，

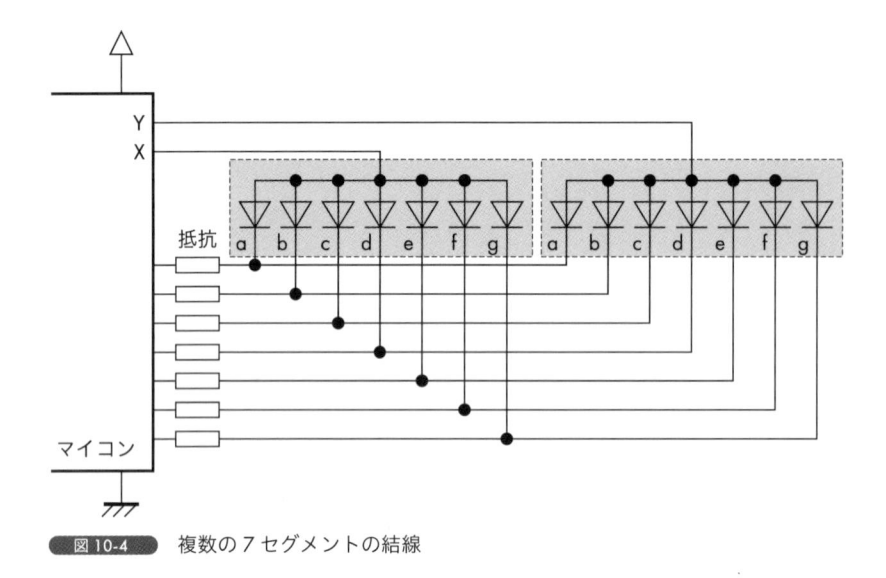

図10-4 複数の7セグメントの結線

端子 Y のみ High にすれば右側だけが光る．たとえば 72 という数値を表示したければ，X を High（Y を Low）にして abcf を Low にすることと，Y を High にして abdeg を Low にする操作を高速に繰り返せばよい．

✅ エンコーダ

エンコーダは回転量を測る装置である．そのしくみを**図 10-5** に示す．軸に蝶ネクタイ型の物体を取り付け，それを A，B 二つの接触センサで検出している．これらのセンサが接触していると High，接触していないと Low を出力するのなら，二つのセンサはそれぞれ軸 1 回転につき 2 回 High と Low を繰り返す．どちらのセンサでもよいので，High と Low になった回数を数えると，軸がどれだけ回ったか知ることができる．

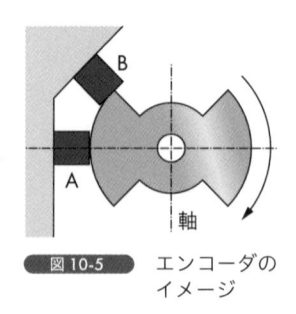

図10-5 エンコーダの
イメージ

もちろん，2個設けているのには理由がある．High と Low を数えるだけで済むのは，逆回転はしないという前提が成り立つときのみである．両方向に回る可能性があるなら，図のように2個必要である．**図10-6**は，軸が回転したときのセンサ A，B の信号の状態を示したものである．A，B がずれて反応しているため，右回転なら 11 → 01 → 00 → 10，左回転なら 11 → 10 → 00 → 01 の順で変化する．すなわち AB がⒶ 11 から 01，Ⓑ 01 から 00，Ⓒ 00 から 10，Ⓓ 10 から 11 のいずれかになったら回転量を +1 に，逆にⓐ 11 から 10，ⓑ 10 から 00，ⓒ 00 から 01，ⓓ 01 から 11 のいずれかになったら −1 すれば，いまの軸の角度を知ることができる．図10-5 のエンコーダは二枚歯のため 45°（8分の1回転）単位でしか測ることができないが，歯数を多くすればもっと細かい角度で測れる．

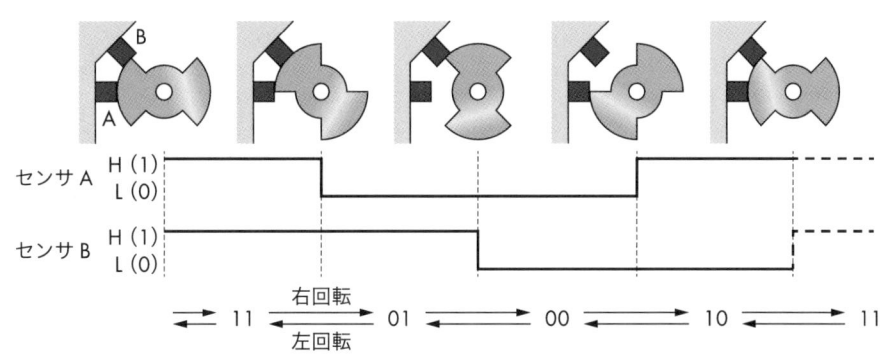

図10-6　エンコーダが回転したときの信号変化

身近なところでは，エンコーダはマウスのスクロールホイールに使われている．オーディオ機器やオシロスコープの操作ダイヤルにも使われている．**図10-7**(a)は，そういった市販のダイヤル用エンコーダである．図のように端子が三つついている．内部はスイッチになっており，図(b)のようにプルアップ抵抗をつければ High と Low が得られる．今回はこれを使ってみよう（抵抗は LED と同じく 1.5 kΩ とする）．

⊘ ブレッドボード

本章のターゲットの最終的配線を，**図10-8** に示す．配線は物理的に電気が通ればよいので，小学校の理科実験のようにエナメル線で結線してもよい．しかしエナメル線だと，部品の固定が甘く部品が落ちたり，接触が不十分で電気が通らないかもしれない．

確実な固定と接続を実現する手法の一つがはんだづけである．実験や試作では，

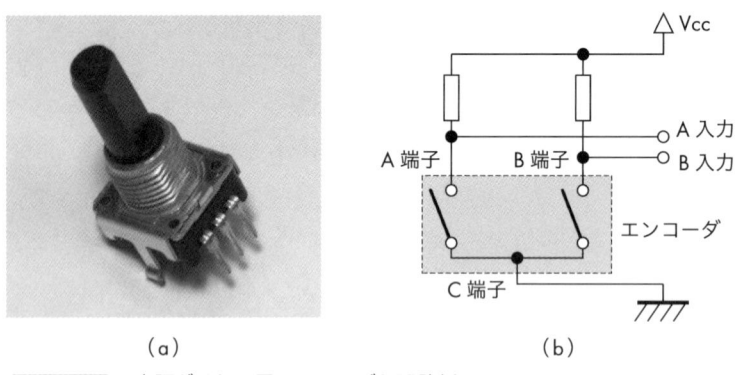

（a）　　　　　　　　　　　　　　（b）

図 10-7　市販ダイヤル用エンコーダと回路例

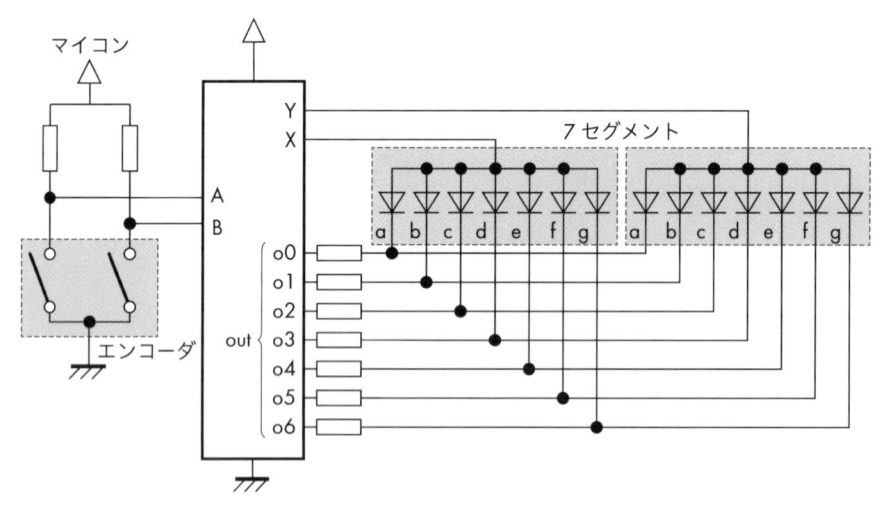

図 10-8　最終結線図

図 10-9 のように穴の多く空いた基板（ユニバーサル基板）に部品を刺し，裏面で電気的につながるようはんだづけする．しかしこのやり方では，配線ミスが起こったときに修正するのが大変だし，部品を再利用することができない．そのような欠点がない手軽な手段に，ブレッドボードを用いる方法がある．

　図 10-10 はブレッドボードの拡大写真である．図のように抵抗や IC の足を挿すことができるたくさんの穴がある．この穴は 5 個が組になっており，それらは電気的につながっている．具体的には，同じ行の A〜E 列および F〜J 列が電気的につながっている．それを考えて部品を挿し配線すればよい．

図 10-9　ユニバーサル基板

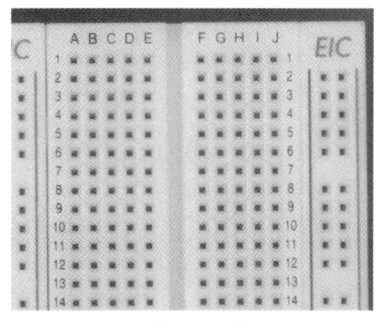

図 10-10　ブレッドボード

10-1-2　プログラムの構成

　図 10-8 の回路を動かす制御プログラムの構造を，図 10-11 に示す．初期化（i）後は，回転量を測る処理（ii〜vii）と 7 セグメントに数値を表示する処理（viii〜xvi）を繰り返している．このうち回転量を測る処理では，ii で eN にいまのエンコーダの値（スイッチ AB の値）を入れ，vii で eP に eN の値を入れる部分である．この処理により，iii〜vi の間は eN にいまの，eP に 1 ループ前のエンコーダ値が入っている．この二つの関係が前項のⒶ〜Ⓓや⒜〜ⓓのどれかのパターンだったら，cnt を +1（iv）もしくは −1（vi）する．

　数値を表示する処理では，はじめに viii で mode を見て上位と下位のどちらの 7

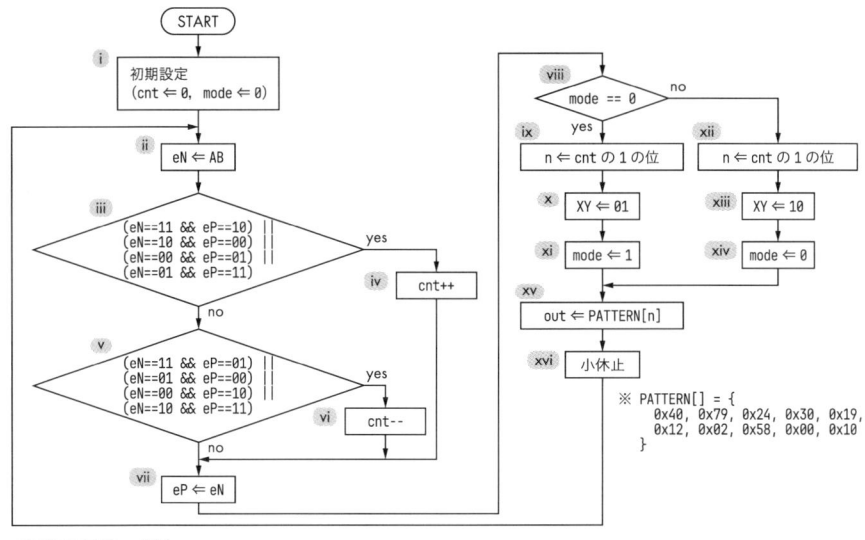

図 10-11　制御フロー

セグメントを操作するか決めている. この mode の値は xi もしくは xiv で毎回いまとは違う値にしているので, ループごとに切り替わる. 0〜9 の数字と 7 個の LED の関係は, 図 10-3 にある. たとえば, 4 という数値なら bcfg だけ点灯すればよいので, 図 10-8 の o[6〜0] に, $0011001_{(2)}$ を出力すればよい (0 で点灯するため). この値を 16 進法にすると, $19_{(16)}$ である. 図 10-11 右下の配列 PATTERN[] は 0〜9 の各数字の表示パターンをまとめたもので, xv でそれを out に出力している.

10-2 具体例 1：PIC マイコン

10-2-1 結線回路

図 10-8 の処理を PIC マイコンで実装してみる. 一言に PIC マイコンといってもたくさんの種類があるが, ここでは 16F18346 を使うことにする. 16F18346 のピン配置を**図 10-12** に示す. ポート A は 0〜5 の 6 個, ポート B は 4〜7 の 4 個, そしてポート C は 0〜7 の 8 個の入出力をもっている. 7 セグメントは 7 個の出力端子が必要なので, 一括で扱えるポート C につなぐことにする.

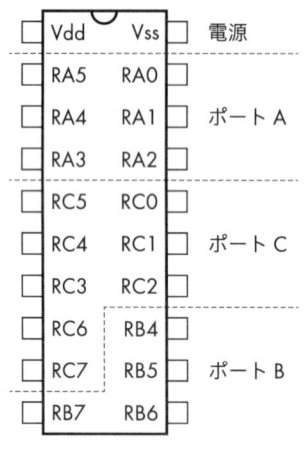

図 10-12 PIC16F18346

ポート A の RA0, 1, 3 ピンは, プログラムを書き込むのに使われている. 書き込み時以外はほかのポートと同じようにさまざまな用途に使えるが, 回路が必要とする端子数に対してマイコンの入出力ポートは余っているので, あえて使うこともないだろう. RA0, 1, 3 を避け, 入力 AB を RB4 と 5, 出力 XY を RA4 と 5 に割り当てて**図 10-13** のように配線することにする (省略しているが, エンコーダや

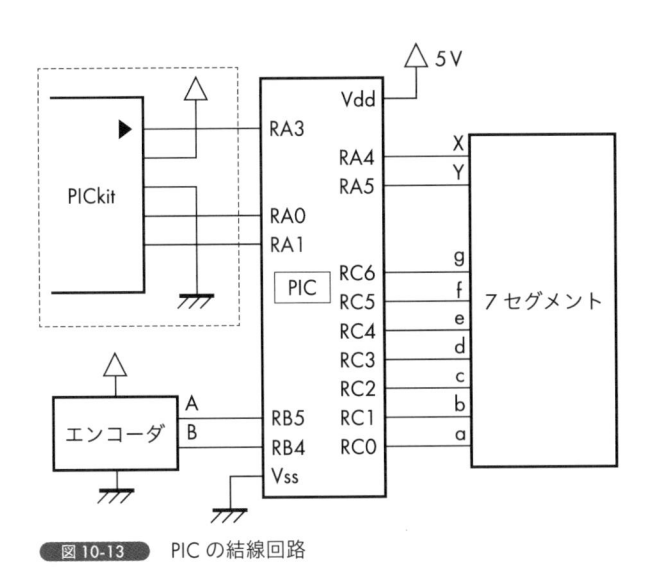

図10-13　PICの結線回路

7セグメントには図10-8のように抵抗が必要である）．書き込み専用にしたRA0, 1, 3の使い方は，図中破線で囲んでいる．書き込み機はPICkitという装置を使う．PICkitは，1×6もしくは1×8のコネクタがついている．使うのは▲マークがついたほうから5番目までの端子である．余ったピンはどこにもつなげなくてよい．電源は5Vである．

プログラム

　PIC向けに作ったプログラムをコード10-1に示す．このうち3〜7行目は，マイコンがプログラムをどのようなモードで動かすかという設定である．

コード10-1　PICマイコンによるカウンタ回路

```
 1:  #include <xc.h>
 2:
 3:  #pragma config FEXTOSC = OFF, RSTOSC = HFINT32, CLKOUTEN = OFF
 4:  #pragma config CSWEN = OFF, FCMEN = OFF, MCLRE = OFF, PWRTE = ON
 5:  #pragma config WDTE = OFF, LPBOREN = OFF, BOREN = ON
 6:  #pragma config BORV = HIGH, PPS1WAY = OFF, STVREN = ON, DEBUG = OFF
 7:  #pragma config WRT = OFF, LVP = OFF, CP = OFF, CPD = OFF
 8:
 9:  const char PATTERN[] = {0x40, 0x79, 0x24, 0x30, 0x19, 0x12, 0x02, 0x58, 0x00, 0x10};
10:
11:  int main(void){
12:      OSCCON1= 0x00;
13:      OSCFRQ = 0x04;
```

```
14:
15:         ANSELA = ANSELB = ANSELC = 0x00;
16:
17:         TRISA = 0xcf;
18:         TRISB = 0xff;
19:         TRISC = 0x80;
20:
21:         WPUA = 0x0f;
22:         WPUB = 0x30;
23:         WPUC = 0x80;
24:
25:         PORTA=PORTC=0;
26:         char n, mode, en;
27:         int cnt=0;
28:         mode=0;
29:
30:         en = PORTB & 0x30;
31:         en <<= 2;
32:
33:         for (;;){
34:             en |= PORTB & 0x30;
35:
36:             if (en == 0xb0 || en == 0x20 || en==0x40 || en==0xd0)
37:                 cnt++;
38:             else if (en == 0x70 || en == 0x10 || en==0x80 || en==0xe0)
39:                 cnt--;
40:
41:             en <<= 2;
42:             en &= 0xc0;
43:
44:             if (cnt >= 100)
45:                 cnt = 0;
46:             if (cnt < 0)
47:                 cnt = 99;
48:
49:             if (mode){
50:                 n = cnt/10;
51:                 PORTA = 0x20;
52:                 mode=0;
53:             } else {
54:                 n = cnt%10;
55:                 PORTA = 0x10;
56:                 mode=1;
57:             }
58:             PORTC=PATTERN[n];
59:             _delay(1000);
60:         }
61:     return 0;
62: }
```

9行目は，図10-11右下もしくは図10-3に書いた7セグメントの表示パターンである．ここのconstは，プログラム実行中に値を変えることのない定数という意味である．このようにconstを添えることで，この情報は2キロバイトしかないデータメモリでなく，16キロワードもあるプログラムメモリに格納され，そのぶんデータメモリを広く使える．電源を入れると，プログラムは12行目から始まる．12，13行目は，動作クロックを16 MHzにしている部分である．なぜこの数値でその周波数になるかは割愛する．続く15行目は，ポートA，B，Cすべてをデジタル入出力設定にする部分である．もしAD変換などアナログ信号を扱うときは，ここで指定する．17〜19行目は，デジタル設定した端子を入力モードで使うか出力モードで使うかを設定している．ポートAはRA4と5を出力として使い，残りRA0〜3は利用しない．RA6と7は端子自体が存在しないが，ここではそれも含め利用しない端子はすべて入力モードにしておく．入力モードを1，出力モードを0としてRA7，6，…，0と順に並べると1100-1111$_{(2)}$，すなわちcf$_{(16)}$になる（**図10-14**）．17行目ではその値を代入している．同様に，18，19行目ではポートB，Cの入出力設定を行っている．21〜23行目は未使用ピンをマイコン内部でプルアップする処理で，なくてもよい．

ポート	7	6	5	4	3	2	1	0
接続	無	無	Y	X	未	未	未	未
方向	（入）	（入）	出	出	（入）	（入）	（入）	（入）
2進法	1	1	0	0	1	1	1	1
16進法	c				f			

　図10-14　ポートAの入出力設定

　30行目では，ポートBと30$_{(16)}$とのANDをenに入れている．図10-13から見てとれるように，ポートBは5ビット目がエンコーダのAの値，4ビット目がBの値である．30$_{(16)}$とANDをとれば，これ以外のビットが0となりエンコーダの値を抽出できる．続く31行目で左に2回シフトしているので，ABの値は7と6ビット目に移る．そして，33行目からの無限ループに入る．34行目でもう一度ポートBの値を読み取り，en自身とORしている．これよりenの7と6ビット目は30行目，5と4ビット目は34行目時点でのエンコーダABの値が入る．30行目と34行目が実行される時間差はほんのわずかしかなく，enの7，6ビット目と5，4ビット目は高い確率で同じ値になる．そのため，ここだけに着目すると，この処理は無

意味に見える．しかし，36〜39行目を経て41，42行目に至ると，34行目で得たいまのエンコーダ値が7，6ビット目に移動する．次のループでは34行目で新しいエンコーダ値を読み取り，5，4ビット目に入れているので，2回目以降のループの36〜39行目の間では，**図10-15** のように新旧の AB の値が en という一つの変数に入っている．

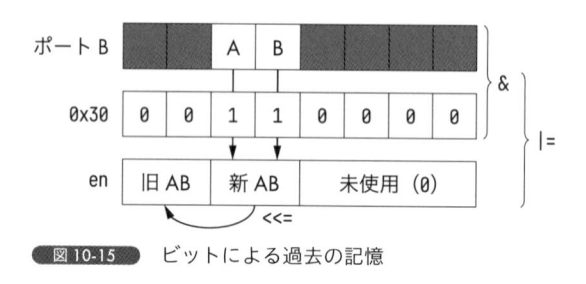

図10-15 ビットによる過去の記憶

36，38行目は，図10-11 の iii や v の判定を行う部分である．図の中では，いまのエンコーダの値 eN と一つ前のエンコーダの値 eP を個別に判定していた．安直に図のとおり実装すると，比較を16回，条件の AND 演算を8回，そして OR 演算を6回行わなければならない．しかしこのコードでは，変数 en に新旧のエンコーダ値を入れているので，8回の比較と6回の OR で処理を行うことができる．

7セグメントを2個使っているので，表示できる数は0〜99の2桁である．44〜47行目では，cnt をその範囲に収めている．そして，49〜57行目でその数を表示している．いまのループで十の位，一の位のどちらかを表示するかは，図10-11 をそのまま具現化し変数 mode にて指定している．mode が1なら十の位，0なら一の位である．50行目と54行目でそれぞれの位の値を抽出して n に納め，51もしくは55行目でどちら側の7セグメントを点灯させるか指定，そして58行目で n の値を示す7セグメントの明滅パターンを PORTC に出力している．最後の59行目の _delay() は PIC ライブラリが提供する関数のようなもので，引数で示した時間だけ待つ．引数と現実時間の対応を計算する方法は第6章の最後に述べており，このコードのように1000を指定すると250マイクロ秒待つ．

(10-2-3) プロジェクトの作成と書き込み

コード 10-1 を実行するには，コードをコンパイルしてマシンコードを作り，なんらかの手段で PIC マイコンに書き込まなくてはならない．コンパイルには，PIC マイコンの供給元である Microchip 社が提供している MPLAB X IDE と XC8 を用

いる．メーカ供給の開発環境は日々バージョンアップする．あまり詳細に手順を書いても陳腐化するだけなので，おおざっぱな説明に留める．

初めて MPLAB X IDE を使うのであれば，まずはプロジェクトを起こさないといけない．メニューから［New Project］を実行し，新規にプロジェクトを起こす．原則として何も考えず［Next］か［Finish］かを選べばよいが，デバイスの選択（図 10-16）とコンパイラの指定（図 10-17）だけは，今回ターゲットとする PIC16F18346 と XC8 を選ばなくてはならない．

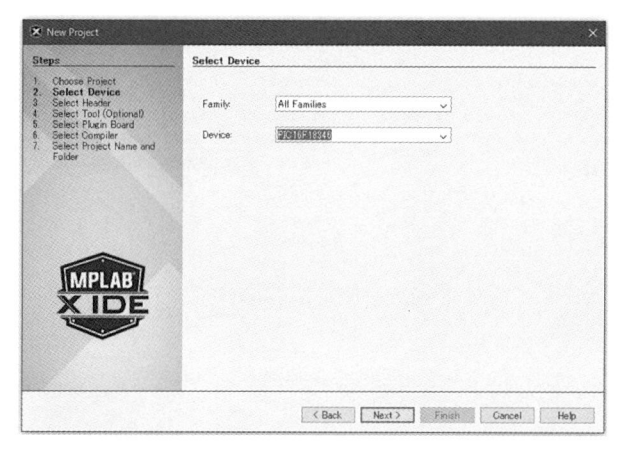

図 10-16 MPLAB デバイスの指定

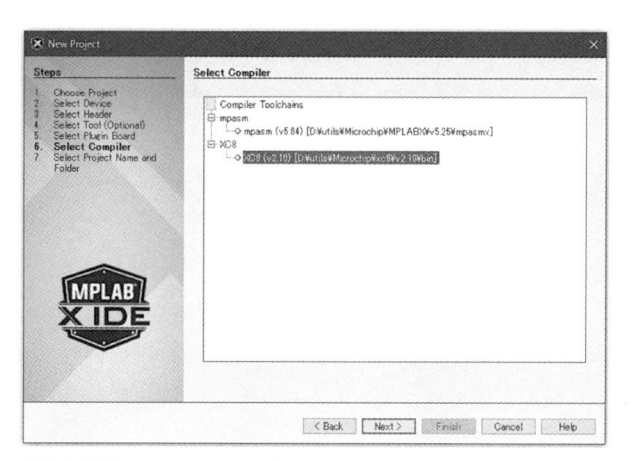

図 10-17 MPLAB コンパイラの指定

また，プロジェクトを起こしたばかりだとコンパイルすべきファイルがないので，
［New File］などから C ソースファイルを作らないといけない（**図 10-18**）．それ
をコード 10-1 のようにさせたい動作をするコードに書き換え，その後 IDE の
というボタンを押すと，コンパイルされる．コンパイルエラーが出なくなるまで修
正したあと，ボタンを押すとマイコンにマシンコードが書き込まれる．問題な
く書き込まれると，最後に "Programming/Verify complete" といったメッセージ
が表示される．

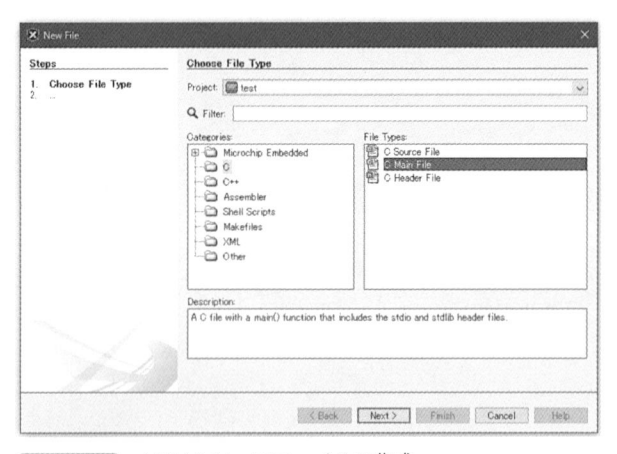

図 10-18 MPLAB ソースファイルの作成

エンコーダの軸を回すと，7 セグメントの表示が変わるだろう．マシンコードは
すでに PIC マイコンの中にあるので，PICKit を取り外して電源を再投入しても動く．

10-3 具体例 2：Raspberry Pi Pico

10-3-1 結線回路

Raspberry Pi Pico は，英国 Raspberry Pi 財団が開発したマイコンボードである．
32 ビットマイコンを搭載しており，前節の PIC に比べ圧倒的な計算能力がある．
そのため効率うんぬんを気にせずぜいたくにプログラムを書くことができる．ボー
ド単価も本書執筆時点で約 800 円と安く，気楽に使える．今後，さまざまな場面
で使われていくであろう．本書では C 言語でのプログラム例を示すが，Python 言
語の亜流である MicroPython 言語でも開発できる．手軽に試してみたければ，
MicroPython 言語を用いるのもよいだろう．

図 10-19 に，Raspberry Pi Pico のピン配置を示す．図のように，入出力は GP0 ～22, 26～28 の 26 本がある．Raspberry Pi Pico ではこれらを GPIO（汎用入出力：General-Purpose Input/Output）とよぶ．図中の何も書かれていないピン（30，35，37，39，40 番ピン）にもそれなりの用途があるが割愛する．図 10-8 で示したターゲット回路を Raspberry Pi Pico で結線した例を，図 10-20 に示す．ここでは 7 セグメントのプラス側（アノード）を GP8, 9，マイナス側（カソード）を GP6 ～0，そしてエンコーダの入力を GP13, 12 に配線している．

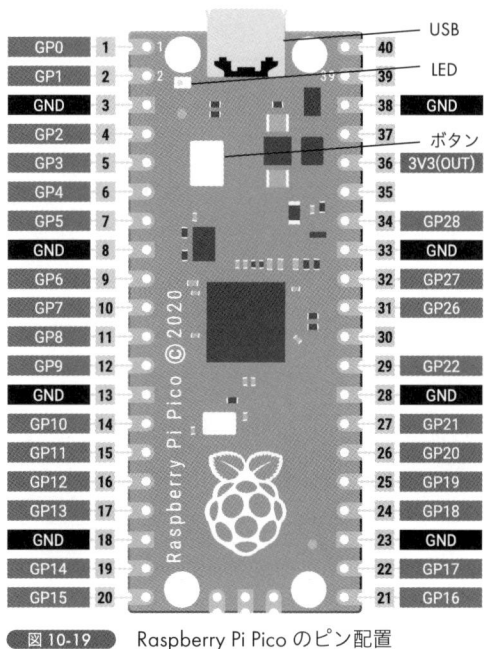

図 10-19　Raspberry Pi Pico のピン配置
［Raspberry Pi Pico Pinout © Raspberry
Pi Ltd（CC BY-SA 4.0）を改変して作成］

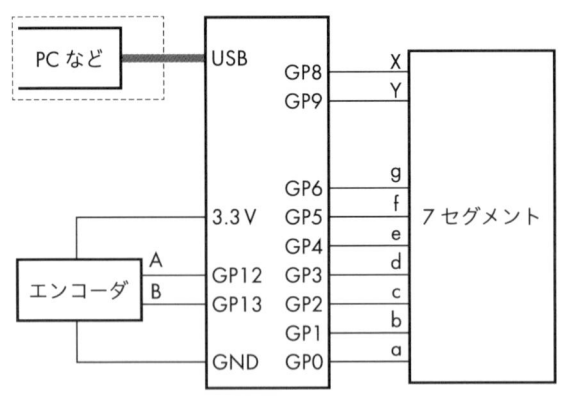

Raspberry Pi Pico の結線回路

プログラム

図 10-20 の配線の入出力をまとめると，**図 10-21** のようになる．使う端子は全部で 11 個ある．よく見るプログラム例では，入出力端子を個別に gpio_init(*N*) や gpio_put(*N*, *V*) という関数で操作するものが多い．Raspberry Pi Pico は計算機資源が潤沢であり個々のビットで処理しても問題ないが，ここではコード 10-1 にならい，全部をまとめて操作してみよう．

ポート	32	16	15	14	13	12	11	10	9	8	7	6	5	4	3	2	1	0
用途					A	B			Y	X		g	f	e	d	c	b	a
活用				3			3					7			f			
出力				0			3					7			f			

図 10-21　入出力端子のまとめ

コード 10-2 に，Raspberry Pi Pico による制御プログラムを示す．

コード 10-2　Raspberry Pi Pico によるカウンタ回路

```
 1:    #include "pico/stdlib.h"
 2:
 3:    const int PATTERN[] = {0x40, 0x79, 0x24, 0x30, 0x19, 0x12, 0x02, 0x58, 0x00, 0x10};
 4:
 5:    int main() {
 6:        gpio_init_mask(0x337f);
 7:        gpio_set_dir_masked(0x337f, 0x037f);
 8:
 9:        hw_write_masked(&padsbank0_hw->io[8], 0x30, 0x30);
10:        hw_write_masked(&padsbank0_hw->io[9], 0x30, 0x30);
11:
```

```
12:        int mode, out, en;
13:        int cnt=0;
14:
15:        mode=0;
16:        en = gpio_get_all() & 0x3000;
17:        en <<= 2;
18:
19:        for (;;) {
20:            en |= gpio_get_all() & 0x3000;
21:
22:            if (en == 0xb000 || en == 0x2000 || en==0x4000 || en==0xd000)
23:                cnt++;
24:            else if (en == 0x7000 || en == 0x1000 || en==0x8000 || en==0xe000)
25:                cnt--;
26:
27:            en <<= 2;
28:            en &= 0xc000;
29:
30:            if (cnt >= 100)
31:                cnt = 0;
32:            if (cnt < 0)
33:                cnt = 99;
34:
35:            if (mode){
36:                out = 0x200 + PATTERN[cnt/10];
37:                mode=0;
38:            } else {
39:                out = 0x100 + PATTERN[cnt%10];
40:                mode=1;
41:            }
42:            gpio_put_masked(0x037f, out);
43:
44:            sleep_us(250);
45:        }
46:    }
```

このコードは 6 行目から始まる．6 行目の `gpio_init_mask()` は，26 個の入出力
端子のうちどの入出力を使うかを指定するものである．今回使う入出力は，図
10-21 のように GP13，12，9，8，6〜0 である．それらのビットのみ 1 とした
0000-0000-0000-0000-0011-0011-0111-1111$_{(2)}$ がこの関数の引数である．続く 7 行
目の `gpio_set_dir_masked()` は，6 行目で使えるようにした 11 個の GPIO のうち，
どれを出力モードにするかを第 1，第 2 引数で指定している．それ以外は 9，10 行
目を除き，PIC マイコン用のコード 10-1 とほとんど同じである．たとえば，16 行
目はコード 10-1 の 30 行目に対応したもので，GPIO の状態をまとめて取り込んで

いる．エンコーダの値はこの 12 ビット目と 13 ビット目にあり，それ以外の情報は必要ないので 0x3000 と AND をとって取り除いている．42 行目もコード 10-1 の 58 行目に対応したもので，gpio_put_masked() 関数を用いて GPIO 端子に出力している．この関数の第 1 引数は状態を変える GPIO を指定するものであるが，ここでは 7 行目で出力モードにした端子すべてを扱うので，7 行目の第 2 引数と同じ値にしている．

　最後に，PIC マイコン用プログラムにはなかった 9，10 行目の説明を行う．LED をつけるには電気がいる．一つならまだしも，図 10-4 の X や Y 端子は，たとえば "8" を表示するのであれば 7 個ぶんの LED をつけるだけの電気を流さないといけない．Raspberry Pi Pico の端子は，何もしなければ LED 7 個ぶんの電気を駆動する能力はない．9，10 行目はその能力を少しだけ上げているのである．

(10-3-3) プロジェクトの作成と書き込み

　Raspberry Pi Pico には USB 端子がついている．これは電源供給も兼ねており，PC や AC アダプタに挿せば Raspberry Pi Pico 内部に書き込まれたプログラムが動く．それに対し基板上のボタン（図 10-19）を押しながら PC に挿すと，別のモードで起動する．このモードの Raspberry Pi Pico は，PC からは USB メモリとして見える．USB メモリなので Windows ならファイルエクスプローラ，Linux なら PCManFM などを使えば，ドラッグアンドドロップでファイル操作できる．コンパイル結果である uf2 ファイルを USB メモリと化した Raspberry Pi Pico にコピーすれば，プログラムが書き換わる．以後ボタンを押さずに USB 端子から電源を供給すると，書き込まれたプログラムが動く．

　肝心の uf2 ファイルはどのように作ればよいのだろうか．残念ながら，uf2 ファイルを作る環境を構築するのはかなり手間である．手間さえかければ，Visual Studio Code や Arduino IDE などの統合開発環境で開発する環境を構築できる．ネットを検索するといくつも事例が見つかる．しかしこれらはどれも発展途上で，おそらくしばらくたつとより簡単に，使いやすい環境を構築できる方法が出てくるであろう．そこで，ここではとにかく最低限の環境を作る方法を紹介するに留める．まずは目的のことができること（実行ファイルが作れる手段を手に入れること）を実現し，使いやすい環境を作るのはその次のステップにするのである．

　この開発環境は，Raspberry Pi 3 もしくは 4 上に構築する（未確認だがおそらく 5 でも可能）．これらの Raspberry Pi は，Pico と異なり Linux が動いている．

Linux 環境である Raspberry Pi OS をインストールし，pico_setup.sh を入手し走ら
せる．Linux シェルコマンドによる手順をコード 10-3 に示す．5 行目までが開発
環境のインストールで，pico_setup.sh 入手後一度だけ行えばよい．7〜12 行目は
既存のサンプルプログラム（blink）を複製し，独自の開発環境（encoder）を作る
部分である．以後何か新しいプログラム（開発環境）を作りたい場合は，この手順
をまねればよい．

コード 10-3 Raspberry Pi 3，4 でのビルド手順

```
 1:  $ sh pico_setup.sh
 2:  $ cd pico/pico-examples
 3:  $ mkdir build
 4:  $ cd build
 5:  $ export PICO_SDK_PATH=../../pico-sdk
 6:  $ cd ../..
 7:  $ cp -r blink encoder
 8:  $ cd encoder
 9:  $ mv blink.c encoder.c
10:  $ nano CMakeLists.txt
11:  $ cd ..
12:  $ nano CMakeLists.txt
13:  $ cd build
14:  $ cmake ..
15:  $ cd encoder
16:  $ make -j4
17:  $ ls
```

　7 行目はディレクトリをまるまるコピーする操作，9 行目はソースファイル名を
encoder.c に変える操作である．10 行目は，CMakeLists.txt というファイルをテキ
ストエディタで開くコマンドである．この例ではテキストエディタとして nano を
使っているが，emacs や vim, micro, leafpad などでもかまわない．テキストエディ
タを開いたら，CMakeLists.txt の "blink" と書かれた部分を "encoder" に置換し
て保存する．12 行目でも，テキストエディタで CMakeLists.txt を開いている．そ
の前の 11 行目で作業ディレクトリを移動しているので，10 行目で開いた CMake
Lists.txt とは別のファイルである．**図 10-22** にファイルの位置関係とディレクト
リの移動を示す．10 行目で編集した CMakeLists.txt は図中Ⓐであり，今回 12 行目
で編集するのはⒷである．こちらの CMakeLists.txt は，最後に以下の文言を追加
する．

```
add_subdirectory(encoder)
```

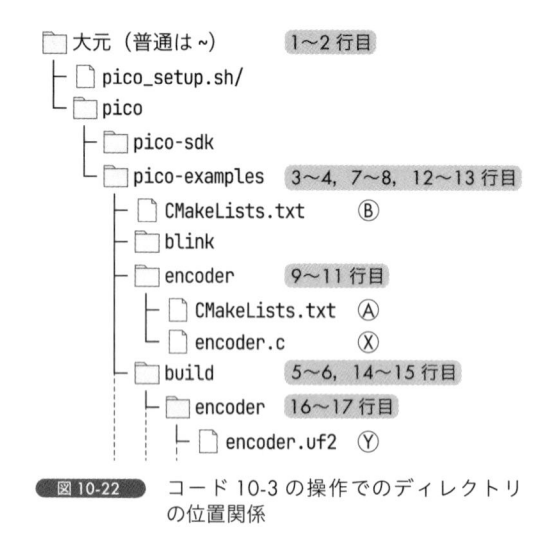

図10-22　コード10-3の操作でのディレクトリの位置関係

最終的にコンパイル（メイク）を行う命令は16行目である．これに成功すると，最終生成物である encoder.uf2 という名のファイルができる．17行目は，それができたか確認するためのものである．このようにいったん uf2 ファイルができるしくみができたら，あとは図中Xに示したソース（encoder.c）を改変するたびに16行目の make コマンドを実行し，生成されたYの uf2 ファイルを Raspberry Pi Pico にコピーして実行する．

10-4　具体例3：Arduino UNO

10-4-1　結線回路

　Arduino は，電子工作で非常によく使われているマイコンボードである．ライブラリの類が非常に充実しており，インポートするだけでさまざまな電子モジュールを簡単に利用できる．PIC マイコンにたくさんの種類があったように，Arduino と銘打ったボードもいくつか種類がある．ここでは従来型（Arduino UNO）を取り扱う．このボードの端子は**図10-23**のようになっており，これを**図10-24**のように結線してみる．

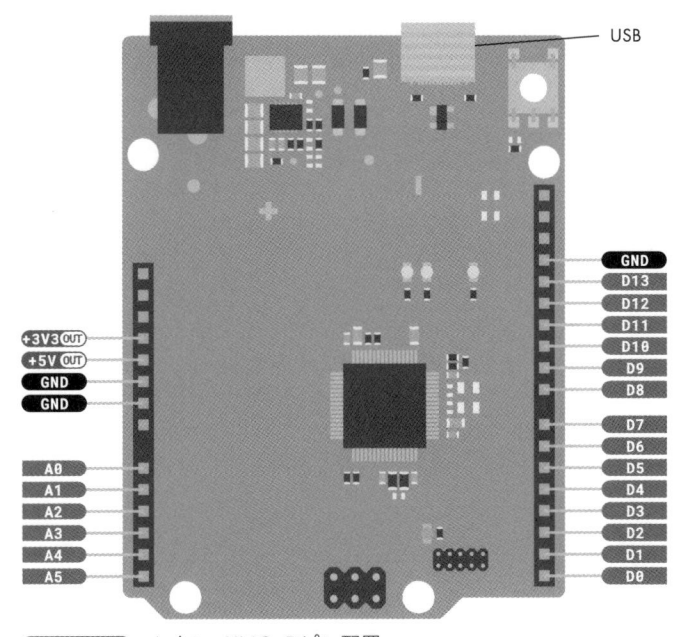

図 10-23 Arduino UNO のピン配置
[Arduino Documentation © Arduino（CC BY-SA 4.0）より
改変して作成]

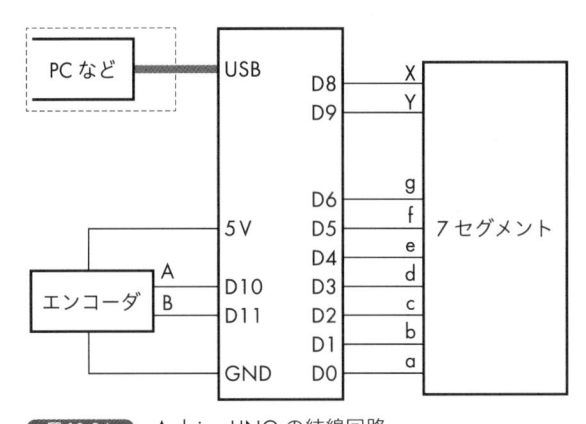

図 10-24 Arduino UNO の結線回路

10-4-2 プログラム

　Arduino の記述言語は正確には Arduino 言語とよばれるものだが，実質的には
C 言語（C++ 言語）である．Arduino のコードは main() がなく，代わりに電源投
入後一度だけ実行される setup() と，周期的に呼び出される loop() とで構成される．
裏にコード 7-11 のようなしくみがあると思えばよいだろう．コード 10-4 に，Ar-

duino での実装例を示す.

```
 1:  const char PATTERN[] = {0x40, 0x79, 0x24, 0x30, 0x19, 0x12, 0x02, 0x58, 0x00, 0x10};
 2:
 3:  char n, mode, en;
 4:  int cnt;
 5:
 6:  void setup() {
 7:      DDRD = 0x7f;
 8:      DDRB = 0x03;
 9:      PORTB = 0x00;
10:
11:      cnt=0;
12:      mode=0;
13:      en = PINB & 0x0c;
14:      en >>= 2;
15:  }
16:
17:  void loop() {
18:      en |= PINB & 0x0c;
19:
20:      if (en == 0xb || en == 0x2 || en==0x4 || en==0xd)
21:          cnt++;
22:      else if (en == 0x7 || en == 0x1 || en==0x8 || en==0xe)
23:          cnt--;
24:
25:      en >>= 2;
26:      en &= 0x03;
27:
28:      if (cnt >= 100)
29:          cnt = 0;
30:      if (cnt < 0)
31:          cnt = 99;
32:
33:      if (mode){
34:          n = cnt/10;
35:          PORTB = 0x02;
36:          mode=0;
37:      } else {
38:          n = cnt%10;
39:          PORTB = 0x01;
40:          mode=1;
41:      }
42:      PORTD = PATTERN[n];
43:      delayMicroseconds(250);
44:  }
```

アルゴリズム自体は，コード 10-1 や 10-2 と変わらない．それらのコードとの違いは，7〜9 および 13 行目にある入出力の初期化だけである．Arduino UNO では D0〜D7 をポート D，D8〜D13 をポート B とよぶ．7 行目はポート D の入出力方向を設定している．図10-24 より，ポート D の 0〜6 ビット目（D0〜D6）は 7 セグメントの a〜g に接続するので出力にしなければならない．そこで，0〜6 ビット目を 1 にした $7f_{(16)}$ を方向設定の変数 DDRD に代入する．PIC マイコン用のコード 10-1 の 19 行目と同じ目的なのだが，PIC マイコンでは 1 が入力で 0 が出力設定だったのに対し，Arduino では 1 が出力設定なので値が反転している．8 行目は，同ポート B に対する設定である．D8，9 に対応する 0，1 ビット目を出力モードにしている．9 行目は，出力モードにした D8，D9 を Low にしている．13 行目は，起動時点でのエンコーダ値を変数 en に取り込んでいる．エンコーダ値はポート B の 2，3 ビット目なので，$0c_{(16)}$ との AND をとって抽出する．一つ前のエンコーダ値は，PIC マイコン（コード 10-1）や Raspberry Pi Pico（コード 10-2）の作例では 2 ビット左においていたが，それに限らないことを示すため，ここでは 2 ビット右にしてみた（14 行目）．これにより，いまのエンコーダ値が 3，2 ビット目，一つ前のそれが 1，0 ビット目に入る．20，22 行目で前後値を比較して，cnt をインクリメント，デクリメントしている．

10-4-3　プロジェクトの作成と書き込み

Arduino には Arduino IDE とよぶ統合開発環境があり，これを用いることでプログラムの開発，コンパイル，そして書き込みとデバッグを一つのプログラムで行うことができる．Arduino IDE のインストールやコンパイルに関して特筆すべきことはあまりない．

PC との接続は Raspberry Pi と同様に USB を用いる．ただし，PC は Arduino UNO を USB メモリでなく COM ポート（シリアルポート）先の機器として扱う．COM ポートはさまざまな用途に使われるため，何番のポートに割り振られるかは，それまでその PC がどのように使われてきたかによる．**図 10-25** は Arduino IDE で COM ポートの確認と設定を行っているときの画面で，図では COM6 に割り当てられたことがわかる．COM ポートの設定を一度行えば，PC のハードウェア構成が変わらないかぎり再設定する必要はない．

Arduino IDE では，プログラムもしくはプロジェクト（p. 9 のコラム参照）のことをスケッチとよぶ．そのため本来，この項のタイトルは「スケッチの作成と書き

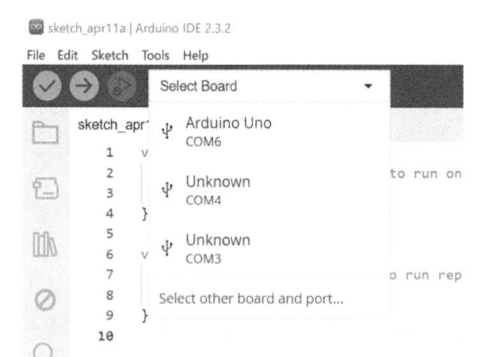

図 10-25　Arduino IDE 画面

込み」と書くべきだろうが，他とのバランスもあり，あえてプロジェクトという呼称を用いた．プログラム作成後，右矢印ボタン（図 10-25 では "Select Board" という文字の左側）を押すと，コンパイルされてマシンコードが Arduino UNO に書き込まれる．

あとがき

　本書では，なんらかの言語でプログラミングを学んだ方が組込みソフトウェア技術者として第一歩を踏み出すのに必要であろう知識をC言語をベースに紹介した．漠然で不正確でもよいので，とにかくC言語プログラムや組込みシステム向けコンピュータシステムとはこういうものだという感覚を得てもらうことを最優先に書いた．技術の進歩に伴いみなさんが実務で実際に使うコンピュータは高性能かつ複雑になり，なかなか本書で述べたような単純なしくみに出会うことは少ない．その点はご了承いただきたい．

　本書が扱ったコンピュータ言語はC言語である．いまさらといわれるくらい古い言語であるが，技術がいくら発達してもC言語は使われ続けていくだろう．もっとも，今後はC言語単体で完結するようなことはほとんどなく，何か新しい技術（たとえば革新的なセンサとかネットワークとかAIとか）と組んで使われ続けるのでないかと考える．コンピュータプログラムや組込みシステム，そしておそらく新しい技術の世界も奥が深い．まえがきで述べたように，技術や知識はつながっている．みなさんが今後，コンピュータ技術者，もしくは組込み技術者，新しい技術のエキスパートとなるには，ここで紹介した知識を起点にさまざまな知識を消化吸収していかなくてはならない．その足掛かりになれば幸いである．

　最後に，個人的な話を書かせてほしい．1990年代，まだインターネットは発達しておらず，さまざまな知識は書籍から得るしかなかった．当時は誰でも本を読み漁り，頭の中にインデックスを作っていた．何かあると，それに関する情報はたしかあの本のあのあたりに書かれていたと紐解く．どれだけ本を所有し，インデックスを頭に入れているかが技術者としての勝負だった．本との出会いは一期一会である．書店で役立ちそうな本を見かけたら，財布の許すかぎり即決で買う．そんな時代，上京した父が私の部屋に遊びに来た．壁一面の本棚に詰まった大量の技術書を見て，「お前はこういった本をたくさんもっているが書くほうに回らないのか」と聞いてきた．そのときなんと答えたか覚えていないが，あの問いがその後の人生でずっと心に引っかかっていた．いつか技術書を書いてみたい，そしてそれを彼に見

せたいと思ってきた．今回念願叶って本を書く機会をいただいた．勇んで執筆を開始したものの遅筆でなかなか完成しない．びっくりさせてやろうと本を書いていることは黙っていたのだが，完成品を見ることなく彼は旅立ってしまった．ごめんなさい，そしてありがとう．

2025 年 2 月

千田陽介

索引

著者略歴

千田陽介（せんた・ようすけ）

久留米工業大学工学部情報ネットワーク工学科教授．博士（工学）．1997 年より 2005 年まで(株)富士通研究所にて，組込みプログラムの開発を支援する MS-Windows 向け CAE アプリケーションの開発に従事．2005 年より 2008 年まで(財)九州システム情報技術研究所(現，九州先端科学技術研究所)にて，移動サービスロボットのプラットフォームに関する研究開発に従事．2008 年より(株)富士通研究所にて，携帯電話やスマートフォン内のセンサ開発マイコンプログラムなどを開発．2016 年より現職．電子回路や組込みシステム，IoT 関連の研究を行っている．

組込み 1 年生のための プログラミングの教科書

2025 年 4 月 18 日　　第 1 版第 1 刷発行

著者　　　　千田陽介

編集担当　　大野裕司（森北出版）
編集責任　　宮地亮介（森北出版）
組版　　　　双文社印刷
印刷　　　　丸井工文社
製本　　　　同

発行者　　　森北博巳
発行所　　　森北出版株式会社
　　　　　　〒 102-0071　東京都千代田区富士見 1-4-11
　　　　　　03-3265-8342（営業・宣伝マネジメント部）
　　　　　　https://www.morikita.co.jp/